구글은 빅데이터를
어떻게 활용했는가

PEOPLE ANALYTICS: HOW SOCIAL TECHNOLOGY WILL TRANSFORM BUSINESS AND
WHAT IT TELLS US ABOUT THE FUTURE OF WORK
By Benjamin Waber

Authorised translation from the English language edition, entitled PEOPLE ANALYTICS: HOW SOCIAL
TECHNOLOGY WILL TRANSFORM BUSINESS AND WHAT IT TELLS US ABOUT THE FUTURE OF
WORK, 1ª edition, ISBN: 0133158314 by WABER, BENJAMIN, published by Pearson Education, Inc.

구글은 빅데이터를 어떻게 활용했는가
어떻게 활용했는가

벤 웨이버 지음 · 배충효 옮김

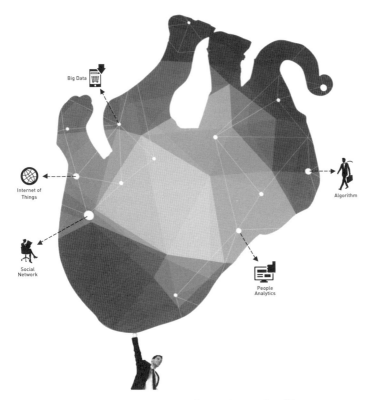

기업의 창의성을 이끌어내는
사물인터넷과 알고리즘의 비밀

북카라반
CARAVAN

추천의 글 I

저자는 세상을 새로운 시각으로 바라보기 위해 사람들이 온라인상에 남기는 '디지털 지문'을 추적한다. 이제 누구나 기술이 인간을 주도하고 있다는 것을 잘 안다. 하지만 저자는 이 책에서 우리가 분명한 비전만 있다면 앞으로 인간 중심의 기술 활용이 가능하다는 사실을 분명하게 보여준다. 정말 매력적인 책이다.

● 셰리 터클Sherry Turkle(MIT 과학 · 기술 · 사회 프로그램 교수, 미디어 학자)

이 책은 오늘날 기업에서 직원들의 일거수일투족을 완전히 새로운 시각에서 흥미진진하게 보여준다. 이제 직원들은 팀과 프로젝트를 왔다 갔다 하며, 맡은 업무가 수시로 변하고 있다. 심지어 사무실 칸막이 위치만 변해도 직원들의 행동은 바뀐다. 이런 직원들의 행동 역학을 제대로 분석한다면 기업 구조는 물론이고 직장의 모습이 혁명적으로 바뀔 것이다. 이 책에서 다루고 있는 내용은 그 자체로 공상과학 소설에 가깝다. 하지만 허튼 내용은 하나도 없다. 저자는 이 책에서 직원들 사이의 관계 속에 숨어 있는 보이지 않는 지형을 빅데이터로 정확하게 포착해서 보여주기 때문이다. 그런 연구 결과들은 기발하고 실질적이어서 더욱 설득력이 있다. 정말 꼬박 밤을 새워 읽을 만한 가치가 있는 책이다.

● 욘 밴 마넨John Van Maanen(MIT 조직학 연구 교수)

이 책은 인간 행동 역학을 진일보시키는 데 분수령이 된다. 기업 CEO들은 이제 직관에만 의존해서 행동하지 말아야 한다. 기업 경영 능력을 객관적으로 측정할 수 있는 신기술이 탄생했기 때문이다. 센서 기술의 발달로 한때 기업에서 별로 신경 쓰지 않았던 미세한 차이들이 생산성을 끌어올리는 핵심으로 부상하고 있다.

● 마이클 아레나Michael Arena(제너럴모터스GM 해외전문인력 · 조직역량 개발팀 부서장)

참으로 보기 드문 책이다. 마음을 확 사로잡는 사례들과 실질적인 해결책, 상식을 뒤엎는 연구 결과들이 이 책에 모두 녹아들어 있다. 저자는 기업 경영에 관한 통념을 조목조목 근거를 들어 산산이 부숴놓는다.

●스콧 앤서니Scott Anthony(세계적인 혁신전략 컨설팅그룹 이노사이트Innosight 전前 대표)

저자는 이 책에서 공식적인 기업 구조와 현장 업무 사이의 괴리를 날카롭게 지적한다. 그리고 풍부한 경영 사례를 제시하면서 어떻게 인간 행동 예측이 미래의 기업 경영 방식에 혁신을 가져다줄지 분명하게 보여준다. 인간 행동 예측은 알면 알수록 빠져드는 정말 매력적인 분야다.

●폴 마스카레나스Paul Mascarenas(포드Ford 기술개발센터 전前 최고책임자CTO)

이 책은 단순한 추천 도서가 아니다. 앞으로 기업이 살아남으려면 반드시 읽어야 할 책이다. 저자는 빅데이터와 센서 기술이라는 흥미진진한 주제를 다루면서, 마지막에 가서는 우리가 성공할 수 있는 방법을 제시한다. 이 책은 인간 행동 분석 시스템의 막강한 힘을 보여준다. 이 시스템을 제대로 활용한다면 최고경영자부터 일선에서 뛰는 관리자들과 생산직 기술자들까지 모든 구성원이 성공에 성공을 거듭할 수가 있을 것이다.

●진 프레이저Gene Fraser(미국 항공방위업체 노스럽그러먼Northrop Grumman 부회장)

인간에게 유대 관계는 그 무엇보다 중요하다. 이 책은 기업들이 어떻게 하면 직원들의 유대감을 강화시킬 수 있을지 아주 통찰력 있게 보여준다.

●욘 헤셀만John Hesselmann(뱅크오브아메리카 메릴린치BoA MerrillLynch 특화 사업부 임원)

이 책은 센서 기술로 몰라보게 달라지는 기업의 모습과 그 가치를 분명하게 보여준다. 그뿐만 아니라 앞으로 다가올 미래에 최고의 기업을 만들려면 우리가 무엇을 어떻게 해야 할지를 이해하는 데 큰 도움을 준다.

●트레이시 에드워즈Tracey Edwards(미국 회계전문 컨설팅그룹 딜로이트Deloitte 최고지식경영자CKO)

5

소셜 네트워크 회사 페이스북이 현재 짓고 있는 새 캠퍼스에는 2,800명이 동시에 일하게 될 거대한 공간이 있다. 이 공간은 우리에게 익숙한 개인 사무실, 닫혀진 문, 벽, 여러 층으로 분리되지 않는다. 대신에 수백 개의 팀이 직급과 상관없이 하나의 열린 공간에서 일하게 된다. 이 새로운 공간 구조가 페이스북에 어떠한 변화를 가져올까? 이 변화를 과학적으로 감지할 수 있을까?

한국으로 눈을 돌려보자. 한국만큼이나 끈끈한 공동체 문화가 있는 나라도 드물 것이다. 이러한 문화적인 특성은 회사생활에서도 많이 드러난다. 기업이 직원들의 개성과 능력에 집중하기보다는 공동체의 일사분란함을 독려한다. 직원끼리의 동지 의식, 잦은 회식을 통한 팀워크 강화, 기업의 이익을 위해 개인의 희생을 강요하는 상황 등은 한국이 아닌 나라에서는 흔히 볼 수 있는 광경이 아니다. 이러한 조직문화가 효과적일까? 이런 조직문화를 만드는 것이 성공의 비법일까? 이런 문화가 조직의 생산성과 직원의 만족도 등에 미치는 영향을 과학적으로 분석한 예는 보기 힘들다. 그런 분석이 힘들기 때문에 이전에 해오던 관습대로 계속 이어나가거나 경영진의 직관과 경험에만 의존해서 조직을 이끌어가는 경우가 일반적이다.

이 책은 최신기술의 발전으로 가능하게 된 회사 내의 협력과 소통에 대한 과학적인 접근 방법을 제시한다. 요즘 업무는 많은 부분이 디지털로 이루어진다. 따라서 데이터 수집이 수월해졌고 정확한 분석이 가능하다. 이메일, 휴대전화, 메신저 등을 통해 이루어지는 협력은 물론이고, 한 직원이 작성한 문서가 누구한테 전달되어 어떻게 수정되어 다시 누구에게 전달되는지 그 모든 과정을 자세하게 추적할 수 있다. 또한 회사 신분증의 출입 패턴을 분석하면 같이 외근 나가는 무리와 같이 식사하는 무리에 대한 정보도 얻을 수 있다. 모바일 기기 내의 블루투스나 와이파이 데이터를 분석하면 업무를 위해 누구와 주로 협력하는지, 부서 간 소통은 어떠한 형태로 이루어지는지를 알 수 있다.

끈끈한 조직문화와 디지털화된 한국 직장의 문화에 대해서 빅데이터를 기반으로 한 분석을 해보면 어떨까? 매일 점심을 같이하는 팀의 업무 효율이 더 높은가? 개발팀과 디자인팀의 소통은 주로 어디서 이루어지는가? 회의실일까, 휴게실일까? 유연근무제 도입으로 직원들의 일하는 패턴이 달라지는가? 투자와 실적의 데이터 분석은 하고 있지만, 업무의 가장 중요한 주체인 직원들과 그들의 업무 협력 방식에 대한 데이터는 얻어질 수 있는데도 활용되지 않는다.

이제는 사람 간의 소통과 협력에 대한 분석, 즉 인간 행동 분석에 빅데이터를 활용하는 길이 열리고 있다. 이 책은 인간 행동 분석의 방법론과 이러한 분석이 제공하는 효과에 대해 여러 분야의 연구 결과를 소개한다. 실제로 이 책이 발간된 이후, 실리콘밸리 회사들에서는 인간 행동 분석팀이 만들어지고 있다. 이런 팀은 전통적인 경영·인사 전문가와 머신러닝, 통계 등의 빅데이터 전문가로 채워지고 있다. 새로운 캠퍼스를 짓는 페이스북에서는 인간 행동 분석팀이 새로운 캠퍼스로 이사를 대비해 다양한 인간 행동 분석 결과를 만들고 있다. 동료간의, 팀간의 유기적인 협력을 극대화함은 물론이고, 업무 연관성이 희박한 사람과도 심지어는 CEO와도 하루에 여러 번 마주치게 되는 직장문화를 만들고 있다.

이 책은 회사의 업무 효율성과 직원의 만족도 제고를 고민하는 사람들에게, 또한 사람과 사람 간의 방대한 상호작용 데이터를 어떻게 활용하면 좋을지 고민하는 사람들에게 새로운 생각의 방향을 제시한다.

● 김태미(소시오메트릭솔루션스 공동 창립자 겸 수석 연구원)

빅데이터와 사물인터넷

인간의 행동을 예측하는 것은 역설적이게도 인류 역사에서 가장 오래된 현상이자 가장 최근에 일어난 현상이다. 오늘날 데이터를 기반으로 한 인간 행동 예측 기법은 다양한 분야에 활용되고 있다. 기업에서는 전문가와 리더를 길러낼 때나 직원들의 생산성과 창의력을 높이고 직원들이 행복하게 일할 수 있는 방법을 찾는 데 이 기법을 활용한다. 또한 소비자들이 특정 제품을 좋아하게 만들어서 다른 사람에게 소개하고, 가장 먼저 그 제품을 구입하도록 만드는 데도 활용된다.

수천 년 전에 인류는 세상을 직접 관찰함으로써 이러한 데이터를 수집했다. 원시인들은 자기 집단 내의 사람이 서로 어떻게 관계를 맺고, 변화하는 환경에 어떻게 적응하는지를 관찰했다. 그런 뒤에 어떻게 하면 효율적으로 행동하고 행복해지는지를 경험적으로 깨달았다. 그 후 문명이 발달하면서, 사람들은 인터뷰와 설문조사를 이용해서 세상에 대한 판단력을 한 단계 끌어올렸다. 수천 명에게 인터뷰와 설문조사를 실시해서 얻은 데이터를 바탕으로 이전보다 데이터를 좀더 수량화할 수 있었다. 하지만 인터뷰와 설문조사 방식이 경영 방식을 극적으로 탈바꿈시키지는 못했다.

오늘날 인간 행동 예측 기법 덕분에 직장에서는 혁명적인 변화의 바람이 불고 있다. 직장에서 수집한 인간 행동 예측 데이터의 폭발적인 증가가 그 기폭제가 되었다. 직원들의 행동 예측 자료는 다양한 경로로 수집할 수 있다. 이메일 기록, 인터넷 검색 기록, 채팅 기록과 같은 디지털 공간의 기록은 물론이고, 그 밖에도 우리가 사용하는 모든 정보통신 기술 매체상의 기록을 통해 직원들이 일하는 방식을 믿기 힘들 정도로 자세하게 추적할 수 있다. 예컨대 특정 직원이 누구와 주로 의사소통을 하는지, 어떻게 하면 IT 도구를 활용해서 직원의 생산성을 높일 수 있을지, 최신 기술이 뒷받침하지 못하는 업무 방식은 무엇인지 등을 꼼꼼히 파악할 수 있다. 그리고 이러한 데이터만으로도 놀라운 통찰력을 얻을 수 있다. 하지만 데이터의 힘은 디지털 세계 밖에서도 막강한 힘을 발휘하고 있다.

사람이 착용 가능한 센서Sensor, 즉 사물인터넷 기술이 빠르게 발달하면서 디지털 세상이 아닌 현실 세계의 데이터도 무서운 속도로 증가하고 있다. 회사 신분증, 스마트폰, 환경 센서와 같은 다양한 형태의 센서 덕분에 이제 사람들의 상호작용 패턴, 대화 패턴, 움직임 패턴, 특히 사람의 위치 정보에 대한 상세한 데이터를 얻을 수 있게 되었다. 기업에서 직원들은 대부분 얼굴을 맞대고 의사소통을 하고, 공동으로 협력해서 업무를 진행하기 때문에, 그런 행동 데이터들은 인간 행동 예측 기법이 빠르게 진보하는 데 결정적 역할을 하

9

고 있으며, 기업 혁신의 도구로도 활용되고 있다. 이렇듯 현실 세계와 가상 세계의 데이터를 함께 분석해보면 예전에는 상상도 못했을 만큼 인간 행동을 깊이 있게 이해할 수 있게 되었다.

이 책에서는 다양한 사례를 통해서 데이터를 활용하면 새로운 방식의 인간 행동 예측이 가능하다는 사실을 보여주고자 한다. 예컨대 직장에서 휴식 시간이나 점심 식탁의 모양과 같이 아주 사소한 부분만 변화시켜도 직원들은 이전보다 행복하고, 건강하고, 생산적으로 일할 수 있다. 인간 행동 예측을 활용하면, 직장에서 직원들의 상호작용 방식과 사무실 공간 배치의 영향력을 혁신적으로 이해할 수 있음은 물론이고, 창의성 같은 '모호한' 개념조차 제대로 파악할 수 있다.

이 책에 나오는 새로운 센서 기술과 데이터마이닝data mining(빅데이터에서 실행 가능한 정보를 추출해서 의사 결정에 이용하는 과정) 기술을 결합해보면 미래 기업의 모습을 상상해보는 데 큰 도움이 될 것이다. 먼저, 사람들이 무리를 이루는 다양한 방식에 대한 독자들의 이해를 돕기 위해서 몇천 년 전에 부족 사회를 이룬 인류 역사를 간략히 살펴본다. 미래에 관심이 많은 우리는 과거 인류가 조직을 어떻게 만들어왔는지 살펴보면서 앞으로 다가올 완전히 새로운 형태의 기업의 모습을 그려볼 수 있을 것이다. 물론 미래의 기업에서는 일하는 방식이 혁명적으로 개선되어 있을 것이다. 이전에는 상상도 할 수 없었을 만큼 인간 행동 예측 기법이 발달하면서 직원들의 소통 방식에 따라 사무실을 재배치하거나 직원들의 의사소통 패턴과 상호작용 방식을 실시간으로 분석하는 등 기업의 모습이 크게 바뀌고

10

있다.

이 책은 결코 인간 행동 예측에 대한 결론이 아니다. 오히려 그 시작이라고 해야 마땅할 것이다. 앞으로 수년 동안 인간 행동 예측 기법은 상상할 수도 없을 만큼 진화할 것이기 때문이다. 이 책에서는 인간 행동 예측의 그 끝없는 가능성과 그 역사적 배경, 미래에 대한 전망을 다루게 될 것이다.

차례

CHAPTER 1 ▶▶▶ **조직은 어떻게 스마트해지는가**

CHAPTER 2 ▶▶▶ **기업의 탄생**

CHAPTER 1

조직은 어떻게
스마트해지는가

오클랜드 애슬레틱스의
20연승

회사에서 휴식 시간을 바꾸면 생산성이 정말 높아질까? 또한 회사에서 가장 중요한 의사 결정은 점심 식사 시간에 이루어진다는 주장은 어떤가? 이러한 주제들은 지금까지 경영학 이론에서 거의 주목하지도 않았고, 밝혀낼 수도 없었던 것이다. 그런 부분들을 정확히 측정할 수 있는 방법이 없었기 때문이다.

지난 수십 년 동안 회사를 경영할 때 단순히 직관을 따르기보다는 데이터를 활용하는 편이 훨씬 낫다는 사실을 사람들은 깨달았다. 미국 메이저리그에서 오클랜드 애슬레틱스Oakland Athletics가 컴퓨터를 활용한 비즈니스 분석법인 '머니볼moneyball'을 최초로 도입한 이유도 여기에 있다. 오클랜드 애슬레틱스는 머니볼 덕분에 데이터를 활용해 의사 결정을 내렸고, 그 결과 쥐꼬리만 한 예산으로도 팀을 잘 운영해갈 수 있었다. 오클랜드 애슬레틱스는 직관에 의존하는 다른 구단의 관례를 깨고, 통계를 이용한 과학적 야구 분석 기법인 세이버메트릭스Saber metrics를 적극 활용해 1990년대 이후 만년

17

하위 팀에서 메이저리그에서 손꼽히는 명문 팀으로 변신했다. 오클랜드 애슬레틱스는 메이저리그에서 세 번째로 싼 선수단 전체 연봉으로 20연승과 5번의 포스트시즌 진출이라는 돌풍을 일으켰다.

어떻게 보면 인생은 확률 게임이라고 볼 수 있다. 야구에서 평범한 타자와 강타자의 기량 차이는 타율로 따졌을 때 불과 5퍼센트에 불과하다. 즉, 3할은 강타자이고 2할 5푼은 평범한 타자라고 볼 수 있는 것이다. 어떤 선수가 자신의 기량을 5퍼센트 끌어올릴 수 있는 방법을 찾는다면, 그 선수의 위상과 가치는 이전과는 뚜렷이 달라질 것이다.

비즈니스 세계에서도 마찬가지다. 지금까지의 연구 결과에 따르면, 데이터를 활용해서 의사 결정을 내리는 기업이 그렇지 않은 기업보다 5퍼센트 많은 수익을 낸다고 한다.[1] 5퍼센트는 결코 작은 차이가 아니다. 보험회사에서 대형 할인 매장에 이르기까지 다종다양한 기업들의 수익률은 5퍼센트에도 못 미친다. 어느 기업에서 수익률을 추가로 5퍼센트 증가시킬 수 있다면, 그 기업은 다른 경쟁 기업보다 거의 2배에 가까운 수익률을 올리게 되는 것이다.

오늘날 많은 기업이 데이터에 근거한 의사 결정을 하려고 노력한다. 데이터에 기반을 둔 기업 경영 사례 중에서 가장 대표적인 사례가 바로 대형 할인점인 타깃Target이다.[2] 타깃은 비즈니스 분석 기법의 베테랑이라 할 만한 기업이다. 타깃에는 통계 부서가 있어서 자사 매장에서 추출한 방대한 데이터를 분석해 매출을 더 많이 올릴 수 있는 방안을 모색한다. 타깃의 통계 부서는 단순히 소비자들의 구매 목록만 살펴보는 것이 아니라, 소비자의 나이, 성별, 혼인 여부,

자녀 수, 집 주소와 같은 다양한 자료들을 함께 분석한다. 그뿐만 아니라 타깃의 통계 부서에서는 소비자가 자사 웹사이트에서 하는 활동까지 수집해서 소비자 모델을 구축하는 데 활용한다.

타깃에는 소비자들의 구매 습관이 거의 변하지 않는다는 사실이 큰 걸림돌이었다. 사람들은 보통 식료품을 사러 슈퍼마켓을 들르고, 옷이나 기타 잡화를 살 때에는 쇼핑몰을 들른다. 하지만 타깃은 음식에서부터 가전제품, 가구에 이르기까지 다양한 제품을 판매하고 있기 때문에 소비자들이 이런 제품들을 사고 싶을 때 타깃을 제일 먼저 떠올리도록 소비자들의 구매 습관을 바꿀 방안이 필요했다.

타깃이 '임신부'를 발견했다

유통업체들에는 안타까운 일이지만 소비자의 구매 습관을 바꾸는 일은 믿을 수 없을 정도로 어렵다. 소비자는 평생 동안 겨우 몇 차례 중요한 시기를 제외하고는 구매 습관을 거의 바꾸지 않는다. 중요한 시기란 예컨대 소비자가 다른 도시로 이사를 가거나 아이를 갖는 경우다. 유통업체가 갖고 있는 데이터만으로는 그들이 언제 이사할지 전혀 알 수 없다. 즉, 어떤 고객이 여행용 가방이나 차량용 고무 밧줄을 구입한 사실을 알고 있다고 해도, 그 고객이 이사한다고 단정 지을 수 없다. 혹 그 고객이 이사를 한다고 하더라도 어느 지역으로 이사할지 알 수 없는 노릇이다. 달리 말해 유통

업체는 자기 매장을 다시 찾아달라는 의미로 주는 쿠폰을 그 고객에게는 줄 수 없게 된다. 그 고객이 1킬로미터 내로 이사를 할지 50킬로미터 내로 이사를 할지 전혀 알 수 없기 때문이다.

이렇듯 고객의 이사 여부는 추측하기 매우 어렵기 때문에 유통업체들은 상대적으로 예측이 쉬운 임산부를 찾아내는 일에 집중한다. 타깃이 임신한 여성에게 집중한 것은 아이의 출생 기록은 쉽게 접근이 가능하므로 고객이 아이를 낳고 나면 경쟁 업체들이 너나 할 것 없이 달려들기 때문이다. 아이를 낳은 여성은 반경 30킬로미터 내에 있는 거의 모든 유통업체에서 감당할 수 없을 만큼 많은 쿠폰을 받는 게 예사였다.

유통업체들은 끊임없이 아이의 출생 기록을 조사해서 고객들에게 쿠폰을 보내고, 그 쿠폰으로 고객을 유인할 수 있지 않을까 하는 희망을 품는다. 물론, 그런 고객들에게 많은 쿠폰이 배달되기 때문에 특정 업체가 고객의 선택을 받을 확률은 아주 낮다. 따라서 유통업체들은 늘 경쟁 업체들을 따돌릴 수 있는 방안을 고민한다. 타깃은 다른 경쟁 업체들보다 수개월 먼저 고객의 출산 시기를 예측할 수만 있다면, 자사 제품으로 고객의 마음을 사로잡을 수 있을 거라고 생각했다.

따라서 타깃의 통계 부서는 출산 시기 예측에 과감하게 뛰어들었다. 출산 시기 예측은 상대적으로 복잡하지 않았다. 기존 고객이 제공한 아이의 출생 기록은 통계 전문가들이 예측 모델을 만드는 데 훌륭한 기초 자료 역할을 해주었다. 타깃의 통계 부서는 25개 품목의 구매 패턴을 분석한 결과 그 품목들이 출산 시기와 아주 밀접한 관련이 있다는 사실을 밝혀냈다. 그리고 데이터를 분석해서 임신한 고객의 출산 시기도 거의 정확하게 알아맞힐 수 있었다. 이렇게 출산 시기를 예측하는 모델을 개발한 타깃은 이제 임신한 여성 고객을 대상으로 3개월 주기로 맞춤형 쿠폰을 제공할 수 있게 되었다. 이를테면 첫 3개월 동안은 임신한 여성 고객에게 비타민 보충제 쿠폰을 많이 제공하는 식이었다. 그리고 출산일 이전까지 여성 고객이 구매습관을 바꿀 수 있도록 유도하는 다양한 쿠폰도 함께 제공했다.

실제로 타깃의 예측 모델은 아주 정확했다. 하지만 그중에는 임신 사실을 비밀로 하고 싶은 고객도 있었다. 타깃은 이런 교훈을 뼈아프게 겪었다. 타깃이 개발한 알고리즘이 한 고객을 임신부라고 판단하고, 그 고객에게 계속해서 쿠폰을 보낸 것이다. 하지만 안타깝게도 그녀는 아직 고등학생이었다. 집에서 쿠폰을 확인한 아버지가 항의를 하러 근처에 있는 타깃 매장을 방문했다. 물론 아버지는 기분이 굉장히 안 좋은 상태였다.

"우리 딸이 이런 우편물을 받았어요. 도대체 고등학교 다니는 아이한테 아기 옷 하고 아기 침대 쿠폰을 주는 게 말이나 됩니까? 지금 내 딸 더러 임신하라고 꼬드기는 겁니까?"

매장 담당자는 아버지에게 당장 사과하고 상황을 수습했다. 담당자는 며칠 후에 다시 사과 전화를 했다. 그런데 이번에는 아버지의 태도가 완전히 달랐다.

"딸과 이야기를 해보니, 내가 완전히 모르고 있던 사실이 있더군요. 딸이 8월 출산 예정이랍니다. 저번에는 미안했습니다."

이처럼 타깃이 개발한 예측 모델은 정확해서 그 소녀를 매일 **21**

보는 가족들도 알아채지 못하는 임신 사실을 밝혀냈다. 이것이 바로 데이터 분석의 힘이다. 데이터 분석은 거의 초인간적인 능력을 발휘해서 세상을 이해하고 또 변화시킨다.

물론 이러한 데이터 분석 기법이 완벽한 것은 아니다. 하지만 과거에 사용되던 단순한 예측 기법에 비해서는 훨씬 효과적이다. 타깃, 넷플릭스Netflix(인터넷으로 영화나 드라마를 볼 수 있는 회원제 주문형 비디오 웹사이트. 1997년 인터넷을 통해 DVD를 대여해주는 서비스로 사업을 시작했다), 아마존 같은 기업들을 필두로 수많은 기업이 앞다투어 기업 전략의 핵심으로 데이터 분석 기법을 도입하는 이유가 바로 여기에 있다.

그러나 기업들은 데이터 분석 기법을 회사 내부에는 주기적으로 적용하지 못하고 있는 실정이다. 지금까지 직원들의 업무 방식을 정확히 측정할 수 있는 수단이 없었기 때문이다. 직원들을 대상으로 하는 설문조사나 인터뷰가 그 보완책이긴 하지만, 그런 조사 방식은 부적절하고 부정확한 경우가 많았다. 이를테면 직원이 그날 기분이 안 좋다거나 깜빡 잊은 사실이 있다거나 금방 점심을 먹었을 경우 정확한 조사를 하기는 어려웠다.

타깃에서 고안한 예측 모델이 놀라운 점은 인간의 행동(고객의 구매 패턴) 데이터를 분석해서 미래를 예측한다는 사실이다. 이런 분석 방법을 기업에 적용하려면 직원들이 실제로 어떻게 행동하는지에 대한 데이터가 필요하다. 타깃의 사례처럼, 우리가 실제 인간의 행동을 깊이 분석하면 놀라운 결과를 이끌어낼 수 있다.

22

인류의 우주관을
바꿔놓은 데이터

새로운 데이터는 사람들의 세계관을 근본적으로 변화시킨다. 우리가 특정한 렌즈를 통해서 세상을 바라볼 때, 우리는 그 렌즈로 볼 수 있는 정도까지만 현실을 이해하고 그것으로 이론을 만들어낸다. 이를테면, 예전에 우리 조상들은 하늘에서 빛나는 별들을 보고, 별들이 일련의 복잡한 행성 주위를 돌고 있다고 생각했다. 하지만 나중에 망원경으로 별을 관찰할 수 있게 되자, 별들 중에는 크기가 더 큰 것도 있고 심지어 그 주위를 도는 또 다른 천체도 있다는 사실을 알았다. 그래서 사람들은 세계관을 바꿔야만 했다.

세상을 관찰하는 새로운 도구의 발명은 과학 분야를 체계적으로 탈바꿈시켰다. 천문학 혁명을 가져온 텔레스코프(망원경)의 발명이나 화학과 생물학 혁명을 가져온 마이크로스코프(현미경)의 발명이 그런 예다. 그러나 사회과학 분야에서는 이러한 극적인 변화가 일어나지 못했다. 사회과학 연구자들은 아직도 펜과 종이로 설문조사를 하고, 관찰자나 연구원을 활용해 사회에서 일어나고 있는 무수히 많은 현상을 이해하려고 애를 쓰고 있다.

효과적인 측정 방법이 없는 것은 비단 사회과학만의 문제는 아니다. 거의 모든 과학 연구 분야가 어느 정도는 데이터 부족에 시달리고 있다. 천문학이 대표적이다. 인류는 지난 수백만 년 동안 하늘을 올려다보며 별을 관찰했지만, 수백 년 전까지만 해도 천체의 움직임에 대한 확실한 데이터는 거의 없었다. 실제로 천체를 관찰하고

23

기록하는 시간도 짧았고, 단지 추정 위치로만 천체의 움직임을 예측했기 때문이다.

천문학자들은 천체 움직임을 설명하는 가설을 세우려고 했지만, 데이터가 워낙 부족했기 때문에 실제로 가설을 검증하기란 불가능했다. 전통적인 천문학 모델은 항상 역행운동retrograde motion이라는 벽에 부딪쳤다. 과거 사람들은 몇몇 행성(실제로 우리 태양계에 있는)이 어느 날은 동쪽에 나타났다가 다른 날은 서쪽에 나타나는 현상을 제대로 이해할 수 없었다. 하지만 오늘날 우리는 역행운동이 행성들이 태양 주위를 각기 다른 속도로 공전하면서 생기는 현상이라는 사실을 잘 알고 있다. 그렇기 때문에 지구에서 볼 때는 행성들이 방향을 바꾸는 것처럼 보이는 것이다.

아리스토텔레스는 이처럼 눈에 보이는 행성의 움직임에 부합하는 가설을 만들어냈다. 그는 지구가 우주의 중심이며, 다른 둥근 '천구天球'들이 지구 주위를 돈다고 주장했다. 그 이후 또 다른 우주관이 등장하기까지는 무려 2,000년이라는 세월이 걸렸다. 흥미롭게도 인류의 우주관을 바꿔놓은 주체는 새로운 가설이 아니라 데이터였다. 16세기 중반에 코페르니쿠스는 태양계의 중심은 지구가 아니라 태양이라는 사실을 밝혀냈다. 코페르니쿠스의 지동설은 그전까지 사람들이 믿고 있던 천동설을 완전히 뒤엎는 주장이었지만, 처음에는 대중에게 거의 받아들여지지 않았다. 그가 가설로 세운 원형 궤도가 현실의 타원형 궤도와 맞지 않았기 때문이다.

코페르니쿠스가 지동설을 발표한 지 얼마 되지 않아 덴마크 귀족 출신 천문학자 튀코 브라헤Tycho Brahe는 자기가 역사상 가장 완전

24

한 천문학 자료를 모았다고 자청하고 나섰다. 그는 직접 천문대를 만들고, 조수들을 시켜 천문대에서 수십 년 동안 밤에 행성 위치를 관찰하도록 했다. 이 방대한 기록은 훗날 그의 조수 중 한 사람인 요하네스 케플러Johannes Kepler가 행성은 태양을 중심으로 타원형 궤도를 그린다는 사실을 증명하는 데 결정적 데이터가 되어주었다. 케플러는 방대한 자료를 바탕으로 천체의 움직임을 그 누구보다 정확하게 밝혀냈고, 지동설이 대중의 지지를 받는 데 주춧돌 역할을 했다.

케플러의 우주론이 브라헤의 관찰 기록에서 도출되었다는 사실은 결코 우연이 아니다. 초기 천문학은 시대와 공간이 다른 소수의 사람들이 작성한 희박한 자료에 의존했고, 인간의 경험을 바탕으로 한 추측을 뛰어넘는 천문 관측도 불가능했다. 과거 천문학자들이 부딪쳤던 이런 어려움을 오늘날 사회과학연구자들도 똑같이 겪고 있다. 사회과학 연구는 관찰을 바탕으로 한 질적 연구인 경우가 많고, 개별 연구자들이 직접 관찰할 수 있는 한정된 자료에 의존한다. 하지만 사회과학 연구자들은 자신들이 관찰하기 전에 그 조사 방법론에 관해 혹독한 훈련을 받는다는 사실을 근거로 사회과학 연구의 신빙성을 주장한다. 그러나 그런 주장은 사회과학 연구 분야가 직면한 문제들을 회피하는 것일 뿐이다.

디지털은 지문을
남긴다

지난 세기 동안 사회과학적 조사 방법은 조직에 큰 도움이 되었다. 사회과학적 조사 방법은 제품 개발에서 조직 설계에 이르기까지 조직 운영의 초석을 다지는 역할을 했다. 하지만 사회과학적 조사 방법은 도입된 지 이미 수십 년이 넘었다. 사회과학 분야에서는 설문조사, 직접 관찰, 적성 검사, 통제된 상황에서 실험 연구 같은 방법론을 주로 이용한다. 이런 방법론이 유용할 때도 있지만, 각 방법론마다 근본적인 약점을 지니고 있다.

설문조사는 누구에게나 익숙할 것이다. 우리는 물건을 사러 갈 때마다 설문조사를 해달라는 점원의 요청을 받는다. 하지만 과연 몇 번이나 설문조사에 실제로 응했는가? 한 달에 한 번, 아니면 일 년에 한 번? 아마도 한 번도 안 한 사람도 있을 것이다. 매장에서 정말 감동을 받은 고객이거나 아주 불쾌한 경험을 한 고객이 아니면 설문조사에 응하는 경우는 드물다. 그저 의무감 때문에 설문조사에 응하는 고객도 있다. 따라서 이러한 설문조사 자료는 완전히 편향되어 있다. 일반적인 구매 경험을 한 대다수 고객의 의견은 빠져 있고, 소수 고객의 의견만 반영되었기 때문이다. 그러나 일반적인 소비자의 의견 역시 한쪽으로 치우칠 수 있다. 어떤 고객이 그날 기분이 나쁘다면, 설문조사에 부정적으로 응답할 확률이 높다. 반면 날씨가 정말 화창하면 고객의 반응은 좀더 긍정적일 것이다.

이런 편향성 문제를 바로잡으려고 사회과학 연구자들은 관찰

데이터를 이용한다. 고도의 훈련을 받은 인류학자와 민속학자는 조사하려는 곳에 직접 뛰어들어, 그곳에서 직접 관찰한 선입견 없는 데이터를 수집한다. 하지만 이런 조사 방법에도 두 가지 중대한 문제가 발생한다. 바로 개인의 시각 차이와 조사 규모의 한계다.

관찰자가 다르면 당연히 그 시각도 다를 수밖에 없다. 관찰자가 교육을 수천 시간 받았다고 하더라도 대화 내용을 분류하는 간단한 일에서조차 개인차가 있을 수 있다. 또한 특정한 환경에서 몇 명의 관찰자가 동시에 많은 사람의 행동을 관찰하기란 거의 불가능하다. 수천 명이나 수백만 명의 행동을 관찰하는 일은 두말할 필요도 없다. 이런 사회과학적 방법론은 근본적으로 한계에 다다랐다. 어마어마한 규모의 인간 행동을 자세하게 관찰할 수 있는 도구가 전혀 없기 때문이다. 얄궂게도 사회과학적 데이터 수집 혁명은 데이터 수집에 대한 열정에서부터 시작된 것이 아니라 새로운 통신 수단, 즉 이메일의 등장으로 일어났다.

우리는 모두 자신의 컴퓨터에 방대한 양의 디지털 지문digital breadcrumbs을 남긴다. 디지털 지문의 종류에는 문서 내용이나 프로그램 사용 내역 같은 것들이 있는데, 가장 대표적인 것이 바로 사람들끼리 정보를 주고받는 이메일 메시지다. 이메일 메시지는 연구자들에게 정보의 보고寶庫나 마찬가지인데, 이메일 메시지는 한 사람이 하루 동안 활동한 결과물로 구성된 것이기 때문이다. 이런 대부분의 정보에 접근하려면 여러 대의 컴퓨터에 특정한 프로그램을 깔아야 하고, 사용자가 키를 누르고 프로그램을 작동시킬 때마다 끊임없이 그것을 추적하면서 이 정보를 서버에 업로드해야 한다.

27

하지만 이메일은 다르다. 예컨대 구글 지메일Gmail에서 이메일을 보내는 경우, 이메일 메시지는 처음에 구글 외부 이메일 서버로 보내지고, 그런 뒤에 인터넷을 통해 다시 상대방에게 전달된다. 이렇듯 서버 공급자에 의해서 이메일 메시지가 전달되기 때문에 지메일의 보낸 편지함에 이메일이 저장되는 것이다. 이메일을 받을 때도 마찬가지다. 사용자가 읽기 전에 구글 서버로 먼저 이메일 메시지가 들어온다. 이메일 대부분은 이처럼 사용자가 이메일을 읽고 난 다음에도 그 내용이 서버에 남는 방식으로 운영된다.

이렇게 서버상에 정보가 남는다는 것은 무슨 의미일까? 서버상에 남는 정보는 일종의 디지털 연락처 역할을 해서 누가 누구와 연락했는지는 물론이고 심지어 어떤 내용이 오고 갔는지까지 파악할 수 있다. 최근에 연구자들은 이러한 데이터를 활용해서 그 진가를 증명해 보이기 시작했다. 우선 여기서는 사람들이 정보통신 기술을 사용하는 빈도가 점점 늘어나기 때문에 이메일 데이터를 분석하는 일이 조직을 파악하는 데 중요하다는 사실만 짚고 넘어가도록 한다.

당신이 어디에 있는지
알 수 있다

사이버 통신의 유일한 단점이 하나 있다. 그것은 바로 사이버 통신이 현실과 완전히 동떨어져 있다는 점이다. 이메일을 주고받는 사람이라고 해서 그 사람이 반드시 당신과 자주 시간을 보내고 대화하는 친한 사람이라고 볼 수 없다. 가장 중요한 사건은 현실에서 일어난다. 요컨대 회사 합병 같은 중요한 일을 메신저 같은 인스턴트 메시지Instant Message로 하는 경우는 없다. 그리고 직원들이 바다 건너 다른 나라에 있는 동료와 커피를 마시며 휴식을 즐길 수도 없다. 이렇듯 중요한 일들은 일상생활 속에서 수시로 일어나는 반면 디지털 세상 속에서는 그것이 불가능하다. 그러나 이메일이 등장하고 나서 얼마 지나지 않아, 이메일과는 또 다른 종류의 기술이 폭발적으로 향상되면서 예전의 망원경이나 현미경처럼 현실 세계를 자세히 들여다보는 일이 가능해졌다. 즉, 센서 기술이 급속도로 확산된 것이다.

센서 하면 가장 먼저 떠오르는 것이 뇌전도 장치다. 우리는 머리에 전극을 다닥다닥 붙이거나 신체의 모든 움직임을 감지하는 무거운 헬멧을 쓰고 전신 슈트를 입고 있는 모습을 상상한다. 이때 사람들이 종종 간과하는 점은 누구나 매일 센서 수십 개를 이미 들고 다닌다는 사실이다. 센서 중에 가장 대표적인 것은 사람들이 지갑 속에 넣고 다니는 신분증ID badge이다. 회사 카드이든 학생증이든 관계없이 신분증에는 대부분 전자태그RFID가 내장되어 있다. 사람들은 전자태그를 리더기에 대고 출입문을 오고 간다. 똑같은 원리로 전자태그 리더기를 사무실 전체에 설치하면 직원들의 위치를 추적할 수도 있다. 여러 곳에 설치된 리더기는 전자태그가 신원을 알려주는 신호를 끊임없이 내보내도록 유도하고, 전자태그를 인식한 리더기의 위치를 컴퓨터로 확인하면 직원들의 위치를 파악할 수 있게 되는 것이다.

29

센서 기술의 관점에서 전자태그는 매우 단순한 기술이다. 전자태그는 주파수도 하나밖에 없고 위치 정보도 대략적으로만 알려준다. 신분증에 다른 센서들을 추가로 장착하면 어떨까? 우리는 어떤 정보를 더 알 수 있는 것일까? 이와 같은 질문에 답을 얻으려고 1990년대 중반 과학자들은 센서 장치를 실험하기 시작했다. 대규모 회의나 회사 미팅과 같은 큰 행사에서 만난 상대방의 개인적인 기록을 담는 것이 실험의 주된 목표였다. 그때 사용된 장치는 주로 기초적인 적외선 송수신기였다. 이 장치는 두 사람이 서로 마주 보고 있는 순간을 인식했다.

적외선 송수신기는 흔한 송수신 장치로 기본적으로 텔레비전 리모콘과 같은 방식으로 작동한다. 한 사람이 적외선 송수신기를 착용하면, 그 적외선 송수신기는 똑같은 장치를 착용한 사람을 감지한다. 감지 시간이 충분히 많다면, 두 사람이 대화를 나누었을 가능성이 크다고 판단할 수 있다(두 사람이 서서 몇 분간 대면하는 동안 그냥 인사만 했다고 보기는 어렵기 때문이다).

신분증을 의료 분야에 활용한 연구자들도 있다. 그들은 적외선 송수신기 대신 전통적인 전자태그에 일종의 동작 감지 장치인 가속도계accelerometer를 부착했다. 일정 기간 환자들의 동작을 관찰하기 위해서다. 예컨대 가속도계는 파킨슨병이나 루게릭병과 같은 퇴행성 질환에 걸린 환자를 연구하는 데 활용되고 있다. 이런 질환이 있는 환자들은 근육이 떨리고 운동 기능이 퇴화하기 때문이다. 가속도계에서 얻은 데이터는 질병이 얼마나 진행되었는지 정확하게 측정하는 데 도움을 주고, 여타 치료 방법의 유효성을 검증하는 기준이 된다.

가속도계는 그 종류에 따라 작동 방식이 다르다. 일반적으로 가속도계는 미세한 추 3개가 달린 칩이 내장되어 있어, X·Y·Z축의 움직임을 감지하는 것이 기본 원리다. 가속도계는 추를 움직이게 만들고, 추의 움직임 정도에 따라 사람의 가속도가 결정된다. 가속도계를 이미 들어본 적이 있다면 그것은 아마도 손으로 흔들면 기계가 그 움직임을 감지하는 아이폰iPhone이나 그 밖의 휴대전화 덕분일 것이다. 가속도계는 휴대전화가 가로 방향으로 누인 것을 감지해서 화면의 방향을 전환한다.

마이크로폰microphone 역시 신분증에 추가된 장치인데, 주로 의료 분야에 활용되고 있다. 보세라 커뮤니케이션스Vocera Communications의 무선 음성 인식 시스템이 대표적이다. 의사들은 이 시스템용 소형 단말기를 이용해 환자를 치료할 때 병원 내 의사나 간호사를 검색하고 바로 그들과 통화할 수 있다. 마이크로폰은 사람의 음성을 녹음하는데도 활용되지만, 최근에 연구자들은 마이크로폰을 사람의 음성을 실시간으로 분석하는 데 활용하고 있다.

예컨대 다트머스대학의 연구자들은 휴대전화 음성 데이터를 분석해서 사용자 위치를 추적하는 데 활용하고 있다. 음성 데이터가 당신이 식당에 있는지, 사무실에 있는지, 자동차 안에 있는지 알려주는 것이다. 이 음성 데이터 분석 시스템은 사용자가 있는 공간에서 발생하는 특별한 소리들, 이를테면 쟁반이 달가닥하는 소리나 딸깍딸깍하는 자동차의 방향 지시등 소리를 인식해서 위치를 확인한다.

남성은 치마만 두르면
좋아한다

2000년대 초 매사추세츠공과대학MIT 미디어 랩 산하 휴먼다이내믹스그룹Human dynamics Group은 다양한 센서 기능을 하나의 장치로 통합하는 기기 개발에 들어갔다. 즉, 신분증 하나로 적외선, 행동, 음성을 모두 감지할 수 있는 기기를 만들려고 한 것인데, 이런 종류의 배지 개발은 처음 시도되는 것이었다. 예전에는 두 사람이 정확히 언제 대화를 나누고 있는지 알려면 적외선 송수신기, 마이크로폰, 근접 센서 등이 필요했다.

이렇듯 일반적인 용도의 센서 기기를 소시오미터sociometer라고 부른다. 초기 소시오미터에는 적외선 송수신기, 마이크로폰, 가속도계 2개가 장착되었다. 당시 소시오미터는 책 한 권 크기의 회색 상자 모양으로, 끈으로 묶어 가슴을 가로질러 착용해야만 했다. 물론 소시오미터를 들고 공항을 가는 일은 엄두도 내기 어려웠다. 공항 검색대를 쉽게 통과하기 어려울 만큼 소시오미터는 거추장스러웠기 때문이다. 초기 소시오미터는 휴대가 불편했지만, 인간 행동의 많은 측면을 이해하는 데 꼭 필요한 센서들을 하나의 시스템으로 통합한 최초의 기기였다.

대부분의 시제품들과 마찬가지로, 사용 환경이 엄격하게 제한되어 있었던 소시오미터는 외부에서 사용하기가 어려웠다. 초기 시험은 대부분 실험실에서 진행되었고, 그런 뒤에 MIT에서 제한적으로 현장 테스트를 실시했다. 알렉스 샌디 펜트랜드Alex Sandy Pentland

의 『어니스트 시그널Honest Signals』(2009)에는 소시오미터 실험에 관한 내용이 자세하게 나와 있다(여기에서는 주제와 관련 있는 내용만 간략하게 언급하고자 한다).

MIT 연구진은 초기에 소시오미터 플랫폼의 음성 처리 기술을 통제된 환경에서 인간 행동을 연구하는 데 이용했다. 음성 처리 기술의 가능성을 시험해보기 위해서였다. 마이크로폰으로 고음질의 음성 녹음이 가능했기 때문에 연구진은 다양한 결과를 예측하려고 할 때 어떤 부분이 대화에서 가장 중요한지를 알아낼 수 있었다.

MIT 연구진은 공부밖에 모르는 모범생의 전형이라고 불러도 무방할 것이다. 그런 MIT 연구진이 가장 먼저 연구한 주제는 뜻밖에도 데이트였다. 어쩌면 그들이 가장 어려워할 수도 있는 주제가 데이트였을 텐데 말이다. 데이트에 성공하려면 결코 말만 잘해서는 안 된다. 데이트 분위기와 두 사람 사이의 교감이 더 중요하다. 그렇다면 과연 이런 요소들도 수량화하는 것이 가능할까?

바로 이 질문에 대한 답을 얻으려고 MIT 연구진은 센서 기기를 들고 지역의 즉석 데이트 행사에 참가했다. 먼저 독자의 이해를 돕기 위해 즉석 데이트 방식을 잠깐 설명해본다. 우선, 상대방이 마음에 드는지 확인하기 위해서 남녀가 서로 5분 동안 대화를 나눈다. 이 즉석 데이트의 핵심은 좌석 배치다. 여성들이 줄지어 자리에 앉아 있으면, 5분마다 남자들이 자리를 바꿔가며 여성 앞에 앉는 방식이다. 행사가 끝날 때쯤, 한껏 기대에 부푼 참가자들은 쪽지에 자기가 데이트하고 싶은 사람을 표시해서 주최 측에 제출한다. 커플이 탄생하는 경우, 주최 측은 당사자들에게 이메일로 상대방 연락처를

33

보내준다.

이 실험에서 MIT 연구진은 데이트 수십 건을 녹음해서 데이트에 나가게 될 사람이 누구일지를 예측해보았다. 참가자들의 대화 내용은 살펴보지 않고 오로지 그들이 '어떻게' 대화를 나누는지, 달리 말해 '사회적 신호social signal'만 집중 분석했다. 사회적 신호란 사람들이 대화할 때 상대방에게 보내는 무의식적인 메시지를 말한다. 이를테면 어조의 미세한 변화나 대화의 끊김, 눈썹을 치켜올리는 행위 같은 것들이 사회적 신호에 해당한다. 모든 사회적 신호에는 대화의 내용 이상으로 중요한 정보가 함축되어 있다. MIT 연구진은 복잡한 알고리즘을 사용하여 실험 참가자들의 어조와 목소리 크기의 변화와 대화 속도를 자동으로 계산할 수 있었다.

실험 결과는 놀라웠다. 대화 내용을 전혀 참고하지 않고 비언어적 특징만으로도 데이트에 성공하는 사람을 예측해냈다. 그 정확성이 무려 85퍼센트에 육박했다. 그런데 이 실험 결과에서 한 가지 특이한 점은 여성의 목소리 특성만이 예측 결과에 영향을 끼쳤다는 사실이다. 아마도 치마만 두르면 좋아하는 남성의 특성이 실험 결과에서도 잘 드러난 것으로 보인다. 이러한 남성의 특성은 특별히 놀라운 발견은 아니지만, 이 실험으로 인해 그 과학적 근거를 갖게 되었다.

즉석 데이트 실험 결과로 연구진은 한껏 고무되었다. 인간 행동 분석 수준을 한 단계 끌어올리는 결과였기 때문이다. MIT 연구진이 손수 고생해가며 녹음된 음성을 프로그램화한 덕분에 그것이 가능했다. 당시에는 즉석 데이트 실험 결과가 데이터 분석의 힘을

34

실제로 보여주는 사례인지 하나의 예외적인 사례일 뿐인지 판단하기가 어려웠다. 또한 즉석 데이트는 많은 사람이 관심을 갖는 주제이기는 했지만, 인간 행동 분석 기법의 엄청난 영향력을 시험하고자 했던 취지와는 다소 동떨어진 주제였다. 따라서 경제적 중요성이 큰 주제로 관심사를 바꾸었는데, 그 주제는 바로 연봉 협상이었다.

연봉 협상을
잘하는 법

일반적으로 연봉 협상을 효과적으로 하기란 어렵다. 간단히 말해서 고용주가 낮은 임금을 고집하면 할수록 직원 채용은 더욱 어려워지고, 구직자가 임금을 높게 받으려고 하면 할수록 고용주는 터무니없이 높은 임금에 더욱 겁을 먹는다.

전통적인 이론에 따르면 미리 정보를 가진 당사자가 연봉 협상에서 더 유리하다고 한다. 예컨대 고용주가 구직자는 3월 2일부터 출근하고 싶어 한다는 사실을 미리 알고 있다면, 이런 상황에서는 고용주가 더 유리하다. 고용주는 구직자에게 더 빨리 출근하라고 요구하고 싶지만, 그냥 3월 2일부터 출근하라고 '마지못해 허락' 하는 척한다. 그 대신 선지급 보너스signing bonus(자신의 기대 연봉과 회사의 연봉 체계에 따라 산정된 연봉 차이를 미리 보상하는 제도)는 포기해야 한다고 압력을 가할 수 있다.

하지만 이런 이론은 사회적 신호의 영향력을 크게 간과하고 있

35

다. 전통적인 이론에 따르면, 똑같은 정보를 갖고 있을 경우 진취적인 사람이나 소극적인 사람이나 연봉 협상 결과는 거의 같아야 한다. 물론 이론이 아닌 경험상으로는 다른 결과가 나올 수 있기 때문에 정확히 이 문제를 연구해보기로 했다.

가능한 한 많은 변수를 통제하기 위해 MIT 연구진은 연봉 협상에 관한 실험 연구를 진행했다. 우선 미국 회사에서 일어나는 연봉 협상 과정을 그대로 재현했다. 구직자는 입사 시에 중요한 조건 예컨대 연봉, 출근 날짜, 업무량, 회사차, 선지급 보너스, 휴가 일수, 이사 비용, 보험회사 등 총 8가지 조건을 고용주와 협의했다. MIT 연구진은 각각의 조건을 두고 두 당사자에게 목표 점수를 할당하고, 결과에 따라 다른 점수를 부여했다. 예를 들어 10퍼센트의 선지급 보너스를 받은 구직자는 4,000점을 획득하고 고용주는 0점을 받는다. 구직자가 2퍼센트 선지급 보너스를 받게 되면 구직자는 0점, 고용주는 1,600점을 받는 식이다. 구직자와 고용주는 자신이 얻은 점수만 알 수 있게 했다. 연봉 협상이 끝나면 자신이 얻은 점수에 따라 참가자들은 돈을 지급 받았다.

참가자들은 협상에 들어가기 전에 작은 녹음 장치를 켰다. 이 음성 데이터에서 사회적 신호들을 자동적으로 추출한 MIT 연구진은 데이터의 예측력을 연구할 수 있었다. MIT 연구진은 위험을 감수하고 이 실험에 더 많은 투자를 했다. 통상 연봉 협상 시간은 40분 정도가 소요되었지만, 협상 초기의 대화 방식만 가지고도 연봉 협상 결과를 예측할 수 있을지를 알고 싶었다. 실험 결과 깜짝 놀랄 만한 사실이 드러났다. 협상에 들어간 후 5분 동안의 사회적 신호(목소리와 대화 속도의 변화가 주요한 척도였다)가 최종 연봉의 약 30퍼센트를 좌우한다는 결과가 나온 것이다.

이런 결과는 사회적 신호의 중요성과 사회적 신호를 포착하는 센서의 놀라운 예측 능력을 다시 한 번 확실하게 보여주었다. 연봉 협상 실험 결과가 얼마나 중요한 시사점을 지니고 있는지 다음과 같이 생각해보자. 예컨대 신입 소프트웨어 기술자가 면접 때 고용주에게 말하는 방식을 바꾸기만 해도 6만 5,000달러가 아니라 9만 달러의 연봉을 받을 수 있다는 이야기가 된다.

우리는 대화할 때 사회적 신호가 아니라 내용이 훨씬 중요하다고 본능적으로 생각하는데, 그런 뇌리에 박혀 있는 생각을 떨쳐내기란 만만치가 않다. 오바마 대통령이 건강 보험 개혁 방안 대신에 리얼리티 쇼 '서바이버Survivor'(전 세계를 대상으로 하는 리얼리티 방송 게임 쇼 TV 프로그램)의 최신 에피소드를 자세하게 설명한다면, 아무리 정치에 무관심한 국민일지라도 어리둥절해할 것이다. 그러나 주제를 벗어나지 않는 범위 안에서는 대화 내용 이외의 단서들이 결과에 중요한 영향을 끼친다.

사회적 신호가 대화에서 얼마나 중요한지를 이해하려면 사람들이 외국 영화를 이해하는 방식에 주목해보자. 자막이 꺼져 있는 외국 영화 한 편을 본다고 상상해보자. 그렇게 하면 배우들의 대사는 이해 못하겠지만 배우들의 어조와 상황에 따른 태도, 한 배우가 다른 배우를 좋아하지 않을 때의 몸짓은 느낄 수 있을 것이다. 극중 인물들이 격렬한 논쟁을 벌이는 상황도 감지할 수 있을 것이다. 이처럼 외국어로 된 영화를 볼 때 우리가 느낄 수 있는 언어 외적 신호 **37**

들이 바로 센서가 측정하고자 하는 대상이다.

종합해보면, 인간 행동 분석에 관한 초기 연구 결과는 정말 놀라웠다. 컴퓨터와 몇 가지 똑똑한 알고리즘 덕분에 MIT 연구진은 복잡한 상황 속에서 인간 행동을 가까스로 그러나 깜짝 놀랄 만큼 정확하게 예측할 수 있었다. 인간 행동 예측은 예전에는 오직 인간만이 할 수 있다고 믿었던 영역이다. 굳이 과장할 필요도 없이 이런 연구 결과들의 중요성은 너무나 명징하다. 하지만 인간 행동 분석에 관한 초기 연구 결과들은 '역사상 처음으로 실험실 밖에서 인간 행동이 객관적으로 측정될 수 있다'는 사실을 보여주었다.

소시오메트릭 배지의
탄생

인간 행동 예측 기법이 비약적으로 발전하면서, 연구자들은 사람들이 일하는 방식에 대해서도 새롭고 근본적인 질문을 던질 수 있게 되었다. 예컨대 '상사는 부하 직원과 대화할 때 대화를 주도하는가?', '기업 문화란 과연 무엇인가?'와 같은 질문이 해당한다. 인간 행동을 분석할 때 늘 제한 요소로 작용해왔던 방대한 데이터 수집의 어려움과 데이터의 질 문제를 극복했기 때문이다.

인간 행동을 예측하는 신기술의 발전으로 데이터 수집은 이제 사회과학의 발전을 막는 장애물이 아니다. 사회과학 분야에 소시오미터가 도입된 지 불과 몇 개월 만에 연구자들은 구식 관찰법으로 지난 수세기 동안 축적한 데이터보다 많은 데이터를 수집할 수 있었다. 연구자들은 센서 기반 데이터 수집 기법에 신기술을 적용하기 시작했다.

초기에 개발한 소시오미터는 무거운데다 착용하기도 불편했다. 참가자들도 과학 발전과 기술 축적이라는 공익을 위해 자신이 기여한다는 자부심 이외에는 소시오미터 연구로 직접적인 혜택을 얻지 못했다. 게다가 자신이 참여한 연구의 결과를 알기까지는 수개월이 걸렸다. 이러한 복합적인 문제점 때문에 참가자들은 큰 부담감을 떠안았고, 소시오미터 기술이 광범위하게 확산되는 미래의 모습을 꿈꾸기도 어려웠다.

이런 소시오미터의 단점들을 극복하려고 연구자들은 화면 표시 기능을 추가한 2세대 소시오미터인 위버 배지Uber Badge를 개발했다. 위버 배지는 초기 소시오미터의 외형을 바꾸는 데 초점을 맞춰 개발했기 때문에 센서 장치는 기존 모델과 동일했지만 크기가 큰 지갑 정도로 작아졌다. 또한 위버 배지 앞면에는 발광다이오드LED 표시 장치가 부착되어 있어 연구자가 원하는 정보를 화면에 표시하기가 용이했다. 한층 성능을 개선한 소시오미터 덕분에 사용자들은 발광다이오드 화면으로 특정한 장소에서 자신이 만난 사람의 수나 대화 시간을 확인할 수 있었다. 거기에다 소시오미터를 목에 걸 수 있게 되자 착용하기가 훨씬 편리해졌다.

사람들이 소시오미터를 더 편리하게 착용하도록 함으로써 연구자들은 소시오미터가 대중에게 광범위하게 확산되는 길을 열어주었다. 그러나 사용자 프라이버시 침해 문제는 풀어야 할 큰 숙제 **39**

였다. 초기에 나온 배지들은 실제 대화 내용을 전부 수집했기 때문이다. 세상에 자신이 하는 말 한 마디 한 마디가 전부 다 녹음되는 장치를 들고 다니고 싶어 하는 사람이 어디 있겠는가?(이러한 녹음 기능은 대부분의 미국 주법州法에도 어긋난다.)

연구자들은 소시오미터의 센서 크기와 전력 소모를 크게 줄이고, 배터리 수명을 늘림으로써 프라이버시 침해 문제에 대한 해답을 찾았다. 이렇게 확보한 여분의 전력으로 차세대 배지는 음성 데이터의 실시간 처리가 가능했던 것이다. 즉, 차세대 배지는 대화 '내용'을 녹음하는 대신 음의 크기와 높이, 강한 어조 등과 같은 대화의 '특징'들만을 초당 몇 번씩 저장했다.

이렇게 새롭게 등장한 배지가 소시오메트릭 배지Sociometric Badge다. 소시오메트릭 배지는 그 크기가 포커 카드만 하고, 무게는 25센트짜리 동전 5개만 할 정도로 작고 가볍다. 소시오메트릭 배지에는 기존의 모든 센서 장치가 통합되어 있다. 마이크로폰, 적외선 송수신기, 가속도계는 물론이고 블루투스 라디오까지 추가되었다. 소시오메트릭 배지는 충전 없이 일주일 노동시간인 주 40시간 연속 데이터 저장이 가능하다. 또한 내부에 데이터 분석 알고리즘이 장착되어 있어 통상 근로자의 1년치에 해당하는 행동 분석 데이터를 4기가바이트GB SD 메모리 카드에 저장할 수 있다.

소시오메트릭 배지는 회사 신분증이 자연스럽게 진화해서 탄생했다고 보아도 무방하다. 하지만 이 새로운 형태의 배지는 회사 신분증과는 다르게 단지 출입문을 여는 용도 이외에도 다양한 정보를 제공해준다. 소시오메트릭 배지의 데이터 기반 보고서와 피드백

40

을 활용하면 직원은 물론이고 회사 전체를 분석할 수 있다. 앞에서 나온 사례들에서 살펴보았듯이, 이런 센서 기술은 어마어마한 잠재력을 갖고 있다. 배지에 저장된 5분 정도의 데이터만 가지고도 한 사람이 협상에서 승리할지는 물론이고, 그 사람의 협상 능력까지 예측할 수 있다. 전 세계 수많은 기업에서 근무하는 수백만 명의 직원이 단순히 몇 분 동안이 아니라 수년에서 수십 년 동안 소시오메트릭 배지를 착용한다면 어떻게 될까? 배지로 수집한 방대한 데이터를 바탕으로 직원들은 물론 조직 전체의 효율성이 이전과는 비교할 수 없을 정도로 극대화될 것이다.

배지 기술의 활용 가능성은 무궁무진하다. 배지 기술의 발달로 거시적인 관점에서 조직과 사회에 대한 우리의 이해력이 획기적으로 높아지는 것은 물론이고, 개인의 프라이버시 침해 문제는 옛날 이야기가 되고 회사는 업무 비효율성을 찾아내려고 직원들의 모든 움직임과 대화를 관찰하는 그런 세상이 올지도 모른다. 역설적이게도 이런 세상에서 극복해야 할 가장 큰 문제는 이제 데이터의 부족이 아니라 데이터의 양과 크기가 될 것이다.

빅데이터는
빅브라더인가

센서로 데이터를 수집하는 일은 개인의 프라이버시를 크게 침해할 소지가 있다. 데이터의 출처가 개인 휴대전화

41

든 아니면 인터넷 검색 기록이든, 이렇게 방대하게 수집된 데이터가 악용된다면 문제가 더욱 커진다. 반면 프라이버시 침해에 대한 대중의 인식은 굉장히 낮은 편이다. 달리 말해서 일반인들은 자신이 제공하는 데이터의 힘을 제대로 깨닫지 못하고 있는 경우가 많다. 프라버시 침해 문제는 소시오메트릭 배지의 등장으로 심각해지고 있다. 회사는 이미 사내 CCTV 설치, 직원의 컴퓨터 자판 기록 저장, 직원의 컴퓨터 화면 캡처, 직원의 이메일 열람 등의 활동들을 합법적으로 할 수 있다.

배지를 통해 수집되는 직원의 위치 정보나 통화 목록과 같은 다른 민감한 정보들이 밖으로 노출될 경우 기업이 이를 심각하게 악용할 소지가 있다. 기업이 이렇게 민감한 정보를 갖고 있으면, 직원이 화장실에 갈 때조차 위치가 노출된다. 그리고 기업은 특정 직원이 다른 부서 직원들과 얼마 동안 잡담을 하면서 시간을 '낭비' 하는지까지도 낱낱이 파악할 수 있다. 현행 법률 아래에서 이런 방식의 직원 감시는 전혀 흠이 없는 합법적 행위다.

직원의 프라이버시가 심각하게 위협 받는 현재 상황은 미국 현행법 제도의 중대한 헛점을 그대로 드러낸다. 도를 넘는 기업의 직원 감시는 비도덕적인 행위로 지탄 받아 마땅하고, 법적으로도 위법 행위로 간주해야 한다. 유럽과 아시아 국가들은 직원 감시 행위를 금지하고 있으며, 심지어 이런 종류의 데이터를 분석하는 것조차 금지하고 있다. 두 가지 양극단의 사례에서 절충점을 찾으려면 이렇게 극도로 민감한 데이터를 다룰 때 어떤 조치를 취할 것인지 회사와 개인이 합의를 보아야 한다.

42

이 책에서 설명하고 있는 연구 프로젝트들은 MIT의 알렉스 샌디 펜트랜드가 주장하는 '데이터에 대한 새로운 합의'를 충실히 지키고 있다. 새로운 합의의 핵심은 '사전 통보와 사전 동의에 근거해서 데이터를 수집한다', '개인이 자신의 데이터를 통제한다', '제3자에게 데이터를 보낼 때는 반드시 데이터를 통합해서 보내야 한다' 등 3가지다. 이제부터 이 3가지 원칙을 좀더 자세하게 알아보도록 하겠다. 전반적인 센서 기술과 '빅데이터' 분석 기법이 적절하게 사용되기 위해 왜 이런 원칙들이 필요한지 독자들의 이해를 돕기 위해서다.

기업은 직원의 '사전' 동의 없이도 이미 수많은 데이터를 수집하고 있다. 소시오메트릭 배지를 이용해서 데이터를 수집하고 있는 회사들은 참가자들에게 수집하는 데이터의 종류를 알려주고 참가자들이 하는 질문에 답해주는 데만 몇 주씩을 할애한다. 심지어 수집하는 데이터 목록이 낱낱이 적혀 있는 동의서를 직원들에게 나누어주기도 한다. 데이터 수집을 꺼리는 직원이 있는 경우, 그런 직원에게는 데이터 수집용 배지와 외관은 똑같지만 자료 수집 기능이 없는 '가짜' 배지를 나누어준다. 이렇게 하면 배지를 착용한 직원들이 특별히 부각되지 않아 거부감이 적고, 일반적으로 참가자도 더 늘어난다. 참가자들은 또한 어느 때나 데이터 수집을 거부할 권리가 있다. 하지만 실제로 이런 일은 거의 일어나지 않는다. 배지를 착용하고 나서 며칠만 지나면 참가자는 그 사실을 까맣게 잊어버리기 때문이다.

이런 사전 동의 절차는 데이터 수집에 대한 참가자들의 걱정을 많이 누그러뜨렸고, 연구 프로젝트에서 90퍼센트 이상의 참여율을

43

지속적으로 이끌어내는 데 큰 도움을 주었다. 이는 일반적으로 참가자들이 50퍼센트의 참여율만 보여도 사회과학 연구자들이 황홀해하는 설문조사 방식과는 확연하게 대조되는 결과다. 이렇게 참가자들의 참여율이 높으면 데이터 그 자체의 가치가 점점 더 올라간다. 그리고 크게 증가한 데이터 가치 덕분에 참가자들은 너나 할 것 없이 데이터에 대한 권리를 주장할 것이다.

오늘날 기업들은 당연한 권리가 있는 것처럼 내부 데이터 보호에 극도로 예민하다. 예컨대 구글Google은 사용자들이 만들어내는 데이터로 대부분의 수익을 창출한다. 기업의 내부 데이터 보호에 대한 집착은 회사 이메일에도 그대로 반영되어, 지금까지 법원은 회사가 회사 서버를 이용하는 직원들의 이메일을 열람할 수 있는 권리가 있다고 판결했다.

소시오메트릭 배지 데이터의 민감한 속성은 이런 기업 모델에 변화가 필요함을 시사한다. 데이터 사용에 대한 개인의 권한이 없을 경우 기업은 마음대로 직원의 데이터를 이용할 것이다. 이를테면 소시오메트릭 배지 데이터로 개인의 건강 악화(대화 패턴의 변화를 분석하면 우울증 예측이 가능하다)나 퇴사의 가능성(퇴사를 결심한 직원은 사표를 내기 전에 사내 대인관계를 줄이기 시작한다)을 예측한 회사는 해당 직원을 승진에서 제외하거나 업무 범위를 축소할 수 있다. 그러나 직원들이 자신의 데이터에 대한 통제권을 지니고 있다면 이야기는 달라진다. 그럴 경우 직원은 자신과 관련한 데이터가 악용될 소지가 있다고 판단되면 회사의 데이터 접근을 거부할 수 있다. 이 책에 나오는 여러 연구 프로젝트에서 참가자들은 회사의 데이터 접근을 차

44

단하고 싶으면 자신의 데이터를 삭제할 수 있었다.

기업이 개인의 데이터를 통제하려는 뚜렷한 사업상의 이유를 찾기 어렵다. 예컨대 직원이 화요일 2시 30분에 어디에 있는지 아는 것과 그 직원의 생산성은 무관하다. 기업은 직원들의 일반적인 행동 패턴에 더 많은 관심을 가져야 하고, 팀별 혹은 부서별 업무 특성을 보여줄 수 있도록 자료를 통합해야 한다. 그리고 어떤 행동과 상호작용이 직원들이 효율적이고 행복하게 일하는 데 도움이 되는지에 더 집중해야 한다. 이렇듯 종합적으로 데이터를 통합해 분석하는 방법은 개인의 프라이버시 침해를 막을 수 있는 유일한 대안이기도 하다.

센서에서 얻은 개인 데이터를 익명화하는 일은 근본적으로 불가능하다. 수학적으로, 누군가 당신과 똑같은 동선으로 똑같은 상대와 대화를 나눌 가능성은 지극히 낮다. 누군가 노트를 꺼내서 특정 직원이 다른 직원과 몇 번이나 대화를 나누는지 적어보기만 해도, 그 사람은 자기가 특정 직원의 센서 데이터를 갖고 있는지 아닌지를 파악할 수 있을 것이다.

이런 문제를 해결할 수 있는 유일한 방법은 데이터 통합이다. 모든 사람이 개개인의 데이터를 볼 수 있도록 허용하는 대신에 개별 데이터의 평균을 내거나 데이터를 그룹으로 묶는 것이다. 이렇게 하면 팀별로 그 성향이 드러나고 직원들은 그 결과를 보고 자신의 행동을 되짚어볼 수 있다. 이때 특정한 개인의 성향은 노출되지 않는다.

기업들은 보통 이런 방식으로 데이터가 제약 받는 것에 크게 신경 쓰지 않는다. 직원들도 개인 데이터를 회사 생활에 활용할 수 있다. 예컨대, 데이터를 통합적으로 분석해보면 자기가 다른 팀원들

45

과 충분히 소통하지 못하고 있다는 것을 깨달을 수 있다. 또한 회사에서 가장 행복한 부서와 비교했을 때 자기 팀이 커피를 마시며 휴식을 취하는 시간이 부족하다는 사실을 발견할 수도 있다. 기업으로서는 통합된 데이터의 일반적인 경향을 분석해서 직원과 부서가 좀 더 행복하고 효과적으로 일할 수 있는 행동 방식과 협력 방식을 찾아낼 수 있다. 이렇듯 통합적으로 데이터를 분석하면 회사나 직원이나 그 결과에 만족할 수 있을 뿐만 아니라 회사 서버가 해킹을 당했을 때 회사가 법적 책임을 줄일 수 있는 장점도 있다. 누군가 악의적인 의도로 해킹을 하더라도 회사는 개인 정보를 갖고 있지 않기 때문에 해커는 개개인의 정보를 빼낼 수 없다.

해킹만큼 심각하진 않지만 오늘날 기업들은 실제로 데이터 익명화 문제와 씨름하고 있다. 기업은 직원들의 연봉 정보를 어떻게 관리해야 할까? 직원이 동료에게 회사에 공식적으로 불만을 표출하면 어떻게 처리해야 할까? 이런 문제들을 해결하려면 기업은 그 과정을 직원들과 공유해야 한다. 직원들과의 열린 소통은 센싱sensing 기술이 직원들의 광범위한 지지를 얻는 데는 물론이고 성공적인 조직을 만드는 데도 중요하다.

제1장에서 제시한 데이터 수집 원칙의 핵심은 조직의 신뢰와 투명성에 있다. 동료를 믿지 못하고 회사를 믿지 못한다면, 누구나 조직에서 불행할 수밖에 없다. 따라서 생산성은 떨어지고 가능한 한 빨리 다른 직장으로 옮기고 싶은 마음이 들 것이다. 반대로 회사가 신뢰와 투명성을 높이려는 목적으로 데이터를 수집한다면 어떨까? 직원들은 업무를 향상시키고 직장에서 행복하게 일하는 법을 배울

수 있을 것이고, 기업은 그 덕분에 큰 성과를 낼 수 있을 것이다.

센서 기술이 회사에 광범위하게 도입되더라도 직원들은 프라이버시 문제에 과도하게 신경을 빼앗길 필요가 없다. 앞으로도 계속 논의하겠지만, 센서 기술은 기업에서 직원들이 일하는 방식에 혁신적이고 긍정적인 변화를 가져올 것이다. 예컨대, 센서 기술을 도입하면 경영진은 회사의 조직도보다는 직원들에게 관심을 쏟을 수 있을 것이다. 우리가 윤리적으로 센서 기술을 회사에 적용한다면 그 가능성은 무궁무진하다.

실제로 인간의 작업 효율을 높이는 도구는 전혀 새로운 개념이 아니다. 인류는 이미 고대부터 수백만 년 동안 효율적인 도구를 사용해오고 있었다. 조직의 개념도 예외가 아니다. 조직의 기원은 수천 년 전으로 거슬러 올라간다. 현대 기술을 살펴보기 이전에 제2장에서 인류의 역사를 간략히 살펴보도록 하자.

CHAPTER 2

기업의
탄생

왜 인간은 무리를 지어
사는가

미국의 과학자이자 작가인 아이작 아시모프 Issac Asimov는 1950년에 발간한 장편소설 『아이, 로봇I, Robot』에서 인간과 비슷한 로봇이 우리 사회의 필수적인 존재가 되는 미래를 그렸다. 그가 그린 로봇은 인간을 돌보고, 인간과 같이 일하고, 인간에게 통제를 받는다. 소설에서 로봇들은 다양한 역할을 한다. 하지만 로봇들은 로봇의 인간화를 막으려고 인간이 고안한 로봇의 행동에 관한 3가지 원칙을 따랐다. 첫째, 로봇은 인간에게 해를 끼쳐서는 안 되며, 위험에 처해 있는 인간을 방관해서도 안 된다. 둘째, 로봇은 인간의 명령에 반드시 복종해야만 한다. 단, 인간의 명령이 제1원칙에 거스를 경우는 따르지 않아도 된다. 셋째, 제1원칙과 제2원칙에 위배되지 않는 한 로봇은 반드시 자신을 보호해야만 한다.

로봇의 행동이 3가지 원칙에서 벗어나지 않는 이상, 모든 행동은 로봇을 구성하는 개별 프로그램의 통제를 받는 것 같았다. 그러나 사람들은 로봇의 행동 지침이 되는 다른 과정이 있다는 사실을

51

발견했다. 영화 〈아이, 로봇, Robot〉(2004)에 나오는 등장인물 중 한 명은 혼잣말로 이렇게 묻는다. "로봇들이 따로따로 행동하지 않고 단체로 행동하는 이유는 무엇일까?" 인간에게도 똑같은 질문을 던질 수 있다. 두 사람이 있을 때, 왜 사람들은 말없이 바닥을 내려다보는 대신 서로 이야기를 할까? 또한 왜 사람들은 따로따로 일하지 않고 같이 모여서 일을 할까? 이렇게 서로 협력하는 인간의 특성은 역사적으로 최근에 나타난 현상일까 아니면 태초부터 변하지 않은 인간 본연의 모습일까?

물론 인간 행동을 규정하는 일반적 원칙은 있다. 하지만 불행인지 다행인지 인간에게는 로봇의 행동에 관한 3가지 원칙처럼 인간 전체를 이해할 수 있을 만한 원칙이 없다. 인간이 협동하는 방식에 대한 일반적 원칙을 도출하려면, 인간이 생물학적 · 문화적으로 어떻게 협력하며 일하도록 진화해왔는지에 대한 기본적인 이해가 필요하다. 인간의 협동 방식을 추적해보면 인간이 협동하는 데 가장 중요한 행동이 무엇인지, 오늘날 조직을 분석하는 데 어떤 데이터가 유용한지를 밝히는 데 도움이 될 것이다.

고대에 인류가 나무를 타고 살던 때부터 인간은 무리를 지어 생활했다. 고대에 살았던 현대 인간의 조상들에게도 홀로 살아가기보다는 무리 지어 생활하는 방식이 훨씬 생존에 유리했다. 예컨대 무리를 지어 생활하면 적敵의 위협에 효과적으로 대응할 수 있었다. 쉽게 생각해서, 무리를 지으면 싸울 수 있는 인원과 무기가 늘어난다. 또한 무리를 지으면 위험을 분산할 수도 있다. 예를 들어, 먹이를 구할 때 혼자 사냥에 성공할 확률은 상당히 낮다. 그러나 무리에 속해 있으면 혹시 개인이 사냥을 못하더라도 무리의 도움으로 생존할 수 있다. 마지막으로, 큰 무리를 이룰수록 더 큰 작업을 해낼 수 있다. 세 사람이 힘을 합쳐서 바위를 들어올리는 인간의 협동 능력을 생각해보면, 협력의 대명사인 개미를 무색하게 할 정도다. 따라서 침팬지와 비슷했던 선행인류pre-human의 모습을 살펴보는 일은 무리의 역사를 탐구하는 데 더없이 좋은 출발점이 될 것이다.

300만 년 전으로 거슬러 올라가 보자. 300만 년 전이면 아직까지 호모사피엔스는 물론이고 오늘날 우리가 알고 있는 종種 대부분이 지구상에 존재하지도 않았을 시기다. 당시 인류의 조상은 작은 키와 비스듬한 이마를 갖고 있어서 그 모습이 침팬지와 아주 흡사했다. 화석 기록에 따른 것이기는 하지만, 아무튼 인류의 조상은 '오스트랄로피테쿠스'다. 오스트랄로피테쿠스는 짧은 키에 두 발이 달린 동물로 돌을 씹을 수 있을 정도로 이빨이 강했다. 그러나 오스트랄로피테쿠스의 지적 수준은 그렇게 낮지 않았다. 오스트랄로피테쿠스의 비교적 작은 두뇌는 오스트랄로피테쿠스가 현대의 고릴라나 침팬지와 지적知的으로 동등했음을 암시한다.

인류의 조상들은 먹이를 찾고, 포식자를 피하고, 잠을 자면서 대부분의 시간을 보냈다. 그들의 가장 큰 특징은 직립보행이었다. 다른 동물들에 비해 인류가 성공한 중요한 이유 가운데 하나가 바로 직립보행이다. 직립보행으로 인류는 걷는 동안에도 도구 사용이 가능했다. 그들은 또한 무리 지어 생활했다. 그들의 무리 규모와 행동 방식을 두고 여전히 논쟁이 계속되고 있다. 남아 있는 자료가 화석밖에 없기 때문이다. 오늘날 고릴라, 보노보, 침팬지와 같은 유사 동

53

물들을 관찰해보면 과거 인류의 모습을 추측해볼 수 있다는 점은 그나마 다행이다.

'던바의 수'와
150명

동물원이나 디스커버리 채널Discovery Channel에서 고릴라의 모습을 한 번쯤 본 적이 있을 것이다. 거대한 덩치와는 어울리지 않게 땅에서 사는 고릴라는 초식동물이다. 고릴라는 커다란 배를 가진 덕분에 과일은 물론이고 열매에서 겉 과피와 속 과피 사이에 있는 두꺼운 육질肉質 부분인 중과피中果皮까지 이것저것 가리지 않고 엄청난 양을 먹어댄다. 고릴라는 그때그때 가장 적당한 먹이를 섭취할 수 있어 그것을 찾는 데 시간을 많이 소비할 필요가 없다. 고릴라는 서식지에서 반경 몇 킬로미터 이상을 벗어나지 않는데, 어느 날이든 하루에 500미터 이상을 이동하는 법이 없다. 이와는 반대로 사람은 하루에 3.1킬로미터 이상을 걷는다.

야생 고릴라는 5~30마리 사이의 작은 '무리'를 이루어 살아간다. 먹이를 찾기 위해 여기저기를 돌아다니다 보면 작은 무리는 점점 더 그 숫자가 늘어나 큰 무리가 된다. 이것이 무리를 이루자마자 바로 나타나는 위험 경감 효과다. 고릴라가 많아질수록 먹이가 풍부한 곳을 발견할 가능성이 더 높아지기 때문이다. 그러나 특정한 임계점을 넘으면 고릴라가 늘어나더라도 먹이 찾기의 효율성은 높아

지지 않는다.[3]

단순히 고릴라의 먹이 찾기 과정만 살펴보아도 이런 현상이 왜 일어나는지 이해할 수 있다. 고릴라들은 한 곳에 무리 지어 있다가 먹이를 찾아 사방으로 흩어진다. 먹이를 찾지 못한 채 500미터 이상을 가면 고릴라들은 다시 서식지로 돌아온다. 그러나 고릴라가 많으면 이런 먹이 찾기 과정이 완전히 비효율적으로 변한다. 고릴라들이 전부 같은 지역을 돌아다닐 것이기 때문이다.

물론, 이론적으로 고릴라는 더 많은 먹이를 찾으러 더 멀리 이동할 수 있다. 그러나 통상적인 거리를 벗어날 정도로 무리해서 이동하면 고릴라들은 지칠 수 있다. 그럴 경우에는 차라리 무리를 둘로 나누는 편이 더 효과적이다. 결국 고릴라는 무리를 지어 몇 가지 혜택을 얻지만, 무리의 규모가 크면 그 혜택이 감소한다.

고릴라와 인간의 습성이 정확히 일치하지는 않지만, 우리는 고릴라의 습성을 통해 고대에 살았던 인류의 생활상과 일하는 방식에 대한 실마리를 얻을 수 있다. 고릴라의 무리는 그 숫자가 적당히 클때에 가장 효율적이라는 점은 흥미롭다. 고릴라 사회에서 어마어마하게 큰 무리는 아예 존재하지 않는다. 이런 현상은 고대 인류 사회에서도 그대로 나타났을 것이다. 보노보 같은 유인원계 동물들을 관찰해보아도 똑같은 현상을 발견할 수 있다.

학명이 판 파니스쿠스*Pan paniscus*인 보노보는 비교적 최근인 600만 년 전 공통 조상에서 분화할 만큼 인간과 가장 유사한 동물이다. 피그미침팬지pygmy chimpanzee라고도 불리는 보노보는 약 150만 년 전에 침팬지 공통 조상에서 분화한 것으로 보인다. 보노보는 고

55

릴라와는 그 외모와 습성이 크게 대비된다. 보노보는 고릴라보다 몸집이 훨씬 작고, 큰 무리를 이루며, 반경 25킬로미터까지 이동한다. 보노보는 고릴라처럼 잡식성이 아니어서 먹이를 찾아 멀리까지 이동해야 한다. 또한 보노보는 생존을 위해 과일이나 고기 같은 칼로리가 높은 먹이에 의존해서 살아간다.

보노보 사회는 인간 사회와 그 속성이 아주 유사하다. 보노보는 100마리가 넘는 무리를 이루어 생활하지만, 먹이를 찾을 때는 6~7마리만 뭉쳐서 이동한다.[6] 이렇게 먹이를 찾으려고 흩어졌던 작은 무리도 며칠 후에는 본래 자신이 속한 큰 무리로 다시 돌아온다. 이렇게 하면 보노보로서는 일석이조다. 서식지 근처의 먹이를 고갈시키지 않으면서 큰 무리에 속해 얻는 혜택도 동시에 누릴 수 있기 때문이다.

주변 환경에 따라 보노보는 소수로 무리를 나눈다. 주변에 열매가 풍부하면 보노보는 하나의 큰 무리 속에서 계속 생활한다. 그럴 경우 큰 무리의 보호 없이 먹이를 찾아 주변을 샅샅이 뒤질 필요가 없기 때문이다. 하지만 주변에 열매가 없으면, 보노보는 작은 무리를 지어 사방으로 흩어져서 먹이를 찾고, 먹이를 찾으면 전체 무리에 그 사실을 알려준다. 이렇게 먹이를 찾으려고 뭉친 소규모 보노보 집단은 상당 기간 같은 구성원을 유지한다. 하지만 반드시 같은 핏줄끼리 무리를 이루는 것은 아니다. 이렇듯 먹이 찾기를 위해 소규모로 끈끈하게 뭉치는 보노보 무리는 보노보 사회의 핵심이다. 그러나 보노보의 친척뻘인 침팬지는 보노보와는 아주 다른 습성을 보인다.

56

침팬지는 생리학상으로 보노보와 아주 유사하다. 두 동물이 분화한 것은 불과 150만 년 전이다. 침팬지는 보노보와 마찬가지로 큰 무리를 이루어 살고, 서식지 반경이 64킬로미터에 이를 정도로 넓다. 침팬지는 20~150마리까지 무리를 이루어 생활하는데, 보통은 50마리 내외로 무리를 짓는다. 보노보와 비교했을 때, 침팬지는 먹이에 대한 접근성이 훨씬 떨어진다. 침팬지도 작은 무리를 이루어 먹이를 찾을 수 있지만 생존하려면 큰 무리의 도움이 꼭 필요하다. 침팬지 사회에서 침팬지가 굶어 죽는 일은 별로 없다. 하지만 집단 내 서열은 침팬지 사회에서 아주 중요한 역할을 한다. 서열이 높을수록 먹이를 많이 먹고, 번식하기가 훨씬 수월하기 때문이다.

침팬지는 노련한 사냥꾼이기도 하다. 침팬지는 각자 맡은 역할에 따라 사냥에 나서는데, 심지어 작은 사냥감을 노릴 때조차도 세련된 사냥 기술을 구사한다. 침팬지들 중에서 추격을 담당하는 침팬지가 사냥감을 쫓으면 몰이꾼은 사냥감을 한곳으로 몰고, 매복한 침팬지들은 그 사냥감을 잡아서 죽이는 식이다. 여기서 중요한 점은 사냥에 나선 침팬지들만 먹이를 나누어먹는 것이 아니라 근처에 있는 같은 무리의 침팬지들도 함께 먹이를 나누어먹는다는 사실이다.

침팬지가 고차원의 언어를 구사할 수 없다는 사실을 감안하면, 사냥할 때 나타나는 침팬지의 행동은 꽤 복잡하다고 말할 수 있다. 침팬지가 사냥에 성공하려면 사냥 전략을 이해하는 것은 물론이고 전략을 계획하고 실행할 수 있어야 한다. 경우에 따라서는 사냥 전략을 수정하기도 해야 한다. 흔히 우리는 이렇게 복잡한 행동은 인간만이 할 수 있다거나 언어를 가진 동물만 가능하다고 생각한다.

57

하지만 미개했던 고대 우리 조상들도 분명히 이렇게 복잡한 사냥 전략을 구사했을 것이다.

그러나 유인원 무리는 숫자상으로 분명한 한계가 있다는 점이 중요하다. 150명 이상 무리를 이룬 유인원을 본 적은 없을 것이다. 정말 중요한 점은 인간의 특성도 이와 별반 다르지 않다는 사실이다. 인간 역시 제한된 숫자의 사람들과 무리를 이룬다는 이론이 바로 던바의 수Dunbar's number 이론이다. 던바의 수는 한 인간이 '친하게' 지낼 수 있는 사람의 최대 숫자를 말한다. 영국의 인류학자 로빈 던바Robin Dunbar는 인류 역사를 연구해서 가장 응집력이 있는 조직원의 숫자가 150명이라는 사실을 밝혀냈다. 작은 마을 주민 수와 군부대 단위가 이와 유사했고, 150명을 초과하는 조직은 응집력과 생산성이 나빠지기 시작했다.

인간은 더 큰 무리를 이루는 것도 전혀 문제가 없으므로 던바의 수를 230명까지 보는 전문가도 있다. 그러나 던바의 수는 침팬지가 무리를 짓는 숫자와 몇십 배나 크게 차이가 나지는 않는다. 그렇다면 던바의 수는 고대 인류부터 현대 인간에 이르기까지 점진적으로 변화해왔다고 보아야 맞을 것이다. 인간은 언젠가부터 조직을 이루고 생활했을 텐데, 그 정확한 시점을 파악하기란 어렵다. 숲에서 먹잇감을 사냥하던 침팬지와 큰 동물을 사냥하러 평원을 이리저리 돌아다니던 인간 사이에는 어떤 큰 차이가 있을까? 여기서는 수천 년 전부터 인간은 큰 무리를 지어 도시를 형성했고, 그 시기에 인간은 '조직'이라고 부를 만한 집단을 이루었다는 사실만 짚고 넘어가자.

집단이냐
조직이냐

조직의 정의는 약간 제멋대로다. 조직은 집단이라는 말과 비슷한 것 같으면서도 다르기 때문이다. 조직은 25세 이하의 사람들이나 5층 이상의 아파트에 거주하는 주민들과 같이 단순히 사람들의 집합을 일컫는 단어가 아니다. 조직이라는 말을 떠올려 볼 때, 조직 안에 속한 사람들은 우연히 만난 사람들보다 좀더 깊이 연관되어 있다는 인상을 분명히 받는다. 그뿐만 아니라 조직은 구성원들의 행동을 통제하려고 공식 · 비공식적 절차를 갖고 있다. 이 때문에 조직은 집단의 하위 개념으로 분류된다. 달리 말해서 모든 조직은 집단이라고 부를 수 있지만, 집단을 모두 조직이라고 부를 수 없다.

앞서 말한 조직의 정의에 따르면, 친구 모임은 당연히 조직이 아니다. 친구 모임은 전체의 행동을 통제하는 절차가 전혀 없다. 한 친구가 다른 친구를 불쾌하게 만든다면, 암묵적으로 그 친구를 벌줄 수 있겠지만 그 절차가 명문화되어 있는 것은 아니다. 그런 절차를 명문화한다면 그 모임은 친구 모임이라기보다는 비밀 클럽에 가깝다. 비밀 클럽을 만들 생각이라면 친구 선택에 신중에 신중을 기해야 할 것이다.

물론 집단과 조직을 구분하기가 모호한 경우도 있다. 특히, 최근에 온라인 커뮤니티가 폭발적으로 늘어나면서 집단과 조직의 경계는 모호해지기 시작했다. 토머스 멀론Thomas Malone이 『노동의 미

59

래The Future of Work』(2004)에서 주장했듯이, 이제 온라인 커뮤니티는 누가 뭐라고 해도 조직이라고 부르기에 손색이 없다. 토머스 멀론은 현대 사회에서 조직이 무엇인지를 보여주는 대표적 사례로 월드 오브 워크래프트World of Warcraft 길드를 꼽았다.

온라인 게임에 특별한 관심이 없는 독자들을 위해 이 게임을 간략히 설명하자면, 월드 오브 워크래프트는 대규모 다중 사용자 온라인 롤 플레잉 게임Massive Multiplayer Online Role Playing Game의 일종인데, '엠엠오알피지MMORPG'로 부르는 편이 더 빠르다. 전 세계에서 이 게임을 즐기는 사용자들은 온라인상에서 캐릭터를 만들고, 가상의 적들과 싸움을 벌이면서 캐릭터의 파워와 게임 머니를 증가시킨다. 이를 위해서는 3~4시간 동안 모험을 하면서 강력한 적과 만나야 한다. 적과 싸워서 이기면 갑옷과 무기를 비롯한 온라인상의 진귀한 전리품을 얻는다. 자신의 캐릭터가 강해지면 강해질수록 미션은 점점 어려워져서 나중에는 혼자 힘으로는 미션을 완수하기 어려울 정도가 된다.

이때 필요한 것이 바로 '길드'다. 미션이 끝나면 얻는 보상은 대부분 다른 사용자와 나누어가질 수 없다. 즉, 사냥에 나선 팀원들 중에서 오직 1명만 보상을 가져갈 수 있다. 따라서 길드는 순서를 정해서 미션이 끝날 때마다 각기 다른 길드 멤버들에게 전리품을 나누어준다. 길드 멤버들은 이렇게 아주 어려운 미션을 완수하려고 효과적으로 협력한다. 전리품을 나누어가지는 방식은 말할 것도 없고 길드 멤버들의 온라인 활동 역시 상당히 체계적이다.

이렇듯 최근 등장한 온라인상의 길드 활동은 우리가 알고 있던

60

사무실에서 정장 입은 사람들이 서류를 반복적으로 작성하는 조직의 모습과는 사뭇 다르다. 그러나 표면적으로 드러나는 부분을 제외한다면 길드와 일반 조직은 유사한 점이 아주 많다.

길드와 비슷한 사례로 리눅스Linux 개발 커뮤니티를 들 수 있다. 리눅스는 완전히 공개된 컴퓨터 운영체제로, 운영체제의 거대 공룡이라고 부를 수 있는 마이크로소프트 윈도와 경쟁 관계에 있다. 마이크로소프트가 자사 프로그래머와 엔지니어들을 고용해서 윈도를 개발한 것과는 달리 리눅스는 전 세계적으로 수많은 프로그램 개발자가 그룹을 형성해 무료로 개발한 공개 운영체제다. 물론 리눅스 개발 커뮤니티에서도 때로는 공식적 절차가 필요하다. 예컨대 핵심 시스템 코드로 채택되려면 엄격한 심사 과정을 거쳐야 한다. 하지만 리눅스 개발 커뮤니티에서 '직원'이라는 용어가 존재하지 않는다. 리눅스 개발 커뮤니티는 분명 조직이지만, 예전과는 완전히 다른 형태의 조직인 것이다.

이 밖에도 전통적 의미의 조직과는 경계가 아주 불분명한 온라인 커뮤니티가 많다. 그 대표적 사례가 인터넷 쇼핑몰 이베이eBay다. 이베이에서 판매자들은 자신의 사업을 제대로 하기 위해 구매자와 판매자에 대한 정확한 평가 등급을 서로 공유한다. 소비자의 신뢰를 저버리는 판매자가 있다면, 제재를 가할 수가 있다. 그런 제재가 없다면 악의적인 판매자가 모든 판매자의 신용을 깎아먹을 것이고, 결국 소비자를 몰아내는 결과를 가져올 것이다. 이런 등급 제도가 공식적 절차라고 생각하는 사람도 있겠지만, 이런 시스템의 효과는 정의하기가 더 어렵다. 그렇지만 판매자들은 소비자들을 끌어들이기

61

위해 거래가 왕성한 사이트가 필요하고, 판매 기술을 공유하고 사기꾼들을 차단할 목적으로 서로 의지한다. 그렇다면 이런 형태의 커뮤니티는 과연 조직일까? 결코 분명하지 않은 문제다.

가족 역시 마찬가지다. 일반적으로 가족이란 한 집에 살면서 서로에게 의지하는 존재다. 하지만 가족을 법적으로 해석할 수도 있다. 가족 구성원 중의 1명이 가족을 학대했다면, 그는 형사법상으로 처벌을 받아야만 한다. 이렇게 형식적인 면에서 가족을 바라볼 수도 있지만, '가족'을 조직으로 보기는 어렵다.

지금까지 살펴본 사례들을 종합해보면, 조직의 모습과 운영 방식은 서로 다르다는 사실을 알 수 있다. 인간의 생물학적·문화적 사회화 방식이 진화해온 것처럼, 조직 또한 오랜 시간 진화를 거듭해왔다. 따라서 조직의 탄생 시점을 명확하게 규정하기란 불가능하다.

로마는 어떻게
제국이 되었는가

인간에게는 조직이 필요하다. 조직이 비공식적으로 유대를 쌓는 것보다 근본적으로 장점이 많기 때문이다. 조직의 장점이 구체적으로 무엇인지 알아보려면 앞서 논의한 유인원 무리를 다시 한 번 살펴보자. 이들이 집단인 것은 분명하다. 하지만 집단 내에 복잡한 위계질서가 있지만, 이렇다 할 공식적 절차가 존재하지 않는다. 태초에 인간도 유인원과 비슷한 집단을 이루고 살았을

62

것이다. 그러다가 가까운 친척과 가족으로 이루어진 부족 단위로 사냥을 하면서, 새로운 도구를 발명해 기술혁신을 이루어냈다. 기원전 약 8,000년까지 1만 년에 한 번꼴로 도구가 발명되었기 때문이다.

수백 세대를 거치는 동안 인간은 도구를 개량하지 않고 계속 사용했다. 그래서 도구는 기본적으로 뜻밖에 발명되는 경우가 대부분이었다. 인구는 점점 늘어났지만 새로운 도구를 개발할 가능성은 좀더 높아졌을 뿐이다. 하지만 약 1만 년 전에 변화가 찾아왔다. 인구가 비공식적인 수단으로 통제하기에는 너무 많아진 탓이다. 역사상 최초로 인구가 '던바의 수'를 넘어섰다. 따라서 인간 사회에서는 행동 수칙을 문서로 기록해야만 했고, 규칙도 합의해서 만들어야 했다. 간단히 말해서 사람들은 정부가 필요했다.

정부에 대한 개념은 그때까지 인간의 생각을 지배해오던 비공식적인 협력 방식에 비하면 혁신적인 것이었다. 수억만 년 전에 바다에 최초의 생명체가 나타난 이후로 생명체는 자연 발생적으로 발달했다. 동물들은 떼를 지어 다니며 집단행동을 했지만, 이런 행동은 아주 먼 옛날부터 시작된 진화 과정에서 발달된 생물학적 반응일 뿐이었다. 문명이 시작되면서 인간은 인구를 팽창하고자 하는 욕망을 채우려면 체계가 필요하다는 사실을 깨달았다.

처음에 문명은 그리 크지 않은 규모로 시작되었다. 초기에 발달한 도시들은 인구가 1만 명 정도였다. 이런 도시국가들은 농경과 경제에 초점을 맞추었지만, 그 체제가 상당히 불안했다. 작은 도시국가는 이웃의 큰 도시국가에 의해 지배를 받았다. 실제로 최초의 거대 문명국가에 속하는 페니키아와 바빌론은 수많은 도시국가가

63

모여 성립되었다.

한 장소에 많은 사람이 몰리면서, 도시국가는 상품과 사상이 오고가는 통로였다. 그 결과 기술혁신은 가속화되었다. 100년 주기로 신기술이 탄생해서 기술혁신의 속도가 예전보다 수십 배 빨라졌다. 최근 MIT의 판웨이潘巍는 도시에서 일어나는 기술혁신의 속도와 인구 밀도는 직접적인 연관성이 있다는 연구 결과를 내놓았다. 이런 연구 결과를 보면, 초기 문명국가들이 왜 그토록 번성했는지에 대한 실마리를 찾을 수 있다. 초기 도시국가들은 많은 인구 덕분에 신무기를 개발하고 강력한 군대를 만들 수 있었다. 또한 이를 바탕으로 다른 작은 도시국가들에 영향력을 행사할 수 있었다.

하지만 거대한 도시국가를 운영하기 위해서는 도로와 위생시설 같은 기반 시설과 국민들이 쉽게 이해할 수 있는 법률과 같은 기본적인 통치 체계가 필요했다. 도시국가 건립에 필요한 기본적인 사항들이 얼마나 충족되느냐가 국가의 성패를 좌지우지했다. 그 대표적 사례가 바로 고대의 뛰어난 문명국가인 로마다.

그리스처럼 고대 로마 역시 역사적으로 강력한 국가였다. 당시 누구에게도 뒤지지 않는 과학적 재능을 갖고 있던 로마인들은 콘크리트, 수로교水路橋, 옥내 화장실과 같은 발명품을 만들어냈다. 강력한 로마 군대는 당시 라이벌이던 카르타고Carthago(기원전 814년 페니키아인들에 의해 세워진 도시국가다. 기원전 6세기에는 지중해 무역을 장악하며 번성했으나, 포에니전쟁에서 패해 로마의 속주屬州가 되었다. 카르타고는 '새로운 도시'라는 뜻이다), 갈리아Gallia(고대 유럽의 켈트족이 기원전 6세기부터 살던 지역이다. 기원전 1세기경 로마의 카이사르에게 정복되어

64

로마령이 되었다. 고대 로마인들은 켈트족을 갈리아인人이라고 불렀다) 부족, 폰토스Pontus(기원전 337년경 페르시아 왕족이 폰토스 왕국을 세워 기원전 1세기에 가장 번영을 누렸지만, 곧 로마의 폼페이우스에 의해 멸망당했다. 폰토스는 그리스어로 '바다'를 뜻한다) 왕국 등을 초토화했다. 로마는 기원전 800년에 변변치 않은 도시국가에서 출발했지만, 이후에 유럽 전역과 중동 지역을 아우르는 거대한 제국으로 탈바꿈했다.

고대 로마 제국의 핵심은 그 무엇보다도 완벽한 응집력을 자랑하는 강력한 로마 군대였다. 어린 나이에 로마 군대에 들어간 신병은 동료들과 함께 8개 그룹으로 나뉘어 군사교육을 받았다. 이들은 군사훈련을 같이 받는 것은 물론이고, 함께 먹고 자면서 고락苦樂을 같이했다. 로마 군대는 군사교육을 할 때, 병사들에게 개인의 소중함뿐만 아니라 동료들의 소중함을 가슴 깊이 새기도록 훈련시켰다. 군대를 가족처럼 생각하게 만들어 용병들이 사랑하는 사람이 있는 고향으로 돌아가지 못하면 어쩌나 하는 걱정 없이 동료를 위해 용감하게 전장에 나가 싸우도록 독려하기 위해서였다. 결국 로마 군인들은 사랑하는 사람과 함께 늘 전쟁에 나간 셈이었다.

로마의 강한 결속력은 로마 군대에서뿐만 아니라 지배계급에서도 나타났다. 로마 제국은 가족 모임과 같아서 거의 모든 지도자가 친인척 관계로 얽히고설켜 있었다. 그러나 제국이 팽창하면서, 혈연관계에만 의존해서는 로마의 끈끈한 응집력을 유지하기가 어려웠다. 새로운 식민지를 로마 제국에 통합하기 위해서는 말 그대로 공통어를 구사할 필요가 있었다. 이를 위해 로마 제국의 통치 엘리트들은 4명 학자들(키케로, 살루스티우스, 테렌티우스, 베르길리우스)

65

에 대해 무려 10년 동안이나 공부를 했다. 그다음으로 수세기 전에 수사학 대가들이 쓰고 말한 내용을 그대로 익히고 또 익혔다. 로마에서는 지배 계층만 그렇게 어려운 언어를 사용했기 때문에 어떤 사람이 '내집단in-group(조직이나 사회 내부의 배타적인 소규모 집단)'인지 아니면 그런 척하는 사기꾼인지가 금방 탄로 났다. 이처럼 로마의 문화 규범은 아주 난해해서 보통 사람은 따라할 엄두도 내기 어려웠다.

제국이 팽창하면서 로마 권력의 최고봉인 황제도 변화를 겪었다. 로마 역사 초기 공화정일 때에는 황제가 없었지만, 이후에 황제는 로마 제국에서 중요한 역할을 맡았다. 로마의 원수인 황제는 식민지 통치자들과 긴밀한 관계를 유지해야만 했다. 그들이 로마 제국의 정책을 잘 실행하도록 이해시키는 한편 식민지에서 반란이 일어나지 않도록 감시해야 할 필요가 있었기 때문이다. 이러한 이유로 황제는 이 도시에서 저 도시로 공식적인 방문이 많았다. 로마 제국이 팽창하면서 황제가 로마를 비우는 기간은 점점 늘어났다.

황제가 드넓은 식민지를 직접 방문하는 일은 곧 비현실적인 일로 변했다. 각지에 흩어져 있던 식민지를 제대로 통치하려면 비공식적으로 적어도 황제 2명을 임명해야 할 필요성이 제기되었다. 그러나 로마 제국은 너무나 방대했기 때문에 황제들은 여전히 식민지 방문에만 거의 모든 시간을 쏟아부었다. 로마 제국의 신민들은 스스로 완벽한 로마인이라고 생각했고, 그에 상응하는 권리도 누려야 한다고 믿었다. 그러나 아직도 식민지마다 관습과 문화가 달랐고 언어가 다른 곳도 많았다. 따라서 일반 대중은 물론이고 지배 계급 내에서도 응집력이 크게 약화되었다.

66

본질적으로 로마는 이미 많이 변해 있었다. 물론 다른 요소도 영향을 끼쳤겠지만, 로마 제국은 자신의 무게를 이기지 못하고 와르르 무너져내렸다.[5] 하지만 로마 제국의 중앙 집권적 통치 방식, 응집력, 공식화된 절차 등은 1800년대 산업혁명이 일어나기 전까지 국가와 조직에 큰 영향을 끼쳤다.

프레더릭 테일러의 '테일러리즘'

영국의 산업혁명은 기업 경영에 지대한 영향을 끼쳤다. 사람들은 산업혁명이 기술혁신이 일어난 시대라고 알고 있지만, 산업혁명기에 일어난 경영의 변화 역시 오늘날까지 영향을 끼치고 있다. 여러 면에서 오늘날 우리가 알고 있는 현대 조직은 이 시기에 태동했다. 그리고 산업혁명기에 개발된 기본적인 발명품들이 현대 사회의 바탕이 되었다. 증기기관이나 가로등이 이때 발명되었고, 제지 산업도 산업혁명을 계기로 발전했다. 이러한 발명품들은 사회 전반에 지속적인 영향을 끼쳤다. 하지만 기업 경영에 가장 직접적인 영향을 끼친 발명품은 바로 증기기관이다.

증기력은 곧바로 광업을 변화시켰고, 증기기관차와 기선으로 대표되는 혁명적인 교통수단을 탄생시켰다. 이런 교통수단의 발달은 중요한 의미를 지니는데, 획기적인 교통수단이 탄생하면서 사람들이 장거리를 순식간에 이동할 수 있게 되었기 때문이다. 증기기관

67

차의 발명으로 사람들은 이전에는 몇 주일씩 걸리던 유럽 여행을 불과 며칠 만에 할 수 있었다. 대서양 횡단 기간도 이전과는 비교할 수 없을 정도로 단축되어 상품과 사상의 교류를 촉진했다.

기업들은 이제 실제로 세계 각국에서 활동할 수 있게 되었다. 하지만 기업들은 다음과 같은 새로운 문제들에 직면했다. 어떻게 하면 본사의 효과적인 제조 공정을 다른 공장에 이전할 수 있을까? 어떤 형태의 조직을 만들어야 전 세계에 흩어져 있는 다양한 노동자를 관리할 수 있을까? 대량의 상품과 원자재를 이전보다 빨리 수송할 수 있게 되면서, 대량생산이 전적으로 가능했던 기업은 상대적으로 규모가 작고 민첩하지 못한 기업을 가격과 품질에서 압도하기 시작했다. 물론 그 중심은 상품이 생산되는 공장이었다. 과거에는 소수의 숙련공들이 힘들게 오랜 시간을 들여 상품을 만들어냈지만, 공장에서는 한 가지 업무에 특화된 다수의 미숙련 노동자들이 빠르게 상품을 만들어냈다.

분업은 공장의 효율성을 높이는 데 결정적 역할을 했다. 생산 과정을 작고 독립적인 단위로 나누는 분업을 통해 기업들은 미숙련 노동자들을 고용해 고품질의 상품을 대량으로 생산할 수 있었다. 그러나 공장의 분업화가 정착되기까지는 상당한 시간이 걸렸다. 1800년대까지만 해도 사람들은 장인과 도제 관계 속에서 노동을 했다. 목수 일을 배우고 싶으면 말 그대로 목수 밑에서 몇 년을 살아야만 했다. 기술을 익히는 데 수십 년이 걸리는 경우도 있었다. 이렇듯 분업화가 일어나기 전까지 사업장의 모습은 회사라기보다는 공방工房에 가까웠다.

이러한 공장 노동자들을 최대한 효율적이고 생산적인 노동자로 변모시키기 위해서는 새로운 기업 경영 이론이 필요했다. 1800년대 말, 프레더릭 테일러Frederick Taylor는 공장의 작업 과정을 철저하게 분석해서 오늘날 흔히 테일러리즘이라고 불리는 '과학적 관리법Scientific Management'을 고안해냈다. 그는 작업자 개개인의 작업 효율성에 주목했다. 즉, 가장 생산성이 높은 작업자의 작업 방식을 관찰한 다음 그 방식을 표준화해서 조직 전체에 널리 퍼뜨렸다.

테일러리즘은 노동자를 성능이 제각각인 하나의 기계 부품처럼 바라본다. 이런 시각하에서는 창의적이거나 해박한 지식을 가진 노동자가 필요 없다. 그 대신 노동자를 쥐어짜서 작업의 비효율성을 최대한 제거하는 것이 테일러리즘의 목표다. 따라서 테일러리즘을 기반으로 한 공장에서 일하던 미숙련 노동자들은 장시간 힘든 노동을 감수할 수밖에 없었고, 반대로 경영진은 막강한 권한을 행사했다.

비용 절감 차원에서 바라보았을 때, 그 시대에 공장을 운영하는 경영자들에게 이런 가혹한 경영 방식은 상당히 일리가 있었다. 당시 작업은 대부분 특별한 '기술이 필요하지 않았던' 데다가 유럽으로 이민자들이 엄청나게 유입되면서, 노동자들을 하나로 응집하는 일은 극도로 어려웠다. 수천 명의 노동자가 똑같은 공정工程에서 작업을 했으므로 경영자로서는 효율적인 작업 방식을 찾았고, 또 그 방식을 공장 전체로 확산시키는 일은 매우 중요했다.

그러나 테일러리즘에도 약점은 있었고, 그것은 금방 드러났다. 작업의 효율성만 죽도록 강조하던 기업들 때문에 노동자의 신체적·정신적 욕구가 철저하게 외면 받았던 것이다. 이에 따라 영국에

69

서는 1819년에 공장법Factory Act을 제정해서 아동 노동시간을 하루 12시간으로 제한했다. 또한 그전까지는 취업 연령에 제한이 없었으나 영국 정부는 1833년에 섬유 산업에 종사하는 9세 이하 아동의 노동을 금지시켰다.

안타깝게도 노동자들이 당시의 열악한 노동 조건에 대항할 수 있는 방법은 아무것도 없었다. 초기에 노동자들은 파업을 시도하려고 많이 애를 썼지만, 번번이 경영진에 의해 쉽게 제지당했다. 일자리를 얻으려고 노동자들이 너나 할 것 없이 줄을 서는 상황에서 기업들은 파업에 가담한 노동자들을 가차 없이 해고했다. 더구나 대부분의 일자리는 특별한 기술이 필요 없었기 때문에 기업들은 직원의 재교육 비용에 크게 신경 쓰지 않고 인력을 교체했다.

인정사정없는 기업의 행태 때문에 노동자들은 자신들이 경영진에 맞서서 어느 정도 영향력을 행사할 수 있는 방법을 찾기 시작했다. 노동자들이 찾은 해답은 바로 노동조합이었다. 각양각색의 지식을 갖춘 노동자 수천 명이 하나로 뭉치면, 열악한 노동조건을 제공하거나 터무니없는 임금을 제시하는 기업에 대항할 수 있을 거라는 생각 때문이었다. 비록 노동조합은 1800년대 초반까지 불법으로 규정되었고 그 이후에도 계속해서 탄압을 받았지만, 조직 사회에서 점차 강력한 집단으로 변모해갔다.

노사勞使의 '데탕트detente(긴장 완화 관계)'는 수십 년 동안 계속되었다. 안정된 노사 관계는 두 차례의 세계대전을 거치는 동안 그 중요성이 더욱 커졌고, 미국에서는 제조업을 좌지우지하는 역할을 하기에 이르렀다. 경제 상황에 관계없이 한 회사에서 평생 일하기를 기대할 수 있을 만큼 노동자의 권익은 높아졌다. 이런 종신 고용 제도는 예전과 그 모습이 완전히 똑같지는 않지만 오늘날까지도 몇몇 국가에서 그 명맥을 유지하고 있다. 일본 대기업의 종신 고용 제도가 대표적이다.

현실적으로, 종신 고용 제도에서 일하는 직원은 동료들의 일거수일투족을 속속들이 알 수밖에 없었다. 같은 동료들과 수십 년 동안 한솥밥을 먹는데다 개인적으로도 함께 시간을 보내는 경우가 많았기 때문이다. 생산직 노동자들은 노동조합에 가입해 조합 행사에 참여하는 것이 보통이었고, 사무직 노동자들은 사교 클럽과 공제 조합에 가입해 동료들과 어울렸다. 역설적이게도, 이런 사교 방식은 고대나 중세시대 사람들이 일하던 방식을 그대로 모방한 것이었다. 과거 사냥을 하던 부족들이나 장인·도제 관계에서처럼 20세기 중반 대다수의 노동자도 여전히 동료와 아주 밀접한 관계를 맺으며 일을 했다. 20세기 중반까지도 생산직 노동자는 대체 가능한 부품 정도로 여겨졌다. 심지어 광고나 연구 분야 같은 창조적인 산업에 종사하는 직원들조차 공장 노동자들과 별반 다를 것 없는 대우를 받았다. 개인의 창의성을 향상시키고 직업 만족도를 높이는 경영 방식은 1970년대까지만 해도 꽤 기발한 발상으로 여겨졌다.

일본 기업들이 서양의 기업들을 제치고 제조업을 주도하면서 창의성에 바탕을 둔 경영 방식에 변화가 생기기 시작했다. 일본의 도요타는 이미 1940년대 후반에 자사의 이름을 딴 도요타 생산 시스템Toyota Production System을 도입했지만, 도요타 생산 시스템은 1970년대 후반이 되어서야 주목 받기 시작했다. 이 시기에 도요타

71

는 저렴한 가격과 뛰어난 품질로 미국 시장에 진출해 제너럴모터스와 포드 같은 세계적인 자동차 회사들의 시장점유율을 잠식해나갔기 때문이다.

도요타의 성장세에 깜짝 놀란 경영자와 연구자들은 도요타의 성공 요인이 뜻밖에도 도요타 생산 시스템이라는 사실을 발견했다. 도요타 생산 시스템 아래에서는 일선의 작업자들조차 자동차 개발 과정에서 필수적인 역할을 담당한다. 회사는 작업자들이 자신만의 고유한 효율적인 작업 방식을 개발하도록 적극적으로 독려하고, 작업자는 자신의 아이디어를 회사에 제공한다. 또한 도요타는 직원들에게 팀원 의식을 심어주어, 직원들이 함께 땀 흘리고 서로를 격려할 수 있는 작업 환경을 만들었다.

도요타의 성공에 힘입어 도요타 생산 시스템은 전 세계로 확산되었다. 물론 도요타 생산 시스템의 유행으로 기업들이 직원들의 협력의 중요성을 인식하게 되는 직접적인 계기가 되었다고 보기에는 무리가 있지만, 업계의 인식 변화에 큰 영향을 끼친 것만은 부인할 수 없다. 이제 기업들은 직원들이 서로 대화하고 지속적으로 성장해나가는 것이 얼마나 중요한지를 깨닫기 시작했다. 하지만 기업들의 인식 전환으로 직원들이 얼굴을 맞대고 대화하는 시간이 늘어난 것이 아니라 오히려 이메일이라고 불리는 새로운 통신수단의 사용이 크게 늘어난 점은 흥미롭다.

새로운 정보,
새로운 의사소통

이메일은 1971년 최초로 개발되었다.[6] 급성장하던 인터넷 기술을 바탕으로 정보를 신속하게 교환하기 위해서였다. 이메일은 처음에 연구 목적으로만 활용되었고, 문자 메시지 전송만 가능했다. 1980년대에 와서야 비로소 텍스트에 사진과 자료 첨부가 가능해졌다. 이때부터 이메일은 정말로 각광받기 시작했다. 이메일을 사용하기 전에는 회사 전체에 정보를 전파하는 방법은 메모뿐이었다. 하지만 이메일은 거의 즉각적으로 전송이 가능하고, 정보를 빠르게 주고받을 수 있었다.

기업들이 이메일과 IT 시스템을 도입하면서 생산성이 빠르게 향상되었다. MIT의 에릭 브린욜프손Erik Brynjolfsson의 연구 결과에 따르면, 1980년대 후반부터 1990년대 후반까지 이메일과 같은 새로운 IT 기술에 1달러를 투자한 기업은 기업 가치가 12배 증가했다고 한다. 이메일을 활용해 직원들이 대규모로 협업이 가능해진 덕분이었다.

비슷한 시기에 기업의 인터넷 사용 또한 폭발적으로 늘어났다. 1980년대 초반에 인터넷의 영향력이 지금처럼 막대해질 것이라고 예측하기는 어려웠겠지만, 이미 그때부터 인터넷은 기업 경영 방식에 막강한 영향을 끼치고 있었다. 인터넷의 등장으로 정보 수집에서 실질적으로 민주화가 일어났다. 이제 직원들은 컴퓨터 앞에 앉아서 검색 기능을 활용해 시장 상황을 실시간으로 확인할 수 있다. 인터

73

넷은 오늘날 직원들의 업무 방식이 급변하는 결정적 계기였다.

휴대전화 역시 인터넷 환경을 기반으로 빠르게 확산되었다. 2000년대 초반에는 '크랙베리Crackberry(블랙베리 중독자)'라는 신조어가 생길 정도로 휴대전화는 기업 깊숙이 침투했다. 재택근무 경향과 맞물려 휴대전화 기반 이메일은 업계의 핵심으로 떠올랐을 뿐만 아니라 직원들의 업무 방식 또한 바꾸어놓았다. 오늘날 직원들은 휴대전화로 '인터넷에 늘 접속한 상태'로 업무를 보는 탓에 실제로 일에서 해방되어 있는 시간이 별로 없다. 휴대전화의 등장으로 기업과 직원의 업무 방식은 이전보다 융통성을 갖게 되었지만, 휴대전화를 이용하는 시간이 늘어나면서 직원들끼리 얼굴을 맞대고 대화하는 시간은 예전보다 오히려 줄어들었다.

인스턴트 메시지 역시 직원들의 업무 방식에 막대한 영향을 끼치고 있다. 인스턴트 메시지는 이메일이 갖고 있는 많은 문제점을 해결해준다. 인스턴트 메시지는 실시간 의사소통 수단으로 사람들은 문자를 보내는 대신 채팅창에서 실시간으로 대화에 참여할 수 있다. 이런 장점 덕분에 인스턴트 메시지는 오늘날 없어서는 안 될 중요한 의사소통 수단으로 자리 잡았다. 특히 기술개발 분야에서 그 사용이 두드러진다. 현재 사용되고 있는 대다수의 소프트웨어와 기술개발 시스템에 인스턴트 메시지가 통합되어 있다.

인스턴트 메시지를 사용하면 이메일을 보낼 때보다 다양한 표현을 할 수 있다. 이메일은 기본적인 양식이 정해져 있는데다 수천 명의 다른 직원이 내용을 볼 수도 있어서 사용자가 이메일을 쓸 때 단어 하나하나에 각별한 주의를 기울여야만 한다. 반면 인스턴트 메

74

시지를 사용할 때는 단문을 보내거나 철자를 틀려도 괜찮고, 상황에 맞게 이모티콘을 사용해도 전혀 문제가 없다. 인스턴트 메시지는 미묘한 의도를 전달하는 데도 이메일보다 훨씬 효과적이다. 직원들은 채팅창으로 대화를 하면서 특정한 주제를 두고 함께 토론하고 바로 상대방에게 의견을 물을 수도 있다. 하지만 인스턴트 메시지는 서로 알지 못하는 사람들을 연결시키거나 동시에 여러 사람의 의견을 조율하는 면에서는 취약하다.

얼마 전까지만 해도 사업상 먼 거리에 있는 새로운 사람을 만나려면 값비싼 비행기를 타고 출장을 가는 것이 예사였다. 하지만 오늘날에는 그렇게 큰 비용을 들일 필요가 없다. 화상회의를 할 수 있기 때문이다. 기업은 본능적으로 서로 얼굴을 대면하는 시간이 중요하다는 사실을 잘 이해하고 있다. 하지만 필요할 때마다 현장을 직접 방문하는 일은 세계화 시대에 물리적으로 불가능하다. 중소기업에서는 일대일 화상 채팅의 선호도가 상당히 높지만, 대기업에서는 전체 회의용으로 화상회의를 활용한다. 화상회의는 전화 회의보다 확실히 진일보한 통신수단이다. 화면을 통해서 상대방의 표정을 읽을 수 있고, 회의 분위기도 파악할 수 있기 때문이다. 화상회의는 통신상의 시차가 존재하고, 상대방의 눈을 보고 대화를 할 수 없다는 단점이 있다(카메라를 똑바로 응시하더라도 화면에 나타난 다른 사람의 모습은 볼 수 없다).

이런 문제점들을 기술적으로 해결하는 방법이 몇 가지 있다. 그 대표적 사례가 시스코시스템스Cisco Systems(미국의 네트워크 통신회사)의 원거리 영상 회의telepresence 시스템이다. 밀폐된 회의실 안에

75

대형 스크린이 설치되어 있고 그 맞은편 의자에 사람들이 앉는다. 이 시스템을 가동하면, 고화질 카메라와 고성능 스피커가 작동되고 다른 지역에 똑같은 형태의 회의실에 앉아 있는 직원들과 실시간 회의가 가능하다. 원거리 영상 회의 시스템을 이용하면 실제로 얼굴을 마주 보고 대화하는 것과 같은 느낌을 받는다. 악수하는 것만 빼고는 별다른 차이를 느끼지 못할 정도로 원거리 영상 회의 시스템은 실재감이 뛰어나다. 하지만 원거리 영상 회의 시스템은 설치 비용이 수십 만 달러에 달하고, 직원들의 친목 도모 목적보다는 정식 회의 목적으로만 그 용도가 제한되어 있다.

넘쳐나는 전자 기기들 덕분에 사람들은 이제 이전보다 효율적으로 일하고, 빠르게 의사소통하며, 융통성 있게 시간을 활용할 수 있다. 오늘날 기업들은 정보통신 기기들을 적극적으로 활용하는 구조로 조직되어 있어서 상품과 서비스에 신속한 변화를 줄 수 있다. 기업의 변화된 경영 방식은 직원들에게도 영향을 끼친다. 요즘은 한 직장에서 평생을 일한다는 것이 옛날이야기가 되었다. 엔지니어링, 디자인, 소프트웨어 개발과 같이 변화가 빠른 업종에서는 현재 보유한 기술이 10년 후에는 무용지물이 될 가능성이 높기 때문이다.

이렇듯 기업과 직원 관계가 변화하면서 이직률이 크게 높아졌다. 몇 년에 한 번씩 이직하는 일은 이제 예삿일이 되어버렸고, 어떤 직종에서는 한 직장에 오래 몸담고 있는 직원이 있으면 주변에서 눈살을 찌푸리는 일도 벌어지고 있다. 몇십 년 전까지만 해도 직원들 사이에는 서로 똘똘 뭉치는 강한 결속력이 있었지만 지금은 옛일이 되어버렸다.

이직률이 높아지면서 사람들이 주거지를 옮기는 비율도 높아졌다. 10년에 한 번꼴로 이직을 하는 현실에 비추어볼 때, 보통 40년 직장 생활 중에서 적어도 4번은 직장을 옮긴다고 보아야 한다. 이런 이유로 한 도시에 뿌리를 내리고 그곳에서 한평생을 보내길 기대하는 일은 더는 힘들어졌다. 실제 통계상으로도 미국인들은 평생 3번 도시를 옮겨 이사하는 것으로 나타났다.[7] 불과 몇십 년 전만 해도 사람들은 같은 도시에서 태어나서 죽을 때까지 평생을 살았다.

지리적 이동 문제는 흔히 대학에서 말하는 '기러기 부부 문제 two-body problem(같은 대학교 혹은 직장에서 부부가 함께 일을 하는 경우, 직업적 성공을 위해서는 1명이 그만두거나 서로 다른 대학교 또는 직장에서 근무하며 떨어져 살아야 하는 딜레마를 일컫는 말)' 때문에 더욱 악화된다. 1950년대부터 1970년대까지 전체 노동인구 중에서 여성 노동자가 차지하는 비율은 비교적 낮은 편이었지만, 시간이 지나면서 그 비율은 급속도로 높아졌다. 현재 미국 노동인구의 47퍼센트가 여성이다.[8] 이제 부부라면 누구나 복잡한 문제를 떠안고 있다. 즉, 두 사람 모두 이사를 해야만 일자리를 얻을 수 있는 것이다. 보통 각자가 평생 4번의 이직을 한다면, 부부는 8번 이사를 고민해야 하는 처지에 놓였다.

'기러기 부부 문제'가 새로운 현상이라고 보는 사람들도 있다. 사실 직업상의 이동은 비교적 최근에 등장한 개념이다. 그러나 역사적으로 볼 때, 꼭 자녀 때문이 아니더라도 먹고살기 위해서는 남녀 모두가 뼈 빠지게 일을 해야만 가족을 부양할 수 있었다. 21세기 이전에 남성과 여성은 가족의 생계를 부양하기 위해 공장이나 농장에

77

서 쥐꼬리만 한 월급을 받아가며 장시간 노동을 감수해야만 했다. 물론 일부 부유층은 외벌이만으로 가족을 부양할 수 있었지만, 예외적인 경우라고 볼 수 있다. 외벌이로만 가족 부양이 가능했던 시기는 대략 1920년에서 1975년 사이뿐이다.[9] 이 시기에 남성들은 일이 끝나면 서로 친목을 도모할 수 있었다. 반면 산업화 이전 사람들은 직장에서 같이 노동을 하면서 혹은 마을에서 공동생활을 하면서 자연스럽게 이런 친목 활동을 했다.

다시 현재로 눈을 돌려보자. 상호 협력과 인간관계를 중요시하던 옛 전통은 그 의미를 되찾고 있지만, 부부가 직업적으로 의견을 조율하기란 훨씬 어려워졌다. 이런 직업상의 어려움 때문에 원격 업무가 더욱 빠르게 확산되고 있다. 정보 기술의 영향력이 점점 커지면서 원격 업무의 폭이 확대되고 있다. 먼저, 이메일과 휴대전화의 사용이 크게 증가하고 비행기를 이용한 이동이 수월해지면서 오늘날 원격 업무의 범위는 화상회의나 인스턴트 메시지 교환과 같은 업무를 넘어서고 있다. 기업은 최신 정보통신 기술을 업무에 활용하고 있지만, 실제로 기업을 운영하는 경영 기법은 흡사 1950년대 기업을 연상시킨다. 오늘날 직원들은 이직률이 상당히 높고, 정보통신 기술 활용 능력이 뛰어나며, 점점 복잡해지는 업무를 수행하기 위해서 상호 협력의 필요성을 절감하고 있다. 하지만 기업들은 아직까지도 진부한 인적자원관리 시스템에 크게 의존하고 있다.

이것이 현재 기업들의 현실이다. 하지만 기업을 아무리 역사적 · 진화적 관점으로 분석한다고 해도 그것만으로 오늘날의 기업이 실제로 어떻게 운영되는지를 파악할 수 없다. 누구나 조직에서

78

일을 하지만, 조직이 어떻게 구성되어 있고, 조직을 움직이는 동력이 무엇인지에 관해서는 대부분 잘 모른다.

지금까지 조직 개념의 변천사를 살펴보았다. 비공식적인 집단이 모여 도시국가와 정부로 발전했고, 좀더 최근에는 그것이 기업이라는 개념으로 진화했다. 오늘날 이 세 조직의 형태는 모두 가족, 정부, 기업이라는 이름으로 여전히 유지되고 있다. 특히 전 세계로 퍼진 기업의 수는 수백만 개에 이른다. 당연한 이야기이지만 세 조직 모두 그 구조가 다르다. 학교는 정부와 다르고, 가족은 기업과 다르다는 사실은 두말할 필요가 없다. 이 책은 기업에 그 중심을 두고 있지만, 기업에서조차 '조직화'의 진짜 의미가 무엇인지는 꽤 복잡할 수 있다.

기업이 직원을
평가하는 방법

대체로 조직을 운영하는 방법에는 두 가지가 있는데, 공식적인 절차와 비공식적인 절차가 그것이다. 공식적인 절차는 조직의 운영과 업무 방식을 문서화하는 것을 말한다. 공식적인 절차는 문서로 작성한 계획을 그대로 실천하는 것이 가장 이상적이다. 따라서 공식적인 절차에서는 문서상으로 아주 구체적으로 명시하지 않는 한, 부서 간 혹은 직원 간의 차이를 허용할 만한 여지가 없다. 공식적인 절차에 대한 이런 식의 정의는 기업 운영 방식에 관한 이상적인 견해일지 모르지만, 어쨌든 회사 경영진과 경영학자는 지금까지 공식적인 절차에 지대한 관심을 가져왔다. 비공식적인 절차는 그 밖의 모든 것을 의미한다. 조직 내에서 직원이 배우는(혹은 배우지 못하는) 모든 것을 비공식적인 절차라고 부를 수 있다. 예컨대 기업 문화, 암묵적인 지식, 사회규범과 같은 것들이다. 기업 내에서 대부분의 직원이 매일 접하게 되는 가장 중요한 절차부터 먼저 알아보자.

사소한 문제일지 모르지만, 점점 세계화되어 가고 있는 현실에서 기업은 어떤 언어를 사용할 것인지 중요한 결정을 내려야 한다. 물론 오늘날 영어는 중요한 의사소통 수단이지만, 구글Google 같은 다국적 기업이 비영어권 국가에 사무실을 연다면 그곳에서 직원들은 어떤 언어를 사용해야 맞는 것일까? 사내에 공통어를 채택하면 직원들은 문화적 장벽을 뛰어넘어 서로 협력할 수 있다. 기업 내에서 똑같은 언어를 사용하면 직원들은 대화에 자연스럽게 참여하거나 다른 그룹 모임에 참여할 수 있다. 이렇게 직원들 사이의 협력은 특히 기업이 새로운 국가에 진출하는 경우 굉장히 중요한 역할을 한다. 통상적으로 본사 직원 몇 명은 신입 사원 교육과 새로운 지점의 원활한 운영을 보장하기 위해 해외 지점에 상주하기 때문이다. 그러나 사내에서 공통어를 사용한다고 하더라도 여전히 문제는 생길 수 있다. 같은 문화적 배경을 가진 팀원들 사이에서도 공통어 구사력이 제각각이면 의사소통은 느려질 수밖에 없다.

이와는 반대로, 회사가 해당 지역 언어를 사용하도록 허용하는 경우에는 새로운 국가에 진출한 이후부터의 시장 확장이 훨씬 수월해진다. 신입 사원을 그 나라 언어로 교육할 수 있기 때문이다. 지역 언어를 사용하면 인력풀도 더 늘어난다. 선진국에서조차 제2외국어로 비즈니스를 할 정도로 언어 능력이 뛰어난 사람은 극소수에 불과하기 때문이다. 해외에 진출한 기업들은 현지 직원들을 어떻게 하면 본사 문화에 잘 융합시키느냐를 두고 골머리를 앓는다. 각기 다른 지점에서 근무하는 직원들은 언어 차이 때문에 업무를 하려면 공식적인 의사소통 수단에만 의존해야 하는데, 서로 다른 언어를 쓰면 직원들끼리 사무실에서 잡담을 나누면서 친밀해질 수 없다. 공통어 채택은 보통 인사 부서와 고위 경영진이 협의해서 결정하는 경우가 많다. 공통어 채택에 따라 직원들의 역학 관계가 달라지기 때문이다.

어느 기업에서나 인사 부서는 직원 채용 · 평가 · 감독, 임금 지급과 같은 몇 가지 구체적 업무를 맡는데, 각각의 업무는 기업의 공식적인 절차를 나타낸다. 물론 이 밖에도 다양한 인사 부서의 업무가 있지만, 지금부터 다룰 주제의 출발점으로 삼기에는 그 정도면 충분하다.

인사 평가를 부정적 시선으로 바라보는 직원이 많다. 인사 평가를 할 때, 상사는 여유롭게 부하 직원의 실적 보고서를 넘겨보고 있고, 평가 대상자인 직원은 안절부절못하면서 초조하게 그 모습을 바라본다. 그러다가 어느 시점이 오면, 상사는 부하 직원을 심하게 질책하면서 그가 왜 이번에 승진을 못하는지 혹은 왜 보너스가 없는지 등의 설명을 덧붙인다. 이것이 기업에서 인사 평가를 할 때의 흔한 풍경이다. 인사 평가가 단순히 보너스 지급만을 결정하는 과정은 아니다. 직원들이 직무를 잘 수행할 수 있도록 개선점을 짚어주고, 현

81

재 직원이 잘하고 있는 점을 깨우쳐주는 좋은 기회이기도 하다.

기업에서는 인사 평가를 할 때 보통 이런 긍정적인 면은 간과한다. 그 대신 '비판'이라는 단어를 완곡하게 표현하려고 '평가'라는 말을 쓰는 경우가 비일비재하다. 비판은 평가의 일부분에 지나지 않는다는 사실을 상기하면 기업들의 이런 현실은 안타깝기 그지없다. 사실 평가보다 적절한 표현은 '피드백'이다. 좋은 피드백을 받은 직원은 업무상 자신의 장점과 단점을 동시에 파악할 수 있다. 예를 들어, 당신이 어떤 기업의 관리자라고 해보자. 당신은 직장에서 기안은 잘 짜지만, 일이 진행되는 과정에서 그때그때 직원들의 요구 사항에 제대로 대처하지 못하고 아주 구체적인 행동 계획도 잘 세우지 못한다. 그럴 경우, 팀 전체의 효율성을 끌어올리려면 어떻게 해야 할까? 먼저, 기업 경영과 그룹 리더십에 더욱 적극적으로 참여해야 할 것이고, 그다음에는 달력에 있는 일정을 빽빽이 채워가며 직원들과 대화를 나누는 데 많은 시간을 할애해야 할 것이다.

제대로 된 인사 평가는 직원들의 직업적 진로를 결정짓는 분기점이 되기도 한다. 기업에서는 인사 평가로 직원을 그 특성에 잘 맞는 부서로 옮길 수도 있고, 잠재력이 높다고 판단되는 직원은 직급을 한 단계 높여줄 수도 있다. 물론 이런 과정이 즉흥적으로 이루어질 수 없다. 직원을 적재적소에 배치하려면, 정기적으로 신중하게 계획된 인사 평가를 실시할 필요가 있다.

기업들은 인사 평가 결과를 직원 연봉에 직접 반영한다. 기업이 직원에게 금전적인 보상을 해주는 것이 당연한 듯 보이지만, 물질적 보상보다는 조직의 목표를 달성하는 일을 하나의 직업적 보상으로 생각하는 사람도 많다. 이런 현상은 특히 비영리 기업에서 두드러진다. 자살 방지나 노숙자 보호 같은 사회 공익을 목적으로 서비스를 제공하는 비영리 기업을 떠올려보자. 이런 곳에서 일하는 직원들은 월급은 적지만, 자신이 소속된 기업이 지향하는 목표를 위해 열정적으로 참여하기 때문에 금전적 손해도 기꺼이 감수한다.

기업으로서는 인센티브 지급 방식을 결정하기가 쉽지 않다. 고용주는 직원에게 시간당 수당을 지급할 수도 있고, 정규직으로 채용해서 보너스를 지급할 수도 있다. 직원에게 보상하는 방식은 일의 성격과 고용주의 기대 수준에 따라 완전히 달라질 수 있다. 기업은 사무직 직원을 정해진 월급을 주고 정규직로 채용하는 일을 두고 잘못된 고용 방식이라고 생각한다. 안정된 월급은 직원들이 업무 강도에 연연하지 않고 기꺼이 회사에 헌신하도록 만들기 위한 수단이다. 정규직을 채용하는 기업으로서는 그 직원이 앞으로 기업과 깊은 관계를 맺기를 기대하면서 장기적인 관점에서 직원에게 투자하는 것이다. 직원이 오랫동안 제 역할을 못한다고 할지라도 경기가 안 좋을 때 기업은 월급을 마음대로 삭감할 수 없다. 정규직 채용은 기업으로서는 일종의 큰 투자다. 앞으로 사업이 확장될 것이라고 계속해서 지나친 기대를 하는 기업은 인원 확충으로 막대한 인건비 부담을 감내해야 하기 때문이다.

반면 시간제 근로자는 업무량에 따라 그 인원을 조절하기가 훨씬 수월하다. 흔히 명절 때 할인마트에서는 아르바이트 직원을 추가로 뽑고, 손님이 붐비는 점심 혹은 저녁 식사 시간 때 음식점에서도 시간제 근로자를 활용한다. 시간제 임금의 단점은 직원들이 회사에

83

뿌리를 내리지 못한다는 점이다. 어차피 오래 근무할 직원도 아니기 때문에 회사는 직원들에게 심도 있는 교육을 시키기를 꺼린다. 회사의 이런 태도 때문에 직원들끼리 서로 융합하기가 어렵다. 시간제 근로자들은 일자리를 잃을까봐 쩔쩔매거나 코앞에 있는 일처리에 급급하기 때문에 서로 소통하고 친해질 여유가 없다. 안타까운 현실이지만, 시간제 근로자들이 커피 자판기 앞에서 끼리끼리 수다를 떨다가는 회사에서 해고 당하기 십상이다.

정규직 근로자 혹은 시간제 근로자가 받는 보너스나 판매 수수료는 월급에 비하면 쥐꼬리만 한 경우가 많다. 물론 컨설팅 회사나 고위 경영진에게는 커미션과 보너스가 실소득의 큰 몫을 차지할 테지만 말이다. 결국 보너스는 개인별·부서별 혹은 기업 전체의 실적에 따라 소수의 사람에게만 부여된다고 볼 수 있다. 하지만 개인이 받는 보너스에 대해 우리는 꽤 익숙하다. 보너스는 직원이 자신이 가진 최고 역량을 발휘해서 임무를 달성하고, 맡은 일보다 많이 회사에 헌신하도록 만들기 위해 기업이 고안한 제도다. 보통은 인사평가에서 상사에게서 좋은 점수를 얻거나 명백하게 생산성이 향상되었을 때 개인에게 보너스가 지급된다. 개인 보너스 제도하에서는 직원들이 자신의 실적을 올리는 데만 급급한 나머지 동료 직원을 돕는 일에는 무관심하게 되는 문제점이 있다. 게다가 다른 동료를 돕는 일에 발 벗고 나선다고 하더라도 그런 노력은 월급에 전혀 반영되지 않는다.

커미션은 개인에게 지급되는 특별한 형태의 보너스다. 그것은 직원이 상품을 판매하는 수량에 따라 판매 금액의 몇 퍼센트 혹은

84

정해진 금액을 받는 방식이다. 소매점에서 제품 1개당 일정한 금액을 받고 일하는 판매사원부터 기업 간의 큰 계약을 성사시켜 그 대가로 커미션을 받는 대형 컨설팅 회사의 파트너까지 커미션의 종류는 다양하다.

한편, 부서별 보너스는 팀별 목표를 달성했을 때 생긴다. 부서별 보너스 제도는 직원 개개인의 공헌도에 따라 보상을 하는 것이 불가능할 때 유용한 제도다. 부서 차원에서 금전적 보상을 하게 되면, 직원들은 자신의 업무에 치중하는 대신 동료들과 함께 문제를 해결하는 데 집중할 수 있다. 소프트웨어 개발 업체는 흔히 기한 내에 소프트웨어를 개발하면 팀 전체에 보너스를 지급하는 방식을 활용한다. 이렇게 하면 소프트웨어 개발에서 직원 1명의 기여도는 전체로 따졌을 때 미미한 수준이겠지만, 팀원들은 보너스를 받으려고 팀 내에서 노력을 아끼지 않을 것이다.

부서별 보너스 제도의 단점은 이른바 '무임승차' 문제다. 부서별 보너스 제도하에서는 생산성이 높은 직원이나 낮은 직원이나 회사에서 받는 보너스는 똑같다. 따라서 상대적으로 생산성이 낮은 직원은 자기가 아닌 다른 누군가가 팀의 실적을 메워주면 보너스를 받는 데 아무런 문제가 없다는 사실을 잘 알고 있기 때문에 게으름을 피우기도 한다. 이렇듯 팀 내에서 무임승차하려는 직원이 많아지면, 생산성이 가장 높은 직원의 사기가 크게 꺾이기 때문에 팀 전체의 생산성은 떨어지게 된다.

기업 실적 또한 보너스를 결정하는 요인이다. 이를 흔히 이익배분이라고 부르는데, 기업 실적에 따른 보너스 제도는 팀 차원에서

뿐만 아니라 전 직원이 더욱 열심히 일할 수 있는 동기를 부여한다. 부서별 보너스 제도와 이익 배분의 주된 목적은 비슷하다. 이익 배분은 보너스가 기업 전체의 이익에 달린 만큼, 직원들은 서로의 이해관계를 떠나 기업 전체의 이익을 위해 적극적으로 협력한다. 기업 실적에 의한 보너스 제도의 문제점은 부서별 보너스 제도의 단점과 일맥상통한다. 즉, 기업 실적에 의한 보너스 제도로는 직원 개개인의 노력에 근거해서 제대로 보상할 수 없다.

집으로 가져오는 월급조차 직원들의 동기부여 수단으로 활용되는 경우도 있다. 현금 대신 주식으로 월급을 지급하는 것이다. 벤처 기업은 보통 이런 방식으로 월급을 지급하는데, 직원들의 월급을 전부 현금으로 주기에는 자금력이 떨어지기 때문이다. 하지만 스톡옵션 제도는 대기업 최고경영자들에게는 흔한 연봉 지급 방식이다. 현금 대신 주식을 받은 직원들은 기업의 미래에 장기적으로 투자하는 것이나 마찬가지다. 자기가 몸담고 있는 기업이 미래에 성공하면 주식 가치는 더욱 커지기 때문이다. 최고경영자들에게 이런 점은 중요하게 작용하는데, 그들은 주식으로 연봉을 받기 때문에 단기 수익을 좇아 핵심 사업부를 매각하는 식으로 기업의 장기 성장 잠재력을 깎아먹는 행위를 함부로 할 수 없다. 한편, 주식으로 연봉을 지급 받으면 직원들이 자사 주식을 오랜 기간 시장에 내다팔 수 없다는 단점이 있다. 따라서 직급이 낮은 직원들로서는 현금 대신 주식으로 받는 보너스나 월급이 꼭 달가운 것만은 아니다.

86

직원들에 대한 보상은
적절한가

사실 기업에는 지금까지 살펴본 월급 제도보다 훨씬 복잡한 형태의 제도가 많이 있었다. 기업은 다양한 직원 보상 제도를 섞어 활용할 수 있으며, 특정한 실적 목표를 제시하고 보너스나 월급을 대폭 인상해줄 수 있다는 사실 정도만 언급하고 넘어가자. 어쨌든 가장 중요한 점은 월급 제도가 단순해야만 한다는 사실이다. 제도가 복잡하면 복잡할수록 월급 체계에 대한 직원의 이해도는 그만큼 떨어질 수밖에 없고, 따라서 기업은 애초에 의도한 직원들의 행동 변화를 이끌어내기가 어려울 것이다. 결국 직원들의 업무 방식에 실질적인 변화를 가져다줄 수 있는 조직의 지렛대 역할을 하는 것이 바로 인사 평가와 인센티브 제도라는 점이다.

기업 내에 직원에 대한 보상을 결정하는 절차가 있어서 경영자가 적절하게 보상하고 있다고 믿을 수 있는 것이 중요하다. 즉, 기업에는 직원의 연봉을 결정하는 공식적 절차가 필요하다는 뜻이다. 기업을 경영할 계획이 있는 사람이면, 보상 제도를 비롯한 기업의 여러 문제에 관해서 업무 흐름도를 만드는 것이 필수적이다. 달력에 불쑥불쑥 튀어나오는 모든 미팅이 공식적인 업무 흐름의 일부다. 업무 흐름이란 업무 점검표에 따라 순서대로 빠짐없이 업무를 진행하는 모든 과정을 일컫는다. 실제로 업무 흐름이 점검표라는 모습으로 나타나는 경우는 거의 없지만, 대부분의 업무 과정은 이런 일반적인 틀로 요약할 수 있다.

예산 수립 절차를 예로 들어보자. 예산 수립과 관련된 직원들은 당해연도 해당 부서에서 필요한 예산을 짜내기 위해 먼저 난상토론할 시간이 필요하다. 팀원들은 자기가 맡은 영역에 대한 예산을 짜는 임무를 맡는다. 따라서 다음 회의가 있기 전까지 팀원들은 정확하게 자기가 맡은 영역에 대한 필요 예산을 산출해내야 한다. 몇 번의 논의 끝에 팀원들은 상사에게 예산 보고서를 제출할 것이고, 상사는 예산 보고서를 고위 경영진에게 제출할 것이다.

특히 현대 조직에서 업무 흐름을 관리하는 일이 점점 중요해지고 있다. 최근에는 기업의 프로젝트가 날로 복잡해지고 있어서 정기적으로 회의를 하고, 이정표를 세우고, 보고 체계를 활용해서 모든 관계자가 프로젝트를 위해 협력하고 있는지 확인할 필요가 있다. 직원들끼리 업무 협조를 잘하고 있는지 제때에 확인하려면 의사 결정권자가 꼭 필요하다. 예산을 세울 때에도 책임자가 있어야 순조로운 예산 수립이 가능하다. 기업 내 서열을 보여주는 조직도가 필요한 이유가 여기에 있다.

기업의 공식적인 체계를 생각할 때, 아마도 가장 먼저 떠오르는 것이 조직도일 것이다. 최상의 보고 체계를 만들기 위해서는 다양한 요소를 고려해야 한다. 다른 팀과의 협력이 필요한 부서인지 혹은 적절하게 관리할 수 있는 직원이 몇 명인지에 따라 조직도는 달라질 것이다. 조직도는 기업의 가장 중요한 공식적 절차다. 우리가 예상할 수 있듯이, 조직도를 만드는 유일한 '정도正道'란 없다.

기업이 성공하기 위해서는 부서 간의 협력을 이끌어내는 일이 필수적이다. 부서 간의 협력에 큰 부분을 차지하는 것이 보고 체계다. 20세기 초반에 크게 성공한 기업들은 너나 할 것 없이 직원 통제 시스템과 직급 체계를 갖추고 있었다. 기업 내에서 어떤 임원이나 부서가 최종 결정권을 갖고 있는지 아는 것은 중요하다. 그렇게 할 때 직원은 자기가 보고할 대상이나 책임질 직원은 누구인지 알 수 있고, 자금이 필요할 때는 누구와 상의할지를 파악할 수 있다.

그와 같은 보고 체계를 세우는 방식에는 대략 4가지가 있다. 기업은 이 4가지 방식을 혼합해서 내부 조직에 따로따로 적용할 수도 있지만 그런 경우는 흔하지가 않다. 그렇게 되면 기업 구조를 이해하기도 쉽지 않고 전체 조직을 관리하기가 어렵기 때문이다. 기본적으로 전체적인 기업 전략을 뒷받침하는 조직 구조를 선택하는 것이 최선이다.

기능별 조직 구조는 말 그대로 사업 목표 달성에 필요한 기능별 조직을 구성하는 방식이다. 세계적인 레스토랑 체인점이 있다고 생각해보자. 이 체인점을 기능별로 나누어보면 식품 조달과 유통, 대리점 관리, 기술개발, 마케팅으로 나눌 수 있을 것이다. 기능별로 조직을 구성하면 직원들은 자신의 역할에 충실할 수 있고, 업무 실행과 처리에서 규모의 경제를 실현하는 장점이 있다. 예컨대, 기능별 조직 구조 아래에서는 모든 유통 과정을 통제할 수 있다. 즉, 경영자가 지역별로 최적의 유통 방식이 무엇인지 판단할 수 있다.

기능별 조직 구조에서 일어날 수 있는 한 가지 문제는 특정 시장에 특화된 제품과 서비스를 제공하기 어렵다는 점이다. 이를 해결하기 위한 유일한 방법은 지역별 경영 정보가 경영진에게 물 흐르듯 자연스럽게 보고가 되어, 그 정보가 다시 기술개발 부서로 흘러들어가는 것이다. 그런 다음 기술개발 부서가 새로운 메뉴를 개발하고, 또 각 체인점에 실제로 신 메뉴가 공급되어야만 혁신은 마무리된다.

　사업부제 조직 구조는 사업 유형별로 조직을 구분하고, 각 사업부별로 앞서 설명한 기능별 조직을 세부적으로 배치하는 형태다. 사업부제 조직 구조는 요식업이나 유통업처럼 지역별로 제품을 특화할 필요가 있는 산업에서 흔히 볼 수 있다. 사업부제 조직 구조를 갖는 레스토랑 체인점은 기능별 조직 구조의 체인점과 확연히 다르다. 레스토랑 체인점은 그 조직 구조가 미국 사업부, 유럽 사업부, 일본 사업부, 남미 사업부 등으로 나뉠 것이다. 각 사업부는 독자적으로 기술개발, 유통, 마케팅과 같은 기능별 조직을 거느린다.

　사업부제 조직 구조는 기능별 조직 구조에 비해 변화에 더 유연하게 대처할 수 있다. 독립적으로 운영되는 개별 사업부는 시장 수요에 굉장히 민감할 수밖에 없고, 그런 수요에 맞게 개별 사업부는 특화된 제품과 서비스를 제공할 수 있기 때문이다. 이렇게 되면 사업부별로 기능별 조직이 겹쳐서 효율성이 떨어지는 경우가 많다. 사업부제 조직 구조를 가진 레스토랑 체인점은 결국 기술개발, 유통, 마케팅팀을 사업부별로 각각 4개씩 거느리게 되는 것이다. 이렇게 되면 직원이 많아질 뿐만 아니라 사업부 간의 협력과 제품 개발이 굉장히 어려워진다.

　매트릭스 조직 구조는 기능별 조직 구조와 사업부제 조직 구조의 장점을 최대한 살리는 것이 목적이다. 이 두 조직 구조를 포개면 서로 다른 부서끼리 협력하면서도 상황 변화에 유연하게 대응할 수 있다. 예컨대 매트릭스 조직 구조를 가진 레스토랑 체인점에서는 일본 사업부 부장과 마케팅 부장이 있어서 직원들은 그들에게 동시에 지시를 받는다. 매트릭스 조직 구조의 가장 큰 장점은 기능별 수직 계열화를 통해 비용 절감이 가능하고, 이와 더불어 기업 전체에서 나오는 정보를 통합해 각 부분을 빠르게 혁신할 수 있다는 점이다. 매트릭스 조직 구조는 조직 구조가 복잡하고 시간 손실이 크다는 단점이 있다. 매트릭스 조직 구조는 기능별 조직 구조나 사업부제 조직 구조에 비해 그 구조가 훨씬 복잡하다. 기업들 중에는 제품·지역·기능 중에서 심지어 2가지 요소 이상을 혼합한 복잡한 매트릭스 조직 구조를 가진 기업도 있다. 한편, 매트릭스 조직 구조는 한 번 도입하면 그 복잡성 때문에 바꾸기가 어렵다.

누구나 예상할 수 있듯이, 매트릭스 조직 구조에서는 상사들끼리 의사소통하는 데 많은 시간을 소비해야 한다. 하지만 이것을 꼭 나쁘다고만 볼 수 없다. 기업에서는 흔히 부서 간의 업무 협조가 굉장히 중요하기 때문이다. 그러나 공식적인 절차가 많다 보면 정작 새로운 계획을 실행하기까지 시간이 아주 많이 걸린다. 이를테면 본래 부장 1명에게만 결재를 받으면 끝이 날 사안을 매트릭스 조직 구조에서는 전문 분야가 서로 완전히 다른 부장 여러 명의 동의를 얻고 또 결재를 받아야만 한다.

매트릭스 조직 구조보다 좀더 일반적인 형태가 팀별 조직 구조다. 조직에서 팀이 탄생한 지는 오래되었지만, 최근에 와서야 팀은 기업의 핵심 부분으로 자리 잡았다. 예전부터 팀은 조직도 바깥에 있었지만, 팀은 조직화의 중요한 한 축을 담당하면서 매트릭스 조직 구조와 비슷한 특성을 보인다. 팀은 특정한 사업 목적을 달성하기 위해 조직하는데, 규모는 상당히 작은 편이지만 주요 업무 기능에 따라 내부 조직을 갖고 있다. 새로운 항공기나 소프트웨어 개발처럼 프로젝트를 수행할 때 기업은 팀을 조직해서 몇 년씩 운영하기도 한다.

여기서 논의하는 팀은 규모가 작은 팀을 말한다. 팀이 20명 정도가 되면 본질적으로 임시 부서와 동일한 역할을 하기 때문이다. 팀이 구성되면 조직 내부의 장단점을 잘 알고 있는 다양한 분야의 직원들이 모이는 덕분에 원하는 성과를 거둘 수 있다. 또한 팀은 부서처럼 기업 내부의 제약을 많이 받는 조직보다 생산성을 획기적으로 높일 수 있다. 그러나 팀이 가진 이런 특성이 오히려 단점이 되기도 한다. 팀별 조직 구조에서는 직원들을 한꺼번에 이해시키는 데 시간이 오래 걸리고, 설사 이해시킨다고 하더라도 실제 팀의 목표를 위해 합심하기보다는 팀 내에서 서로 갈등을 일으키는 경우가 많다.

조직도를 살펴볼 때 흥미로운 점은 대부분의 기업에서 모든 의사소통이 부서 간 혹은 팀 간에만 일어나는 것처럼 보인다는 사실이다. 이러한 관점을 따르자면 직원들은 다른 직원들과 직접적으로 소통할 필요도 없고 대화를 나눌 필요도 없다. 이런 부분을 전통적인 경영 이론은 놓치고 있다. 누구나 일을 하다 보면 직관적으로 팀 내의 다른 직원들과도 대화를 나누어야 할 필요성을 느낀다. 물론 동료와는 서로 보고를 하는 관계는 아니지만 업무를 해나가려면 대화하고 협력해야만 한다. 이렇게 눈에 잘 보이지 않는 직원들 간의 협력이 바로 비공식적인 절차다. 비공식 절차 중에서도 직원들끼리 커피 자판기 앞에서 대화를 나눈다거나 점심 식사를 같이하는 것과 같은 비공식적인 의사소통이 정말 중요한 역할을 한다.

92

비공식적인 절차는 어떻게 만들어지는가

비공식적인 절차는 조직 문화가 전부다. 비공식적인 절차는 사내 매뉴얼에서 배울 수 있는 그런 성격의 것이 아니다. 사실 매뉴얼에 나와 있는 비공식적인 절차는 완전히 잘못된 내용일지도 모른다. 비공식적인 절차에서 가장 큰 부분을 차지하는 것이 바로 사회규범이다. 우리는 직장에서뿐만 아니라 사회생활에서도 사회규범에 따라 행동한다. 예컨대 어느 가족이 밖에서 농구를 하면서 시간을 많이 보낸다면, 이 가족에게는 스포츠를 중심으로 한 사회규범이 작용하고 있는 것이다. 학교에서 쉬는 시간에 읽고 싶은 책을 읽는다거나 선생님이 말할 때는 떠들지 않는 것은 학생들이 지키는 사회적 약속이다. 쉽게 말해서 사회규범이란 남들이 하기 때문에 나도 따라 하는 그러한 일들을 말한다.

사회규범은 일상생활에서 중요한 역할을 한다. 사회규범 덕분에 우리는 다른 사람의 행동을 예측할 수 있고, 더 나아가서는 상황에 맞는 가장 적절한 행동을 할 수 있다. 예컨대 직장에서는 속옷 바람으로 책상에 앉아 드라마를 보는 사람은 없을 것이라고 누구나 예측한다. 사회규범 때문이다. 또한 내가 직장에서 중요한 보고서를 작성해야 하는 상황이라면 집에서 밤을 새서라도 완성해올 것이라고 동료들은 예상한다.

이런 사회규범은 조직에서도 중요한 사항들을 결정한다. 사회규범에 따라 직원들은 점심 식사를 하고, 특정한 방식으로 대화를

93

하며, 회사에서 어떤 '비즈니스 복장'을 입을지 결정한다. 흥미로운 점은 이런 사회규범 혹은 사내 분위기가 자연스럽게 생긴다는 사실이다. 경영자가 먼저 사내 분위기를 만들려고 노력할지라도 그것은 굉장히 어려운 일이다. 분위기라는 것은 수량화하기가 아주 어렵기 때문이다.

예를 들어 점심 식사를 어디에서 할지 한 번 생각해보자. 점심 식사 장소를 결정하는 데는 많은 요소가 작용한다. 모든 직원이 자기 자리에서 점심을 먹는 날에는 나도 그렇게 할 확률이 높다. 반면 모든 직원이 회사 밖에서 식사를 하는 날에는 아마도 나 역시 점심을 사먹을 것이다. 친구 때문에 외식을 할 수도 있고 구내식당 음식이 맛있어서 혹은 저렴해서 식당을 찾을 수도 있다.

역설적이게도, 직장에서 요구하는 형식적인 일들이 조직 문화를 구성하는 중요한 요소다. 형식의 중요성은 직원들의 대화 방식에서뿐만 아니라 복장에서도 잘 나타난다. 회사가 나서서 직원들의 복장 규정이나 언어 사용 규정을 정하는 경우도 있지만, 회사가 요구하는 형식은 대체로 비공식적인 사내 분위기 때문에 생겨나는 경우가 많다.

직장에서 개인의 사생활을 이야기하느냐 마느냐는 회사 내에서 논쟁의 초점이 될 수 있다. 회사에서 직원들이 사생활 문제를 거의 꺼내지 않는 분위기라면, 문란한 개인사 때문에 동요하는 일 없이 직원들은 업무에 집중할 수 있을 것이다. 반면에 이렇게 딱딱한 사무실 분위기는 직원들의 정신 건강과 업무 성과에 부정적 영향을 끼칠 수 있다. 예를 들어 결혼 생활에 문제가 있는 직원은 어쩔 수 없

94

이 그 영향이 직장에서도 나타날 수밖에 없다. 그 직원이 동료에게 그런 고민을 토로할 수 없다면, 스트레스 강도는 높아질 것이고 그 때문에 팀 전체에도 부정적 영향을 끼칠 것이다.

회사에서 요구하는 복장 역시 그와 비슷한 영향을 끼칠 수 있다. 정장처럼 깔끔한 복장은 고객에게 존중 받는 느낌을 준다. 하지만 이렇게 틀에 박힌 복장은 사람들을 관습에 순응하게 만든다. 예컨대 연구 결과에 따르면 횡단보도를 건너는 보행자는 청바지와 티셔츠를 입은 사람보다 정장을 입은 사람이 무단횡단을 하는 장면을 볼 때 교통법규를 어길 가능성이 크다고 한다.

소셜 네트워크의
탄생

지금까지 조직에서 사회적 구조를 이루고 있는 실체가 무엇인지 아주 간략하게 살펴보았다. 다만 집단과 관계가 무엇인지 막연하게 다루었지만, 그런 개념들을 측정 가능한 실체로 파악하지는 못했다. 사회 과학자들도 수 세기 동안 똑같은 문제를 겪었는데, 1930년대가 되어서야 비로소 그런 개념들을 설명할 수 있는 용어를 만들어냈다(이제는 너무나 남발되고 있다). 바로 소셜 네트워크social network다.

소셜 네트워크라는 개념은 사회 과학자들이 집단 사이에서 일어나는 관계의 양상을 수량적으로 파악하기 위한 방법이다. 다음에

95

나오는 예시를 보면 소셜 네트워크의 정확한 의미와 그 중요성을 이해하는 데 도움이 될 것이다. 먼저, 사람 5명이 있다고 가정해보자. 이를 점으로 표시해보자(그림 2-1).

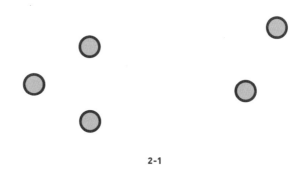

2-1

자, 이제 한 사람이 다른 사람의 친구 관계를 표시하고 싶다고 하자. 그럴 경우 그림 2-2에서처럼 간단하게 한 점에서 다른 점으로 선을 그으면 된다.

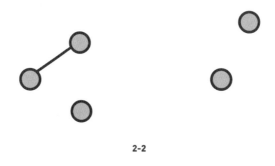

2-2

두 사람의 관계뿐만 아니라 다양한 친구 관계를 나타내려면 그림 2-3처럼 표시할 수 있을 것이다.

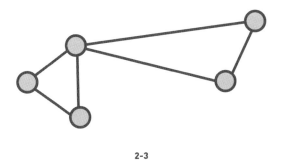

2-3

그렇다면 이제 친구 관계가 아니라 누가 누구와 주로 대화하는지를 나타내고 싶다고 가정해보자. 그럴 경우 그림은 상황에 따라 매주 달라질 것이다. 어떤 주에는 그림 2-3처럼 나타날 것이고, 다른 주에는 그림 2-4처럼 나타날 것이다.

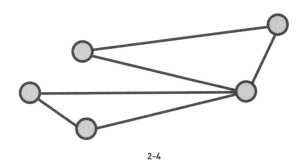

2-4

한 걸음 더 나아가서, 의사소통 방식은 물론이고 상대방과 서로 얼마나 많이 이야기를 나누는지 표시하려면 어떻게 해야 할까? **97**

이 경우에는 그림 2-5처럼 대화 상대방에 따라 선의 굵기를 두껍게 혹은 얇게 조절하면 된다(이것에 대해서는 조금 뒤에 설명하겠다).

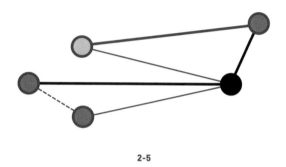

2-5

이 그림을 보면 몇 가지 질문에 대한 답변이 가능하다. 첫 번째 질문. 서로 이야기를 나누는 사람은 몇 명인가? 점과 점을 연결하는 선의 숫자를 세면 이 질문에 간단하게 대답할 수 있다. 소셜 네트워크에서 우리는 이를 '연결도degree'라고 부른다. 따라서 옅은 회색 점의 연결도는 2인 반면 검은 점의 연결도는 4다.

그러나 연결도는 아주 단순한 측정 방법이어서 굳이 소셜 네트워크를 활용할 필요도 없다. 좀더 복잡한 관계를 측정하려면 네트워크를 수학적으로 표시할 필요가 있다. 다행히 수학 분야에서도 이러한 도표가 '그래프 이론Graph Theory'이라는 이름으로 사용되고 있다. 그래프 이론에서 점과 선은 숫자를 가로와 세로로 나열해놓은 행렬 속에 표시한다. 그래프 이론을 좀더 쉽게 이해하기 위해 그림 2-6처럼 아주 단순한 소셜 네트워크를 가정해보자.

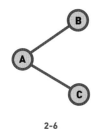

2-6

이 그림에서 점 A는 B, C와 연결되어 있다. 이를 수학적으로 표현하면 다음과 같은 행렬을 만들 수 있다.

	A	B	C
A	–	1	1
B	1	–	0
C	1	0	–

2-7

이 사례에서 표에서 나온 경우의 수는 불과 9가지 밖에 되지 않는다. B와 A가 서로 대화를 하니 항목 BA는 숫자 1로 표시한다. 하지만 B와 C는 서로 대화를 하지 않기 때문에 BC와 CB는 0으로 표시한다. 한편 여기에서 AA, BB, CC는 논외로 한다. 우습게 들릴지도 모르지만, 이들은 혼자 말을 하는 사람을 나타내기 때문이다.

여기서 중요한 점은 항목을 꼭 1이나 0으로 나타낼 필요는 없다는 사실이다. 가령 서로 몇 명의 사람과 대화를 나누는지 나타내고 싶다고 하자. 이럴 경우 서로 몇 분간 대화를 나누었는지를 기준으로 표를 만들 수 있다. 예컨대 그림 2–8 다음과 같은 표 2–9로 나

99

타낼 수 있다.

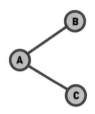

2-8

	A	B	C
A	–	20	3
B	20	–	0
C	3	0	–

2-9

이 표를 보면 A와 B의 대화 시간은 20분이고 A와 C의 대화 시간은 3분인 것을 알 수 있다. 이렇게 하면 서로 대화를 나눈 상대방뿐만 아니라 대화를 나눈 시간까지도 쉽게 나타낼 수 있다. 하지만 여기에 나온 시간을 실제로 측정하기란 녹록하지가 않다. 시간을 두고 하나의 네트워크를 관찰하려면, 실제로 매번 하나씩 수많은 대화를 관찰해야만 한다.

행렬 개념을 이해했다면 이제 이런 데이터로 무슨 일을 할 수 있는지 알아보도록 하자. 이제 연결도에 대한 개념을 알고 있으므로 우리는 컴퓨터를 이용해서 행렬 하나에서 연결도를 쉽게 계산할 수 있다. 즉, 각각의 노드node가 속해 있는 열째에서 0이 아닌 항목의 숫자가 얼마나 많은지 세기만 하면 된다.

　　그러나 행렬의 힘은 거기에 그치지 않는다. 이 책에서 자주 등장하는 다른 중요한 개념은 '응집력'이다. 응집력은 한 사람의 소셜 네트워크가 얼마나 견고하게 맺어져 있는지를 나타낸다. 개념적으로, 응집력은 한 사람을 중심으로 그 주변 사람들끼리 얼마나 많은 대화를 나누는지 그 정도를 뜻한다. 따라서 응집력은 한 사람과 가장 많은 대화를 나누는 사람에 좀더 초점을 맞춘다. 예를 들어 그림 2-10을 살펴보자.

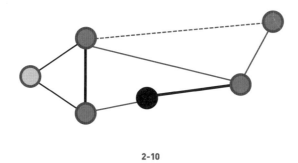

2-10

　　회색과 검은색의 네트워크를 비교해보자. 옅은 회색 점으로 표시된 사람은 두 사람과 주로 대화를 나눈다. 그리고 이 두 사람은 서로 대화를 하거나 회색 점과 대화를 하는 데 시간을 대부분 소비한다. 반면 검은색 점과 관계를 맺고 있는 두 사람은 대화가 전혀 없다. 따라서 옅은 회색 점의 응집력은 아주 높을 것이고, 검은색 점의 응집력은 0이 될 것이다.

　　소셜 네트워크에서 마지막으로 중요한 개념은 '중심성', 그중

101

에서도 '매개 중심성betweeness centrality'이다. 그림 2-5를 다시 한 번 살펴보자. 그림을 보면 2명씩 짝지어진 그룹이 2개 존재하고, 그 두 그룹과 관계된 사람은 검은색밖에 없다는 사실을 금방 알 수 있다. 이 사실은 검은색 점으로 표시된 사람에게 상당히 중요한 의미를 지닌다. 검은색 선은 이 상황에서 두 그룹 사이의 정보를 교환하는 유일한 통로 역할을 하기 때문이다. 이렇게 중심성이 높은 사람이 다른 사람에 비해 권위가 있고 영향력이 크며 정보력이 빠르다는 사실을 쉽게 이해할 수 있을 것이다.

매개 중심성은 네트워크상에서 '길'을 내는 것에 비유할 수 있다. 점은 도시를 나타내고, 선은 도시 사이에 난 도로를 나타낸다고 상상해보자. 이때 이미 길이 난 도로로만 자동차로 이동할 수 있고, 도로의 길이는 전부 같다고 가정한다. 이때 한 장소에서 다른 장소로 이동하려면 거치는 도로의 숫자가 가장 적은 길을 찾기만 하면 된다. 한 점에서 다른 점으로 가는 최단 경로에 많이 있을수록 점의 중심성은 높아진다. 예컨대 그림 2-5에서는 반드시 검은색 점을 거쳐야 한 그룹에서 다른 그룹으로 가장 빠르게 이동할 수 있다.

이런 개념을 회사에 적용하면 어떻게 될까? 모든 직원을 대상으로 소셜 네트워크 도표를 그릴 수 있을 것이다. 이미 예상했겠지만, 직원들 간의 네트워크 방식은 회사 내에서 정보의 흐름과 업무 방식에 중대한 영향을 끼친다. 이 책에서는 소시오메트릭 배지와 이메일 데이터, 그 밖의 다른 정보들을 활용해서 이러한 기업 내 소셜 네트워크를 측정해보고, 소셜 네트워크가 생산성이나 직업 만족도처럼 직원들이 관심을 가질 만한 주제와 어떤 관계를 맺고 있는지

102

추적해볼 것이다. 결국 지금까지 조직의 구성 방식과 비공식적인 절차를 두고 이야기했지만, 우리가 관심을 두는 주제는 바로 직원들의 생산성이나 직업 만족도를 어떻게 하면 높일 것인가 하는 문제다.

제1장에서는 우리가 오늘날의 조직을 이해하는 방식의 근본적인 문제점들을 어떻게 데이터로 해결할 수 있는지를 다루었다. 제2장에서는 앞으로 다룰 주제에 대한 뼈대는 세웠다. 이제 기업을 구성하는 요소들에 대한 기본 지식을 얻었으니, 본격적으로 기업의 세계로 여행을 떠날 준비를 하자. 지금까지 모호한 개념들을 좀더 확실하게 이해했고, 결정적으로 데이터에 대한 지식을 넓혔기 때문에 편하게 여행을 즐길 수 있을 것이다.

CHAPTER 3

왜 기업에서
커뮤니케이션이 중요한가

정수기를 어디에
둘까

　　　　　　센서로 데이터를 얻은 다음에는 가장 먼저 무
엇부터 분석해야 할까? 조직도나 회의 또는 보상 체계를 제일 먼저
분석할 수도 있지만, 좀더 근본적인 주제부터 분석하는 편이 더 낫
다. 예컨대 인간 생존에 가장 필수적인 것은 무엇일까? 물이다. 그렇
다면 사무실 여기저기에 물을 공급하는 원천은 어디일까? 정수기다.
회사가 투자하는 항목 중에서 가장 중요한 게 있다면, 그것은 바로
정수기를 구매하는 일이다. 약간의 과장이 아닌가 하고 생각할 수도
있지만, 그것이 터무니없는 말은 아니다(미국 생수 제조업체인 폴란드
스프링Poland Spring을 광고하려는 것도 아니고, 이 책에 자기 회사 이름을 광
고해달라고 내게 광고비를 준 일류 정수기 업체도 없다).

　　　정수기가 그렇게 중요한 것은 시원한 물로 갈증을 해소해주기
때문이 아니다. 정수기가 직장에서 사교 활동의 구심점 역할을 하기
때문이다. 직원들은 정수기 앞에서 그동안 뜸했던 동료를 우연히 만
나기도 하고, 다른 동료에 대한 험담을 늘어놓기도 하며, 어젯밤에

107

있었던 스포츠 경기를 두고 이야기를 나누기도 한다. 이렇듯 직원들은 사무실 책상이나 회의실에서는 엄두도 못낼 대화를 정수기 주변에서 나눈다. 정수기는 사내에서 중요한 사교 기능을 맡고 있다.

제3장에서는 정수기를 본격적으로 다룰 것이다. 하지만 사무실에서 물을 마실 수 있는 장소는 어느 곳이나 정수기와 비슷한 사교의 장場 역할을 한다. 사내에 커피 자판기, 다용도실, 카페, 직원 휴게실 같은 공간이 있으면 정수기와 마찬가지로 직장에서 직원들 간의 교류가 크게 촉진된다. 그러나 안타깝게도 대부분의 회사가 정수기를 찬밥 취급한다. 정수기는 예비 전원 설비가 있는 한쪽 구석으로 밀려나 있기 십상이고, 고위 경영진은 정수기 위치 문제를 두고 일절 관심을 두지 않는다. 그래서 회사는 흔히 정수기를 직원들 간의 교류가 많은 곳에 설치하기보다는 그냥 자투리 공간에 설치한다.

이런 기업의 관행은 광범위한 문제가 있음을 보여준다. 기업들은 업무의 형식적 측면 외에는 거의 신경을 쓰지 않는 반면, 조직도를 만들거나 IT 시스템을 구축하거나 조직 전략을 수립하는 데는 몇 년씩을 투자한다. 이런 경향은 세계적인 대기업이라면 어느 곳이나 마찬가지다. 기업이 구조적인 측면에 공을 들이는 것이 어쩌면 당연한 일인지도 모른다. 하지만 기업은 사내 의사소통과 협력 시스템에도 관심을 기울일 필요가 있다.

조직은 사람들이 모여 서로 협력하는 한 방식이다. 기업들이 각종 소프트웨어, 항공기, 주방용 식기 도구를 만들어내는 것도 수많은 직원이 협력해서 이런 제품들을 만드는 데 들어가는 수백만 개의 부품을 생산하는 덕분이다. 사람들은 지금까지 이런 협력 과정을 단순히 조직도와 사내 절차, 메모로 형식화했다.

우리는 서로 정보를 주고받으면서 함께 일을 한다. 오늘날에는 다양한 의사소통 수단이 존재한다. 우리는 이메일을 보내거나 휴대 전화로 통화하거나 직접 사람을 만날 수도 있다. 그러나 역사상 그 누구도 직원들이 아무런 의사소통도 없이 협력해서 제품을 만들어 내는 그런 조직을 만들어낸 적은 없다. 어떤 제품을 생산하는 직원들이 서로 대화를 전혀 하지 않으면서 '협력'한다는 것이 실제로는 직원들이 서로 다른 부품을 동시에 만들고 있다는 뜻은 아닌가 하고 반문할 수도 있다. 예컨대 한 사람은 백열전구를 만들고 한 사람은 램프를 만드는 식으로 말이다. 백열전구나 램프 둘 중에 하나만 없어도 불을 켤 수 없지만, 작업자들은 각자 완전한 제품을 만들어내기 때문에 서로 대화할 필요성을 못 느낀다.

회사의 모든 직원과 대화할 필요가 있다고 말하려는 것이 아니다. 수십만 명이 근무하는 대기업에서 일하는 경우 모든 직원과 의미 있는 대화를 나누기란 사실상 불가능하다. 모든 직원에게 이메일을 보낸다고 할지라도 그들이 이메일을 다 읽으려면 며칠이 걸릴지도 모른다. 그리고 그들이 그런 식으로 이메일을 보낸다면, 아무 일도 못하고 하루 종일 산더미 같은 이메일과 씨름해야 할 것이다. 심지어 가능한 한 많은 직원에게 직접 전화를 하거나 그들과 만나려는 시도를 해보아도 기껏해야 하루에 100명 정도의 직원과 의미 있는 대화를 나눌 수 있을 뿐이다. 즉, 미국 경제지 『포천Fortune』이 선정한 상위 500대 기업에서 모든 직원과 대화를 나누려면 각각 5분씩 무려 5년 동안이나 대화를 나누어야 한다는 뜻이다.

109

두 가지 극단적 사례는 분명히 말이 안 된다. 그렇다면 단순히 대화하는 시간만 중요할까? 물론 그렇지 않다. 예를 들어 직원들과 대화를 나누는 데 하루에 1시간을 사용한다고 가정하자. 1시간 정도 라면 10명 정도는 만날 수 있을 것이다. 어떤 직원들을 만나야만 할까? 대화하는 시간만 중요하다면 회사에서 아무나 정해서 매일 10명 씩 대화를 나누면 된다. 하지만 엄청나게 큰 대기업에서 그렇게 하는 것은 분명한 시간 낭비다.

서로 공통 관심사가 없다면 하릴없이 나누는 잡담 이상의 대화를 시작하기란 불가능하다. 잡담은 항상 나쁘다는 뜻이 아니라 매일 1시간씩 의미 없는 잡담을 나눈다고 해서 새로운 친구나 의미 있는 관계를 만들기는 어렵다는 말이다. 잡담 이상의 깊은 대화를 나눌 수 있는 동료를 만들려면 어울릴 수 있는 무리를 찾아 관계를 키워 가고 팀 동료들과도 많은 대화를 나누어야 한다. 회사에서 개인이 친목을 도모해야 하는 집단의 종류를 두고 전문가들의 의견은 둘로 나뉜다. 서로 똘똘 뭉친 집단에 속해야 한다는 주장이 있는 반면, 다양한 직원들을 폭넓게 사귀어야 한다는 주장도 있다. 이제 응집력 대 다양성 논쟁에 대해서 알아보자.

응집력이란 한 사람의 소셜 네트워크가 얼마나 견고하게 맺어져 있는지를 의미한다. 응집력이 강한 집단은 네트워크 안에서 서로 대화를 많이 한다. 한 사람의 소셜 네트워크는 거미줄에 비유할 수 있다. 거미줄에서 선은 사람들 간의 의사소통을, 교차점은 사람을 나타낸다. 따라서 응집력이 강한 네트워크는 촘촘하게 얽히고설킨 거미줄을 연상하면 된다.

110

여기서 말하는 다양성은 인구 통계학상의 다양성과 그 뜻이 다르다. 이 책에서 말하는 다양성은 한 사람의 사교 관계의 다양성을 의미한다. 예컨대 당신은 알고 지내는 사람들하고만 대화를 하는 편인가 아니면 다양한 사람들과 대화를 나누는 편인가? 다양성이 강한 네트워크의 모습은 별 모양과 비슷해서 한 사람을 중심으로 서로 다른 선들이 이어져 있다. 반면 응집력이 강한 네트워크의 모습은 거미줄에 훨씬 가깝다. 그림 3-1과 그림 3-2는 이 두 가지 네트워크의

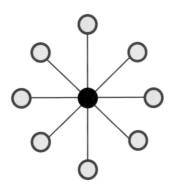

3-1 다양성이 강한 네트워크

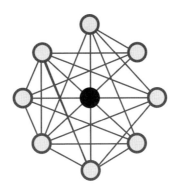

3-2 응집력이 강한 네트워크

111

모습을 나타낸다.

응집력이 강한 네트워크의 장점은 농구 경기를 보면 한번에 알 수 있다. 농구는 단체 경기의 성격이 강하다. 따라서 아무리 내로라 하는 선수들로 팀을 꾸린다고 해도, 그들이 한 팀이 되었을 때 실제 경기에서 승승장구하리라는 보장은 어디에도 없다.

왜 마이애미 히트는
댈러스 매버릭스에 패했는가

선수 개인의 재능과 팀의 성공이 반드시 일치 하지 않는다는 사실은 2010~2011시즌 마이애미 히트의 성적을 보 면 극명하게 드러난다. 2009~2010시즌이 끝나자 스포츠팬들의 관 심을 한 몸에 받던 몇몇 유명 농구 스타는 이적 시장에서 자기 몸값 을 저울질하려고 이미 계약 연장을 포기한 상태였다. 당시 자유계약 선수로 몸값이 높은 선수로는 르브론 제임스LeBron James, 크리스 보 시Chris Bosh, 드웨인 웨이드Dwayne Wade 등이 있었다.

전문가마다 의견이 조금씩 다르긴 하지만 르브론 제임스는 역 대 농구 선수 중에서 최고 선수 '베스트 5' 안에 들어갈 정도로 기량 이 뛰어나다. 어마어마한 체구에 스피드와 정확성까지 갖춘 그는 농 구 코트에서 가장 위협적인 선수로 손꼽힌다. 2미터의 장신인 그는 골밑 플레이는 물론이고 멀리 외곽에서 던지는 3점슛 또한 일품이 다. 그는 클리블랜드 캐벌리어스에 입단해 만년 꼴찌이던 팀을 거의

112

혼자 힘으로 막강한 팀으로 탈바꿈시켰다. 그러나 그는 클리블랜드 캐벌리어스와 계약을 해서는 우승을 거머쥘 수 없었다. 클리블랜드 캐벌리어스에는 그를 제외하면 장기 계약한 스타 선수가 단 1명도 없었기 때문이다.

크리스 보시는 구단들이 이적 시장에서 가장 탐내는 선수였다. 그는 르브론 제임스처럼 최고의 선수는 아니지만, 뛰어난 득점력과 무시무시한 수비력으로 미국 프로농구NBA에서 7시즌 동안 인상적인 활약을 보여주었고, 5번이나 올스타팀에 뽑혔다. 르브론 제임스처럼 크리스 보시도 토론토 랩터스에서 오랫동안 활약했지만, 토론토 랩터스는 간신히 플레이오프에 오르는 정도였고 우승과는 늘 거리가 멀었다.

크리스 보시와 르브론 제임스가 동시에 이적 시장으로 나오는 동안, 마이애미 히트는 드웨인 웨이드를 잡으려고 안간힘을 쓰고 있었다. 그 역시 최고 선수로, 전체적으로 보았을 때 실력이 르브론 제임스만큼은 아니지만 눈부신 스피드와 백발백중의 슛 정확성을 자랑한다. 그는 이미 2006년에 팀 동료 샤킬 오닐Shaquille O'neal과 함께 우승을 경험한 적이 있었다. 하지만 샤킬 오닐이 부진하면서부터는 팀이 플레이오프에 진출하기에도 벅찼다.

마이애미 히트는 드웨인 웨이드를 잡는 것으로 만족하지 않았다. 마이애미 히트는 최강의 농구팀을 꾸려 사우스비치South Beach 시민들에게 계속 우승컵을 안겨줄 수 있는 농구 왕국을 세우고 싶었다. 이런 상황에서 르브론 제임스, 크리스 보시, 드웨인 웨이드는 세기의 계약을 성사시킬 수 있는 팀을 찾고 있었고, 결국 마이애미 히

113

트는 이들과 장기 계약을 맺을 수 있었다.

미국 프로농구에는 연봉 상한제가 있어서 평소에는 이렇게 대형 계약을 성사시키기가 어렵다. 예외적인 경우를 제외하면 각 팀이 쓸 선수 연봉은 정해져 있다. 연봉 상한제로 마이애미 히트는 당시 팀에서 드웨인 웨이드보다 기량이 떨어지거나 높은 연봉을 받던 거의 모든 선수를 방출해야만 했다. 그 방출 폭은 엄청났다. 마이애미 히트는 2009~2010시즌 초에 선수 4명이 전체 경기의 절반 이상을 책임지다시피 했는데, 그중에서 유일하게 드웨인 웨이드만 다음 시즌에 다시 뛸 정도였다. 후보 선수들까지 포함해서 마이애미 히트는 2009~2010시즌을 뛴 전체 선수 중에서 47퍼센트를 교체했다. 최고의 선수들이 합류하긴 했지만, 새 시즌 초반 마이애미 히트에서 뛰는 선수들은 절반 이상이 이 팀에서 처음 뛰는 새내기들이었다. 새내기 선수들은 응집력이 없었고, 하루빨리 팀에 적응해야만 했다.

이른바 '빅 3'로 불리게 된 르브론 제임스, 크리스 보시, 드웨인 웨이드는 세간의 관심 속에서 새 시즌을 시작했다. 르브론 제임스는 공중파에서 거창하게 자신의 마이애미 히트 입단 소식을 밝혔는데, 미국 스포츠 전문채널 ESPN의 황금 시간대 인기 프로그램 〈더 디시즌The Decision〉에 출연해 "내 재능을 사우스비치에 바치기로 했다"고 발표했다. 방송 출연 이후에 언론의 거센 후폭풍에 직면한 르브론 제임스는 도리어 거들먹거리며 자신을 옹호했고, 이에 분노한 클리블랜드 캐벌리어스 팬들은 거리에서 르브론 제임스의 유니폼을 불태우기까지 했다. 그리고 공식적인 팬 미팅 행사에서 빅 3는 마이애미 히트 팬들에게 "한 번, 두 번, 세 번, 네 번, 다섯 번, 여섯 번, 일곱

114

번이 아니라" 반드시 '여덟 번' 우승을 달성하겠노라고 공언했다.

우승을 향한 그들의 첫 걸음은 불길했다. 시즌 시작 후 17경기를 치르는 동안 마이애미 히트는 9승 8패라는 신통치 않은 성적을 거두었다. 에릭 스폴스트라Erik Spoelstra 감독은 성적 때문에 부담을 많이 느꼈다. 도대체 어떻게 출중한 실력을 갖춘 선수들이 즐비한 팀이 그저 평범한 팀들에 연달아 패배할 수 있을까?

이것은 농구계에서 별로 놀랄 만한 사실이 아니다. ESPN의 농구 해설위원인 휴비 브라운Hubie Brown은 "팀에 새로운 선수 7~8명 정도를 데려와서 제대로 된 기량을 발휘하도록 만들려면 시간이 꽤 걸린다는 사실을 감독이라면 누구나 알고 있다"고 말했다.[10] 당시 마이애미 히트는 단지 선수들끼리 조화가 맞지 않을 뿐이었다. 팀의 조화란 하루아침에 만들어지지 않는다. 실제로 선수들은 서로 손발을 맞추는 연습을 통해 경기 중에 일어나는 다양한 상황에서 서로가 어떻게 행동해야 할지 미리 알고 있어야 한다. 또한 다른 팀 선수들은 모르는 자기 팀 선수들끼리 주고받는 작은 사인들을 읽을 줄도 알아야 한다. 이렇게 농구에서는 팀 안에서 일어나는 작은 행동들이 모여 경기장에서 큰 결과로 나타난다.

시간이 지나자 마이애미 히트의 조직력이 조금씩 살아나게 된 것은 놀랄 일이 아니었다. 시즌 초반에 9승 8패로 시작했지만 마이애미는 곧 파죽지세로 12연승을 거두었고, 그 기세를 몰아 플레이오프에 이어 결승전까지 진출했다. 결승전에서 마이애미 히트는 상대적으로 한참 약체인 댈러스 매버릭스를 만났다. 댈러스 매버릭스 선수들은 마이애미 히트 선수들에 비해 평균 연령도 훨씬 높았다. 댈

115

러스 매버릭스는 팀 분위기가 마이애미 히트와 정반대였다. 당시 마이애미 히트가 젊은 선수들로 팀을 재정비한 지 1년도 채 안 된 상태였다면, 댈러스 매버릭스는 영원한 올스타 디르크 노비츠키Dirk Nowitzki를 주축으로 한 베테랑 팀이었다. 선수들은 마이애미 히트와 극명한 대조를 이루었다. 댈러스 매버릭스 선수들은 전년도에 비해 변화가 거의 없었는데, 2009~2010시즌에 팀 경기의 80퍼센트를 책임진 선수 10명이 그대로 팀에서 뛰고 있었다.

선수 개개인의 면모로 따지자면 댈러스 매버릭스가 마이애미 히트를 이길 가능성은 거의 없었다. 르브론 제임스, 크리스 보시, 드웨인 웨이드로 이어지는 빅 3의 경기당 득점력은 압도적이었다. 팀 전체로 보더라도 마이애미 히트는 댈러스 매버릭스보다 경기당 득점력은 높았고 실점은 적었다. 그런데 이상하게도 은퇴한 전설적인 농구 선수 찰스 버클리Charles Barkley를 비롯한 많은 농구 전문가와 미국 스포츠 전문 웹진 〈블리처 리포트Bleacher Report〉를 필두로 한 언론 매체들은 오히려 댈러스 매버릭스의 우승을 점쳤다. 그리고 놀랍게도 그렇게 노쇠한 팀이던 댈러스 매버릭스가 우승을 거머쥐었다.

이것은 개인의 재능에 의존하는 팀과 응집력을 갖춘 팀이 만나면 어떤 일이 벌어지는지를 보여주는 전형적인 사례다. 당시 마이애미 히트는 계속해서 실력을 쌓아가는 단계였고 선수들끼리의 호흡도 서서히 맞춰가는 중이었다. 댈러스 매버릭스는 팀에 스타 선수는 많이 없었지만, 이를 팀 조직력으로 극복했다. 마이애미 히트는 팀워크가 무르익을 만큼 선수들끼리 같이 뛸 시간이 더 필요하다는 여론이 지배적이었다. 그러한 평가는 정확했다. 마이애미 히트는 바로

116

그다음 해인 2011~2012시즌에 우승을 차지했다. 우연의 일치인지는 모르지만, 2010~2011시즌 팀 경기의 81퍼센트를 소화한 선수들이 그대로 팀을 위해 헌신해 마이애미 히트는 우승할 수 있었다. 댈러스 매버릭스가 우승했던 해의 80퍼센트보다 딱 1퍼센트 높은 수치다.

응집력이 강한
네트워크

미국 프로농구 스타나 프로스포츠 팀만 응집력이 필요한 것은 아니다. 우리가 일상적으로 접하는 팀이라면 그 종류를 불문하고 응집력의 영향을 받는다. 다만 그 결과가 눈에 잘 드러나지 않고 팀의 존재가 사람들의 주목을 거의 받지 못할 뿐이다. 응집력이 강한 네트워크의 큰 장점 중 하나는 조직 내에서 사람들끼리의 신뢰가 아주 두텁다는 사실이다. 응집력이 강한 네트워크 내에서는 끈끈한 유대감이 있기 때문에 이런 신뢰 관계가 형성된다.

단순한 형태의 응집력이 강한 네트워크를 떠올려보자. 4명이 모인 이 그룹은 대부분 자기들끼리 대화를 나눈다. 이때 한 친구가 다른 친구를 속이려 한다고 가정해보자. 예컨대 중요한 모임에 친구가 실제로 초대를 받았는데도 초대를 받지 않았다고 거짓말을 하는 것이다. 이럴 경우, 응집력이 약한 네트워크에서는 아무도 그런 거짓말을 눈치채지 못할 공산이 크다. 누군가 거짓말을 폭로하고 싶으면

117

증거가 필요하기 때문이다. 대개 사람들은 증거를 요구하지 않는다. 정도의 차이는 있을지라도 누구나 진실을 말한다고 믿기 때문이다. 따라서 누군가 실수로 잘못 보낸 이메일을 열어보거나 거짓말을 하는 현장을 우연히 목격하지 않는 이상, 무슨 일이 벌어지고 있는지 까맣게 모르는 경우가 많다.

이와는 반대로, 응집력이 강한 네트워크에서는 친한 사람들에게 끊임없이 새로운 정보를 듣게 된다. 친한 사람들은 자신이 겪은 일이나 다른 사람들과 겪은 일들을 미주알고주알 들려준다. 응집력이 강한 네트워크 내에 있는 사람들은 대부분의 시간을 함께하기 때문에 흔히 서로 아는 사람을 두고 이야기를 나눈다. 마찬가지로 당신도 자신의 일이나 네트워크 안에 있는 다른 사람에 대한 정보를 끊임없이 들려준다. 이런 상황에서 거짓말을 하려고 마음먹은 사람은 그것에 관한 질문을 받을 때마다 계속해서 거짓말을 해야만 한다. 그 거짓말은 주변의 친한 사람들의 입을 통해 금세 사방으로 퍼진다. 한 사람만 거짓말을 알아채도 그 사실은 곧 모든 사람의 귀로 들어간다.

거짓말을 한 사람은 순식간에 그 무리에서 심한 비난의 말을 듣거나 왕따를 당하게 된다. 따라서 거짓말을 하는 경우 치러야 할 대가가 크기 때문에 그룹 전체를 완벽하게 속이기란 거의 불가능하다. 당연히 마음을 툭 터놓고 신뢰할 수 있는 사람들이 주변에 있으면 심리적으로 큰 위안을 얻는다. 응집력이 강한 네트워크에 속해 있는 사람은 그렇지 못한 사람에 비해 스트레스가 훨씬 낮다. 또한 직업 만족도도 상대적으로 높게 나타나는 경향이 있다.

118

응집력이 강한 네트워크는 구성원들 간의 신뢰를 두텁게 할 뿐만 아니라 심리적 위안을 제공한다. 거짓말을 하는 대신에 친한 동료들에게 오늘은 정말 운수가 나쁘다고 속내를 털어놓는다고 상상해보자. 어떤 동료는 울적한 당신의 마음을 벌써 알아챘을지도 모른다. 당신이 울적하다는 사실은 곧 친한 동료들 사이에 퍼질 것이다. 얼마 지나지 않아 친한 동료들은 당신에게 위로의 말을 건네거나 같이 점심을 먹으러 가자고 제안할 것이다. 그게 아니라면 그저 마음을 편하게 갖고 잠깐 쉬라고 말해줄지도 모른다. 대화의 초점을 꼭 업무에만 맞출 필요가 없다는 사실이 놀랍지 않은가? 신뢰 구축과 스트레스 해소 측면에서 업무뿐만 아니라 사생활을 두고 대화를 나눌 필요가 있다. 소소한 일상을 두고 서로 이야기할 때 인간관계는 깊어지고, 이를 바탕으로 신뢰는 더욱 두터워지고 스트레스는 감소한다.

간혹 직원들이 업무에만 집중하도록 사생활에 대한 언급을 금기시하는 직장이 있다. 하지만 이것은 가정생활과 직장 생활을 무 자르듯 별개로 생각하기 때문에 일어난다. 가정에 문제가 있으면 직장에 그 영향이 미치기 마련이고, 그 반대의 경우도 마찬가지다. 우리는 집에 가서 직장에서 있었던 일을 구구절절 이야기하면서도 어떤 이유에서인지 직장에서는 집안일을 이야기하지 않는다. 그러나 직원들끼리 정보를 공유하지 않으면, 능률적으로 일하면서 서로 격려해주기가 어렵다. 개인 신상에 관한 정보가 제대로 전달되지 않으면 회사에서 그 직원을 오해하는 경우도 생긴다. 가령 남편이 병원에 입원했다거나 아이들을 돌보느라 지쳐 있는 직원을 보고 동료들

119

은 그를 게으르다고 생각할 수 있다.

응집력이 강한 네트워크에 속해 있으면 서로 좋은 소식을 나누기도 쉽다. 당신의 업무가 전혀 알지도 못하는 사람에게 자신이 노력한 결과물을 건네는 일이라면, 아마도 당신은 그 노력이 어떻게 결실을 맺는지 끝내 보지 못할 공산이 크다. 공산품을 만들어내지 않는 산업에서는 이런 특징이 두드러진다. 예컨대 컴퓨터 프로그래머는 소프트웨어를 구성하는 큰 시스템의 일부 프로그램 중에서도 하나의 기능만을 설계하는 일을 담당한다.

단순히 요구하는 사양에 따라 설계를 한다면 그런대로 괜찮은 코드code(프로그램 언어로 작성한 내용으로 프로그램의 기본적인 단위)를 만들어낼 수 있다. 뼈가 빠지도록 열심히 일한다면 기가 막힌 코드를 만들어내는 것도 가능할 것이다. 하지만 당신이 만든 코드가 상위 프로젝트에 통합되는 순간, 당신의 각별한 노력에 감사를 표하는 직원은 아마 아무도 없을 것이다. 그처럼 효과적인 코드를 만든 사람이 누구인지 알아챌 수 없기 때문이다. 그러나 이 프로젝트를 위해 함께 구슬땀을 흘리는 응집력이 강한 네트워크가 있다면 이야기는 달라진다. 당신이 얼마나 그 코드를 만드는 데 공을 들였는지 잘 아는 동료들은 당신에게 감사하다는 뜻을 표현할 것이다.

응집력이 강한 네트워크에 속해 있는 사람의 직업 만족도가 높은 이유 중 하나가 바로 이러한 동료들의 감사 표시다. 결국 자기를 격려해주고 자신이 한 일을 인정해주는 동료들이 옆에 있으면 행복한 직장 생활을 하기가 훨씬 쉽다. 더 깊이 분석해보면, 두터운 신뢰와 심리적 안정감 이외에도 응집력이 강한 집단은 큰 장점을 갖고

120

있다. 그것은 바로 구성원들 간의 원활한 의사소통이다. 끈끈한 네트워크 속에 있는 사람들은 더 많은 시간을 함께하는 덕분에 서서히 대화를 많이 하게 된다. 이 사람들은 자신들만의 언어를 개발하고 있는 것이나 마찬가지다. 그들이 진짜로 언어를 만들어낸다는 의미가 아니라 서로가 말하는 개념에 익숙해지고 굳이 말하지 않아도 서로 통하는 것이 많아진다는 뜻이다.

왜 리서치인모션은
몰락했는가

사람들은 집단의 특성에 맞는 언어를 개발해서 사용한다. 가족들 사이에서 당신이 '삼촌'이라고 말하면 가족들은 그가 누구인지 이미 다 안다. 하지만 당신 집에 들른 어떤 손님이 삼촌을 두고 이야기하는 가족들의 대화에 낄 수 없을 것이다. 그 손님은 삼촌이 누구인지조차 모르기 때문이다. 직장에서는 이런 일이 좀더 복잡한 양상으로 일어난다. 특히 신입 사원이라면 누구나 한 번쯤 경험하는 일이다.

내가 IBM에서 인턴으로 일하던 때가 좋은 사례가 될 것 같다. 처음 회사에 입사했을 때 업무가 진행되고 있다는 사실은 감지했지만, 실제로 직원들이 무슨 일을 하고 있는지 전혀 몰랐다. 두말할 필요도 없이, 어떤 직원이 내게 와서 다음과 같은 질문을 하면 당황할 수밖에 없었다. "비하이브 켰어? 다른 사람들 모르게 하려면 세임 타

121

임을 써도 돼."

IBM에 대해 좀 아는 사람이라면 내가 지금 무슨 말을 하고 있는지 이해할 것이다. '비하이브Beehive'는 페이스북Facebook과 비슷한 개념의 사내 소셜네트워크서비스SNS이고, '세임 타임Same Time'은 IBM이 개발한 사내 메신저Messenger 프로그램이다. 동료에게 처음 이 말을 들었을 때 내가 얼마나 어리둥절했을지 상상이 갈 것이다. 그러나 입사한 지 몇 주가 지나자 알아들을 수 없는 사내 용어를 이해하는 요령을 터득했다. 처음 입사한 직원이 저절로 회사 사람들이 쓰는 언어를 이해하지는 못한다. 누구나 사내 정보에 익숙해지는 과정이 필요하다.

사내 용어는 사실 회사에서 쓰는 언어 중에서 빙산의 일각에 불과하다. 신입 사원으로 회사에 들어가면 기존 직원들은 시도 때도 없이 내가 한 번도 들어본 적이 없는 회사의 과거사나 조직 계획을 언급한다. 직원들은 보통 무언의 합의를 깔고 이런 대화를 나누기 때문에 신입 사원은 우연히 그 내용을 알아듣거나 아니면 동료의 설명을 들어야만 무슨 말인지 이해할 수 있다. 기존 직원들은 사내에 문화적으로 깊숙이 뿌리박힌 일들에 아주 익숙한 탓에 그런 정보를 외부인은 잘 이해하지 못한다는 사실을 깨닫기가 어렵다.

이런 상황은 파티에서 성향이 다른 두 부류의 친구들을 섞어 놓으려는 것과 같다. 코미디언 짐 가피건Jim Gaffigan은 그런 상황에서 "내가 영국식으로 발음하더라도 놀라지 마시오"라고 재치 있게 말했다. 이는 어떤 친구들은 자기를 영국 사람으로 알고 있는 반면, 다른 친구들은 자기를 미국 사람으로 생각하는 난처한 상황을 두고 한

122

말이었다. 물론 이것은 극단적 사례이긴 하지만, 어쨌든 친구들마다 공유하는 정보가 달라 여러 그룹의 친구들이 한 자리에 모이면 친구가 말할 때마다 그 배경을 설명해야 하는 난감한 상황이 벌어진다.

일반적으로 직장에서도 사람들은 끊임없이 가정을 한다. 당신은 상사가 한 번 훑어보기도 전에 전체 이메일을 거리낌 없이 발송하는 직원일지도 모른다. 어떤 회사에서 그렇게 했다가는 상사의 못마땅한 눈총을 받거나 해고 사유가 되기도 한다. 업무에 대해 이야기를 할 때 우리는 듣는 사람의 관점을 추측한다. 내가 MIT에서 대학원생으로 있었을 때다. 그때 연구원들은 언젠가 센서와 컴퓨터가 지갑이나 백열전구와 같은 생활용품 속에 통합되는 날이 올 거라고 아주 당연하게 생각했다. 우리는 그런 제품들을 두고 매일 토론을 벌였고, 실제로 그런 기술이 실현 가능할 뿐만 아니라 사람들의 마음을 확 빼앗을 정도로 멋지다는 것을 직접 보여주려고 오랜 시간 공을 들여 시제품을 만들어냈다. 나는 회사 관계자들이 연구실을 찾을 때마다 왜 그들에게 센서 기술을 1시간이나 길게 설명해야만 하는지 늘 궁금했다. MIT 연구원들에게는 센서 기술은 아주 당연했다. 하지만 외부 사람들에게는 우리가 상식이라고 믿었던 사실이 전혀 상식이 아니었던 것이다.

공통어를 사용하면 우리는 상대방의 반응을 좀더 잘 예측할 수 있다. 나에게 '마감 시간'은 꽤 모호한 단어였다. 당시 우리에게 마감 시간이란 "마감 날짜 몇 주 내외로 일을 끝마치면 되는" 그런 의미였다. 그러나 내가 히타치Hitachi(일본 최대의 전기 전자기기 제조업체)에서 그런 태도로 일을 했더라면 회사는 아마도 나를 당장 내쫓았을 **123**

것이다. 대기업에서 일하는 사람에게 공통어 사용은 대단히 중요하다. MIT에서조차 공통어는 중요했다. 나는 공통어에 익숙해지고 나서야 비로소 다양한 분야의 사람들이 모이는 회의에 들어가서 회의 내용을 이해할 수 있었다. 신입 사원이 사내 언어를 능숙하게 사용하려면 짧게는 몇 주에서 길게는 몇 개월씩 걸린다. 사실 업계에서는 이런 사실을 당연하게 생각한다. 회사는 보통 신입 사원을 뽑을 때 한 3개월은 실무에 바로 투입하지 못할 것이라고 예상한다. 이는 신입 사원의 능력이 모자라서가 아니라 아직 사내에서 다른 직원들과 의사소통하는 능력이 부족한 탓이다.

회사에서 프로젝트 팀을 꾸릴 때에도 똑같은 문제가 불쑥불쑥 튀어나올 수 있다. 프로젝트를 수행하려면 조직 내에 있는 여러 부서 직원들의 협력이 필요하다. 프로젝트가 매끄럽게 진행되려면 그 구성원들이 열심히 이리 뛰고 저리 뛰어야 한다. 프로젝트 기간이 6개월인데 그중에서 3개월을 의사소통 문제로 시간을 허비한다면 곤란할 것이다.

사내에서 직원들이 암묵적인 전제가 있다며 일을 하면, 자신들의 전제부터 틀렸을지도 모른다는 사실을 간과하기 쉽다. 아주 대표적인 사례가 블랙베리 스마트폰 제조업체인 리서치인모션Research In Motion의 몰락이다. 아이폰이 처음으로 시장에서 큰 성공을 거둔 2007년에조차도 리서치인모션은 모든 소비자가 실제 키보드가 있는 휴대전화를 원하고, 휴대전화 애플리케이션은 그저 '유행'에 불과하다는 잘못된 가정을 고집했다. 물론 이런 잘못된 가정은 과거 블랙베리가 거둔 성공 때문이었다. 리서치인모션 직원들은 블랙베

124

리가 휴대전화 중에서 가장 뛰어나다는 사실을 잘 알고 있었고, 더 뛰어난 하드웨어 개발의 필요성도 느끼고 있었다. 하지만 휴대전화의 소프트웨어나 애플리케이션 환경은 나중에 만들 수 있는 부차적인 문제로 치부했다. 결과적으로 리서치인모션의 생각은 완전히 틀렸다.

소비자와 시장에 대한 잘못된 가정 때문에 스마트폰 시장에서 리서치인모션의 시장 점유율은 43퍼센트에서 12퍼센트로 곤두박질쳤다. 스마트폰 시장을 좌지우지하던 리서치인모션이 돌연 최저 시장 점유율을 기록한 것이다. 리서치인모션이 재빨리 전략을 바꿔서 몇 달 만에 아이폰을 압도하는 스마트폰을 시장에 내놓지 못했던 이유는 무엇일까? 당시에 리서치인모션은 이미 최신식 휴대전화를 오랫동안 제조해왔고, 소프트웨어와 하드웨어 제조 기술도 따라잡을 업체가 없을 만큼 뛰어났는데도 말이다. 리서치인모션의 진짜 문제는 소비자와 시장에 대한 자신들의 '가정'에 한 번도 의문을 제기하지도, 사내의 인식을 변화시키려고도 하지 않았다는 점이다. 자신의 생각을 뒷받침하는 데이터가 없는 상태에서 회사와 직원들은 본능과 직감에 따라 의사 결정을 할 가능성이 매우 높다. 이런 식으로 의사 결정을 하는 기업들은 엇갈린 결과에 당황해할 것이다.

이번에는 응집력이 강한 네트워크의 이면을 살펴보자. 응집력이 강한 네트워크도 단점이 많은데, 특히 구성원들끼리 응집력이 강할 때 문제점이 드러난다. 리서치인모션처럼 폐쇄된 조직에서 새로운 정보를 얻기란 좀처럼 어렵다. 응집력이 강한 집단은 서로 다른 이해 당사자들에게 다가가는 능력도 떨어진다. 그들은 내부 지향성

125

이 강해서 외부의 다양한 이해 관계자와 협력해 큰 변화를 이끌어내기가 어렵다. 반면 다양성이 강한 네트워크는 응집력이 강한 집단이 잘 못해내는 바로 그런 일에 강하다. 구성원이 다양한 집단은 오랜 관습을 깨고 인식을 변화시키기에 충분하다.

약한 연결망의 힘

우리는 흔히 새로운 경험을 하려면 자기만의 안전지대를 박차고 나와야 한다는 말을 많이 듣는다. 항상 느끼는 것이지만, 나는 그런 말이 아주 추상적이라고 생각한다. 내게 안전지대를 빠져나오는 일이란, 책상 앞에 앉아서 컴퓨터 모니터를 응시하면서 8시간을 버티거나 혹은 커피 마시는 일이 될 것이다.

무엇에서 탈피한다는 것은 완전히 새로운 일을 시작하거나 생면부지의 사람을 만난다는 뜻이다. 기존의 관습에서 탈피하면 긍정적 효과가 많이 나타난다는 사실은 이미 많은 연구 결과로 입증되었다. 관습을 깨는 집단에도 긍정적 요소가 많고, 응집력이 강한 집단에도 그에 못지않은 장점이 있다면 우리는 과연 어떤 선택을 해야 할까? 물론 많은 전문가의 의견이 분분할 수 있지만, 굳이 둘 중에서 하나만 선택해야 할 필요는 없다. 응집력이 강한 집단에 속해 있으면서 때때로 새로운 정보를 접할 수 있는 다른 집단과 소통하면 되는 것이다.

응집력 대 다양성 논쟁은 사회과학 분야에서 가장 뜨거운 감자다. 진짜 핵심 문제에 들어가기도 전에 미국의 사회학자 마크 그라노베터Mark Granovetter가 「약한 연결망의 힘The Strength of Weak Ties」이라는 논문을 발표한 1970년대부터 이 논쟁은 본격적으로 불이 붙었다. 그의 논문에 따르면, 구직자에게 가장 중요한 사람은 평소에 자주 대화를 하지 않는 느슨한 인간관계에 있는 사람들로 밝혀졌다. 구직자는 많은 사람과 느슨한 인간관계를 맺을수록 직업을 찾기가 훨씬 쉬웠다.

마크 그라노베터 연구를 계기로 조직에 대한 연구가 활발하게 일어났다. 특히 회사 내에서조차 느슨한 인간관계의 장점이 많다고 주장하는 연구 결과가 많았다. 이와 상반되는 주장을 편 연구자들도 있었다. 데이비드 크래커트David Krackhardt는 자신의 연구 결과를 토대로, 많은 경우에 느슨한 인간관계는 오히려 더 나쁜 결과를 가져온다고 반박했다. 그는 컴퓨터 시스템을 기업에 판매하는 한 회사를 연구했다. 그 회사 직원들에게 다양한 인적 네트워크에 관해 설문조사를 실시했다. 예컨대 친구들은 누구이고 조언을 구하는 사람은 누구인지 등과 같은 질문을 던졌다. 연구 결과 아주 긴밀한 인적 네트워크, 특히 친구이면서 동시에 조언도 구할 수 있는 끈끈한 인적 네트워크를 가진 직원이 느슨한 인적 네트워크를 가진 직원보다 생산성이 훨씬 높은 것으로 나타났다.

응집력 대 다양성 논쟁은 결코 끝난 것이 아니다. 이 문제를 두고 찬반 양론이 존재한다는 것은 우리가 회사에 따라서 인적 네트워크의 균형점을 어디에 두어야 할지 제대로 이해할 필요가 있다는 것

127

을 뜻한다. 주변 환경이 다르면 직원들끼리 상호작용하는 방식도 달라진다. 하지만 설문조사 방식만으로는 언제 어떻게 상호작용 방식이 변하는지 정확하게 측정하기란 불가능하다. 소시오메트릭 배지를 활용하면 그것이 가능하다. 소시오메트릭 배지를 이용하면 정수기를 구매하는 것처럼 회사에서 지극히 중요한 계획이 서로 다른 인적 네트워크에 정확히 어떻게 작용하는지 밝혀낼 수 있다.

정수기 효과가 왜 중요한지는 창의성이 필요한 산업 분야를 살펴보면 금방 알 수 있다. 창의적인 직원이 많은 회사는 직관적으로 상호작용의 중요성을 인식한다. 구글이 대표적이다. 구글은 직원들이 서로 협력하고 적극적으로 아이디어를 내놓을 수 있는 기업 문화를 만들기 위해 수백만 달러를 투자한다. 그러나 생산직 노동자가 많은 산업 분야에서는 이야기가 전혀 다르다. 생산직 분야의 경영자들은 사실 산업혁명 이후로 경영에 대한 태도가 별반 달라지지 않았다. 그들은 아직도 효율성과 시간 관리에만 집중한다. 효율성은 생산성과는 아주 다른 개념이다. 이론적으로 생산성이 5퍼센트 증가하면 전체 이윤이 5퍼센트 증가한다. 반면 효율성이 5퍼센트 향상되면, 전체 이윤은 그대로인 상태에서 임금에 지출되는 비용이 5퍼센트 줄어든다. 보통 효율성의 향상은 전체 이윤의 증가보다 그 가치가 훨씬 떨어진다.

경영자들이 효율성에 집중하는 이유는 특정 직종에서 일하는 노동자들은 생산성이 향상될 여지가 전혀 없다는 편견 때문이다. 제품 포장을 담당하는 직원이 아주 좋은 예다. 예를 들어 최대한 빨리 일을 하면 하루 평균 박스 100개를 포장하는 평범한 직원이 있다고 하고, 갑자기 새로운 포장 기술을 개발했다고 가정하자. 그 평범한 직원은 이제 하루에 박스 105개를 포장할 수 있다. 이 회사의 하루 박스 생산량이 10만 5,000개라고 하면, 회사는 이제 1,050명이 아니라 1,000명만으로도 포장 작업을 끝낼 수 있다.

콜센터 상담원들의 업무 환경도 포장 직원의 그것과 별반 다르지 않다. 커다란 사무실에 상담원 수천 명이 자리에 앉아 끊임없이 고객의 전화를 받는 것이 오늘날 콜센터의 풍경이다. 회사로서는 상담원들이 짧은 시간 동안 최대한 많이 고객의 전화를 소화해내기를 원한다. 상담원 1명당 고객의 전화를 처리하는 시간을 단축할 수 있다면, 회사는 직원을 줄일 수 있고 전반적인 효율성도 높일 수 있다.

그렇다면 고객의 전화를 좀더 빨리 처리하는 방법을 어디에서 찾아야 할까? 오랫동안 많은 회사가 이 문제를 상명하달식으로 해결하려고 애를 썼다. 경영자와 관리자는 콜센터 상담원들의 통화 내용을 청취한 후에 회사 전체에 전파할 수 있는 전화 응대 전략을 만들어냈다. 상담원들의 통화 내용을 분석하는 방법은 그리 나쁘지 않은 아이디어였다. 다만 성공적인 전략을 세우려고 수백만 통을 일일이 분석하기란 보통 어려운 일이 아니었다. 어쨌든 통화 완료 시간을 기준으로는 분석 자체가 불가능하다. 애초부터 해결하기 어려운 문제를 문의하는 전화는 상대적으로 해결하기 쉬운 문의 전화보다 통화 시간이 오래 걸리기 때문이다. 따라서 시행착오를 거치면서 통화 데이터를 분석한 경영진은 거기에서 때때로 깊은 통찰을 얻기도 했지만, 어떤 경우에는 아무런 소득도 얻지 못했다.

이렇듯 콜센터 운영 방식은 1960년대 이래로 달라진 것이 별

129

로 없다. 1960년대 콜센터의 모습은 흡사 작은 공장 같았다. 콜센터에는 100명 정도가 일을 했는데, 보통 특기별로 약 20명씩 팀을 이루어 고객의 전화를 받았다. 당시에는 한 팀에 1명만 커피를 마시거나 점심을 먹으러 자리를 비워도 나머지 상담원들은 아무도 쉴 수 없었다. 한 팀에 1명씩 20명이 단체로 점심 식사를 하러 가면 나머지 상담원들이 고객의 전화를 감당하기가 불가능했기 때문이다.

그 이후로 콜센터에는 수천 명이 근무하고, 직원들이 식사 시간과 전화 처리량을 놓고 갈등을 하지 않았다. 그러나 콜센터의 업무 방식은 수십 년이 지나도 별반 달라지지 않았다. 이제는 변화해야 할 필요성도 절실히 느끼지 못한 것이다. 정말로 상담원들이 변화의 필요성을 느끼지 못해서 그렇게 행동하는 것이 아니라 그저 빡빡한 업무 환경을 그동안 당연시해왔기 때문은 아닐까?

'바나나 타임'이란 무엇인가

내가 이끄는 MIT 연구진이 콜센터의 문제점을 해결하기 위해 어떻게 접근했는지를 논의하기 전에, 먼저 은행 콜센터에서 일하는 자신의 모습을 상상해보자. 당신은 8시 30분까지 출근해서 자리에 앉아 헤드폰을 끼자마자 고객의 전화를 받는다. 첫 번째 고객은 처음부터 소리를 고래고래 지르는 바람에 당신은 헤드폰 볼륨을 줄여야만 했다. 고객은 자신의 신용카드가 방금 승인

130

거절을 당했다며, 이딴 식으로 업무를 처리하는 은행이 어디에 있느냐, 자기 신용카드 한도는 수천 달러나 남아 있다며 언성을 높인다. 당신은 먼저 정중하게 고객에게 사과하고 고객의 자료를 유심히 살펴보지만, 그 5분 동안 헤드폰으로 고객의 독설이 난무한다. 그리고 그와 비슷한 고객의 전화가 계속해서 걸려온다.

이렇듯 콜센터 일은 스트레스가 심하다. 상상을 초월할 정도다. 내 잘못도 아닌 일에 하루 종일 고객의 욕을 먹어야 하고, 마침내 휴식 시간을 얻더라도 동료들과 전혀 함께할 수 없다. 이처럼 콜센터에는 사회적 지지social support(가족이나 친구, 동료 등 중요한 타인에게서 얻어지는 여러 형태의 원조)가 전무하다. 콜센터 상담원들의 이직률이 연간 40퍼센트에 달하는 것도 무리가 아니다.

이직은 다른 직장을 찾아 회사를 떠나는 사람에게는 전혀 문제가 되지 않는다. 그러나 회사에 남아 있는 직원들은 동료의 이직으로 심리적 타격을 받는다. 같이 일하던 동료가 과도한 업무에 지쳐서 회사를 그만두게 되면, 남아 있는 직원으로서는 같이 대화하고 조언을 구할 수 있는 사람이 없어진 것이나 마찬가지이기 때문이다. 회사가 입는 금전적 손실도 만만치 않다. 숙련된 상담원이 퇴사할 때마다 콜센터는 그 자리를 메울 때까지 신입 사원을 채용하고 교육하는 데 몇 개월을 허비해야 한다. 신입 사원은 전화 응대 방법이나 컴퓨터 사용 방법과 같은 정식 업무 절차를 익혀야 하는 것은 물론이고 조직 문화에 적응하는 데도 상당한 시간이 필요하기 때문이다. 따라서 콜센터는 일할 때 스트레스를 많이 받을 뿐만 아니라 상담원들이 자주 바뀌기 때문에 남아 있는 상담원들은 사기가 꺾이고 회사

131

는 상당한 비용을 인력 충원에 지출해야만 한다. 일반적으로, 기업은 숙련된 직원 연봉의 25퍼센트 정도를 신입 사원을 채용하고 교육하는 데 쓴다고 한다.[11] 이처럼 느닷없이 열악한 근무 환경 때문에 발생하는 비용이 기업에 큰 경제적 의미로 다가왔다.

우리가 콜센터의 인건비를 세세하게 알 수 있는 것은 이 세상에서 가장 수량화된 조직이 바로 콜센터이기 때문이다. 콜센터 관리자는 상담원들의 상담 처리 속도, 통화 대기자 수, 한 통화당 마우스 클릭 횟수까지 꼼꼼하게 측정한다. 심지어 잘잘못을 따지려고 모든 대화 내용을 녹음하기까지 한다. 콜센터에서는 상담원들의 휴식 시간 역시 치밀하게 계획하고 측정한다. 상담원들마다 각자 주어진 정확한 휴식 시간을 지키도록 해서, 주州에서 정한 노동법 테두리 안에서 전화 상담 시간을 극대화하도록 만든다.

이렇듯 직원의 휴식 시간은 흥미로운 주제다. 현대 사회에서 기업들은 직원들의 휴식 시간을 줄곧 무시해왔기 때문이다. 그것이 사실이 아니라고 할지라도 기업들이 직원들의 휴식 시간을 두고 은근히 못마땅한 시선을 보내왔던 게 사실이다. 많은 회사에서 항상 바쁜 척 처신하는 것이 중요하다. 커피 자판기나 정수기 근처에서 잡담이나 나누고 있으면 동료들이 곱지 않은 시선을 보내는 것은 말할 필요도 없다. 흔히 직원이 사무실에서 동료에게 업무와 관련 없는 이야기만 해도, 그 직원을 자기 업무에는 관심이 없고 일도 열심히 하지 않는 직원으로 찍힐 공산이 크다. 이런 인식 탓에 회사의 휴게실은 황무지처럼 휑하다. 휴게실은 먼지 하나 없이 깔끔하고 누구하나 커피에 손댄 흔적도 없어서 휴게실이라는 말이 무색할 정도다.

132

나는 지금까지 수많은 회사에서 직원들이 관행처럼 자기 책상에서 점심을 먹는 광경을 목격했다. 직원들은 동료와 대화를 나누기보다는 어제 저녁에 먹다 남은 음식을 후루룩 소리를 내고 먹으면서 인터넷을 검색하거나 유튜브에서 고양이 동영상cat video(고양이가 등장하는 짧은 동영상)을 시청하는 것에 편안함을 느낀다. 고양이 동영상이 중독성이 있을 정도로 재미있다는 사실을 부정하려는 것은 아니다. 다만, 아직까지 고양이 동영상을 오래 시청해서 생산성이 향상되었다는 연구 결과를 한 번도 본 적이 없다.

점심은 하루 중에서 가장 중요한 시간이다. 점심시간에 우리는 신체적으로 에너지를 충전할 뿐만 아니라 사람들과 소통하고 친목도 도모한다. 키이스 페라지Keith Ferrazzi는 『혼자 밥 먹지 마라Never Eat Lunch Alone』(2005)에서 점심시간의 중요성을 심도 있게 다루었다. 이 책에 따르면, 점심 때 다른 사람과 같이 식사를 하는 사람은 그렇지 않은 사람에 비해 일반적으로 직장에서 더 빨리 승진하고 업무 성과도 더 뛰어나다고 한다.

혹시라도 다른 사람과 식사를 하면 혼자 식사를 할 때보다 귀찮고, 도리어 휴식 시간을 많이 빼앗긴다고 생각하는 사람이 있을지도 모르겠다. 하지만 그런 생각은 친목을 도모할 수 있는 절호의 기회를 빼앗는다. 아무짝에도 쓸모없는 인터넷 뉴스나 그밖에 주의를 산만하게 하는 인터넷 기사를 보지 않고는 못 배기는 사람이라면, 인터넷 검색 시간과 점심시간을 분리하는 것이 상책이다. 그렇게 하면 자기 혼자 쉴 시간을 확보할 수 있을 뿐만 아니라 사람들과 친목을 도모할 시간도 확보할 수 있다.

133

두 종류의 시간 모두 일의 일부분이다. 일을 할 때 혼자 편하게 쉬는 시간 못지않게 다른 사람과 대화를 나누는 시간도 필요하다. 대부분 생산직 직원에게 나타나는 현상이기는 했지만, 이렇게 두 종류의 휴식 시간을 병행했을 때 직원들에게 긍정적 효과가 끊임없이 나타났다. 심지어 노동자를 말 그대로 하나의 부품처럼 여기던 산업 혁명의 절정기에도 휴식 시간은 있었다. 또한 노동자들에게 엄격한 작업 계획을 지시하고 하루에 불과 몇 분의 휴식 시간만 허락하던 '테일러리즘' 관리자들조차 노동자들에게 식사를 하고 생물학적 욕구를 해소할 시간을 주면 그들의 생산성이 더 높아진다는 사실을 깨달았다. 이렇듯 냉혹하고 매정한 경제 논리가 이해타산적인 공장 소유주들마저도 억지로 노동자들에게 휴식 시간을 주도록 만들었다. 이런 속성은 오늘날 업계에서도 여전히 감지할 수 있다.

휴식 시간이 얼마나 중요한지에 대한 흥미로운 연구 결과가 있다. 미국의 한 도축 공장의 사례인데, 이 공장은 처음에 직원들의 화장실 가는 시간과 점심시간을 정해놓았다. 콜센터처럼 이 도축 공장에서도 직원들이 돌아가면서 휴식을 했기 때문에 아무도 팀 동료와 같이 휴식을 취할 수 없었다. 그러자 직원들의 피로 축적과 높은 이직률 때문에 골머리를 앓아야만 했다. 연구 결과에 따르면, 직원들끼리 끈끈한 관계를 맺을 수 있을 정도로 충분한 휴식 시간을 주면 직원들의 스트레스가 크게 감소하고, 직원들의 이직률도 낮아지며, 직원들은 활력을 되찾는다고 한다.[12] 공장의 직원 휴식 시간에 대한 또 다른 연구에서는 이런 종류의 휴식 시간을 '바나나 타임Banana Time'이라는 알듯 모를 듯한 용어로 불렀다.

134

'바나나 타임'의 원리는 간단하다. 공장 근로자들은 육체적으로 엄청난 스트레스를 받지만, 상대적으로 생각할 여유는 많다. 도축 공장의 일은 매우 기계적이다. 따라서 한 번 자기 방식에 익숙해지면 그 틀을 깨고 새로운 방식을 시도하기가 어렵다. 시간당 200상자를 포장할 수 있는 사람이 새로운 포장 방법을 써서 시간당 50상자밖에 포장을 못하면 그 사람의 임금은 타격을 받을 수밖에 없다. 반대로 그 직원이 능률이 높은 동료의 기술을 배우고 새로운 포장 기술도 같이 토론할 수 있다면 어떤 일이 벌어질까?

왜 콜센터의 이직률은
높은가

휴식 시간을 주어 한눈에 나타나는 두 번째 효과는 직장 내에서 업무와 관련된 정보가 활발하게 교류된다는 점이다. 휴식 시간은 육체적 피로를 해소하는 시간일 뿐만 아니라 직원들끼리 아이디어를 공유하는 시간이기도 하다. 같은 회사에서 근무를 하지만 서로 대화할 기회가 없었던 직원들도 휴식 시간에는 수준 높은 대화를 할 가능성이 많다. 현장에서 일하지 않으면 잘 모르는 전문용어도 휴식 시간에는 자유롭게 사용할 수 있다. 이들은 끈끈한 관계이기 때문에 누가 옆에서 군이 전문용어를 해석해줄 필요도 없다.

휴식 시간에 갖는 직원들끼리의 상호작용은 회의석상의 그것과는 성격이 완전히 다르다. 회의를 할 때 경영진은 자기 눈높이에

135

맞춰 직원들의 아이디어를 걸러내기 일쑤다. 반면 휴식 시간은 현장에 있는 직원들이 허물없이 대화하면서 업무에 대한 피드백을 주고받는 계기가 된다. 이런 의사소통 방식은 도요타 생산 시스템에서 직원들이 회사의 공식적인 의사소통 경로로 피드백을 제공하는 것에 비견할 만하다. '바나나 타임' 연구 결과에 따르면, 직원들끼리 정보를 공유하는 휴식 시간은 새로운 기술이 직원들의 네트워크를 통해 자연스럽게 회사 전체로 퍼지는 징검다리 역할을 했다고 한다.[13] 이처럼 조직 하부에서 일어난 혁신은 곧 직원 연수 프로그램으로 통합되었고 회사의 표준 업무 절차로 채택되었다.

휴식 시간으로 얻을 수 있는 세 번째 효과는 생산직 직원들의 정신적 피로를 해소한다는 점이다. 과거에 근로자들은 동료에게 감정을 드러내거나 감정적 지지를 보낼 기회를 전혀 얻지 못했다. 근로자들은 자기 생각에 갇힌 채 작업장에서 끊임없이 일만 해야 했다. 이런 근로 환경은 그 자체로 근로자들에게 엄청난 정신적·육체적 고통을 가져다줄 수 있다. 하루 종일 날고기를 쳐다보는 일 자체가 근로자의 심리 상태에는 말할 것도 없고 식욕에도 영향을 끼치기 때문이다. 거기에다 가정에 문제가 있거나 그 밖의 다른 근심 걱정 때문에 애를 태우는 근로자는 정신 건강과 생산성에 치명적인 악영향을 받기 십상이다.

휴식 시간이 있으면 근로자들은 온갖 근심 걱정을 다 털어놓을 수 있다. 고된 노동과 수많은 스트레스를 혼자 떠맡는 대신 직원들은 동료에게 불만이나 감정을 털어놓거나 자신의 마음을 짓누르고 있던 개인적 문제를 이야기해 조언을 구할 수도 있다. 그렇지 않고

136

온갖 문제가 곪아 터지도록, 다시 말해 가정과 회사에서 쌓인 스트레스가 견딜 수 없는 지경에 이를 때까지 놓아두는 방법도 있다. 이럴 경우, 그 직원의 스트레스가 폭발하는 것은 시간문제일 뿐이다. 결국 모든 스트레스가 폭발하면 직원은 그 상황에서 도피하려고 회사를 그만두게 된다.

사적인 대화와 업무 관련 대화는 밀접한 관계가 있다. 꼭 어느 쪽이 더 유익하다고 말하기 어려울 만큼 두 대화 방식 모두 확실한 이득이 있다. 업무 관련 대화는 직원들이 관련 정보를 공유하고 이에 따라 업무 방식에 새로운 혁신이 일어나는 계기가 된다. 한편 사적인 대화는 직원들 간의 친밀한 관계와 신뢰를 구축하고 스트레스를 완화하는 촉매 역할을 한다.

상황에 따라 두 대화 방식을 적절하게 사용하면 더욱 효과적이다. 마감이 임박해서 분초를 다투며 결과를 내야 하는 압박이 심한 상황이라면, 업무 관련 대화를 나누는 것이 아마도 더 도움이 될 것이다. 반면 일이 산더미같이 쌓여 있거나 유독 스트레스가 심한 시기라면 사적인 대화가 더 유용할 것이다. 상황에 맞게 사적인 대화와 업무 관련 대화를 섞어서 사용한다면 직원들은 놀랄 만한 성과를 낼 수 있다.

직원들 간의 대화가 이렇게 많은 이득을 가져오는데도 회사가 직원들의 휴식 시간을 줄이려고 안간힘을 쓰는 것은 도무지 이해할 수 없다. 특히 생산직 분야에서 휴식 시간 축소는 두드러진다. 정부가 정한 최저 임금을 어쩔 수 없이 지키는 회사들은 근로자가 노동을 하지 않을 때마다 그 시간만큼 임금을 주지 않겠다고 확실히 못

137

박아둔다. 이것은 앞서 논의한 화이트칼라 업무의 현실을 그대로 반영한 것이다. 하지만 육체노동자들은 육체적으로 부담이 크고 스트레스가 높은 일을 하기 때문에 기력이 소진될 가능성이 화이트칼라에 비해 훨씬 높다.

특히 콜센터 상담원들의 높은 이직률을 두고 막아야 할 일종의 전염병처럼 보기보다는 하나의 업무적 특성으로 여기는 사람들이 있다. 이런 관점에 따르면, 상담원들은 콜센터라는 큰 기계 속에 들어 있는, 언제든지 갈아 끼울 수 있는 부품에 불과하다. 그리고 시간이 흐르면서 상담원들의 생산성은 질적으로 저하되기 때문에 회사는 상담원들이 번아웃 신드롬Burnout Syndrom에 빠져도 걱정할 필요가 없다고 주장한다. 뉴사우스웨일스대학의 카트리오나 월리스Catriona Wallace는 자신의 논문에서 이와 같이 주장했는데, 한 콜센터를 대상으로 실시한 연구에서 종신 고용이 생산성에 부정적 영향을 미친다는 결과를 얻었기 때문이다.[14]

이에 관해서 자세히 살펴볼 필요도 없이, 스트레스가 증가하면 업무 효율이 떨어지기 마련이다. 콜센터는 본질적으로 스트레스가 많은 일터다. 이러한 근본적인 스트레스를 줄이려는 제도적 장치를 마련하기보다는 상담원의 '번아웃 신드롬' 전략을 구사하는 회사들은 스트레스로 인한 생산성 손실 비용이 신입 사원 교육 비용보다 커지는 시점이 언제인지 계산하기에 급급하다. 그런 시점이 오면 회사에서는 그 상담원을 해고시키거나 업무량을 더 늘려서 결국 퇴사하도록 압력을 가한다.

138   직원 유지에 따르는 비용 계산에만 급급한 콜센터나 그 밖의

일반 회사에 대해서 몇 가지 추정을 해볼 수 있다. 먼저 회사에서 이런 식의 대접을 받는 콜센터 상담원의 대응 방식을 생각해보자. 콜센터 상담원은 회사에서 1년 이상을 보내면 미래가 없다는 사실을 깨닫게 된다. 회사의 단기 고용 전략이 꼭 비판 받아야 마땅하다는 뜻은 아니지만, 어쨌든 그런 전략은 상담원이 고객을 대하는 태도에 직접적으로 영향을 끼친다. 앞으로 회사에서 계속 일하거나 승진할 수 있는 전망이 전혀 없다면, 어느 누가 나서서 고객을 위해 특별히 애를 쓰겠는가? 콜센터 상담원으로서는 실제로 고객의 문제를 성심성의껏 해결해주기보다는 처리하기 어려운 고객의 문의 전화를 조용히 그리고 최대한 짧게 처리하는 편이 훨씬 낫다. 상담원이 이런 식으로 고객의 전화를 처리하면 상담 처리 시간은 줄어들겠지만, 고객으로서는 해당 콜센터를 아주 부정적으로 인식하게 된다. 그리고 눈 깜짝할 사이에 이 회사의 고객은 급격하게 줄어들 것이다.

이런 회사에서는 고객 만족도뿐만 아니라 직원들의 사기도 급격하게 떨어진다. 주변에 있는 동료들이 야단을 맞고 푸대접을 받는 모습을 지켜본 직원은 이직을 생각한다. 이렇듯 회사 내의 살벌한 분위기 때문에 직원들의 이직은 가속화되고, 그에 맞춰서 회사의 신입 사원 충원 속도도 빨라지고 비용은 더욱 증가할 수밖에 없다. 카트리오나 월리스는 콜센터에서 일하는 상담원들의 숙련도가 다른 직업에 비해 낮다고 가정했다. 따라서 이들은 다른 직장을 찾기보다는 싫어도 계속해서 같은 직장에 머물 것이다. 어느 정도 일리 있는 전제이기는 하지만, 적어도 상담원들은 곧바로 다른 직장을 알아보기 시작할 것이다. 전체 상담원 중에서 일부만 새 직장에 취직한다 **139**

고 하더라도 결국 이직률은 높아질 수밖에 없다.

기존 상담원이 퇴사할 때, 회사에 대한 개인의 기여도도 사라지지만 그가 쌓아왔던 업무 노하우도 함께 사라진다. 업무 노하우란 업무를 좀더 쉽게 처리할 수 있는 것으로 직장 전체로 퍼지는 데 시간이 꽤 오래 걸린다. 업무 노하우는 콜센터에서 소프트웨어를 사용할 때 쓸데없는 부분은 건너뛰는 것과 같이 간단한 테크닉일 수도 있고, 전화기에 대고 고래고래 소리를 지르는 격분한 고객을 다루는 방법처럼 정교한 말솜씨일 수도 있다. 게다가 인수인계 기간이 짧으면, 퇴사하는 상담원은 업무 노하우를 전수할 시간이 부족할 뿐만 아니라 이러한 업무 지식을 공유할 기회도 훨씬 줄어든다. 이렇게 되면 상담원의 이직으로 전체 콜센터 운영의 효율성이 다시 한 번 크게 하락할 것이다.

마지막으로 지적할 아주 중요한 사실이 있다. 이직률이 높다는 것은 바꿔 말해 회사가 앞으로 회사를 이끌어갈 인재를 싹이 자라기도 전에 잘라버린다는 뜻이다. 맥도날드, 골드만삭스, 제너럴 일렉트릭GE 같은 세계적 기업의 최고경영자들은 말단부터 시작해서 여러 직위를 거쳐 결국 기업이라는 거대한 배를 이끄는 선장이 되었다. 따라서 직원의 이직률을 높이는 경영 방식은 기업의 중기적인 전망뿐만 아니라 장기적인 전망까지 내팽개치는 것과 마찬가지다.

뱅크오브아메리카의
행동 역학 실험

많은 기업에 휴식 시간의 가치를 역설하는 일은 애당초 성공할 가능성이 없었다. 수십 년 넘게 기업들은 업무와 실적은 사무실 책상에서 이루어지는 것이라고 굳게 믿어왔기 때문이다. 그런 기업들에 입 아프게 설명해보아야 그들은 꿈쩍도 하지 않을 것이다. 업무는 책상머리에서만 하는 것이라는 사고방식, 나아가서는 업계 전체의 사고방식을 바꾸려면 휴식 시간의 가치를 입증하는 명백한 증거가 필요하다.

특히 콜센터 상담원들이 찾고 있던 증거가 바로 이런 종류의 증거일 것이다. 어떻게 하면 콜센터 상담원들이 고용주에게 휴식 시간은 반드시 필요하다는 주장을 뒷받침하는 증거를 제시할 수 있을까? 전화 상담 업무의 스트레스를 그 누구보다 잘 알고 있는 콜센터 상담원들은 이런 극심한 스트레스를 효과적으로 해소할 수 있는 길이 없다면, 결국 직장에서 기진맥진해서 울며 겨자 먹기로 퇴사할 수밖에 없다고 생각한다. 드디어 소시오메트릭 배지를 활용한 프로젝트를 추진할 때가 무르익은 것이다.

나를 포함한 MIT 연구진에 의뢰를 해온 기업은 뱅크오브아메리카Bank of America, BOA였다. BOA에서는 자사 콜센터 상담원들의 번아웃 신드롬과 콜센터 생산성 간의 관계를 정확하게 분석해달라고 요청했다. BOA에 콜센터와 관련한 흥미로운 문제점이 있었던 것이다. BOA는 미국에서 가장 큰 규모의 콜센터를 운영하고 있으며, 미

141

국 전역에서 상담원 수천 명이 24시간 전화 상담 업무를 보고 있다.

다른 기업들과 마찬가지로 BOA 역시 콜센터 운영 방식을 표준화했다. 예컨대 로드아일랜드 콜센터에는 캘리포니아 콜센터와 거의 비슷한 조직 구조, IT 시스템, 직원 교육 프로그램이 있다. 상담원들의 배경도 거의 비슷해서 고등학교 졸업자가 대부분이고 대학을 나온 상담원은 소수였다. 콜센터의 외견상 조건은 모두 똑같았다. 하지만 콜센터의 생산성은 천차만별이었다. 콜센터 상담원들이 거의 비슷한 조건과 환경에서 근무하지만, 콜센터마다 수량화할 수 없는 다른 요소가 작용하고 있었던 것이다. 콜센터의 생산성이 이렇게 천양지차인 이유 중에 하나로 들 수 있는 것이 바로 콜센터 문화다. 콜센터마다 상담원들의 협력 방식이나 문화가 다르기 때문에 상담원들의 생산성에도 차이가 나타날 수 있다. 그러나 일반적으로 조직의 '문화'를 정확하게 수량화하기는 힘들다.

우리는 BOA의 콜센터 한 곳을 연구 대상으로 삼았다. 상담원들의 생산성을 끌어올리는 요소를 파악하기 위해 상담원들의 행동과 상호작용 방식을 측정하는 것을 목표로 삼았다. 콜센터에는 보통 수천 명이 근무하기 때문에 모든 상담원을 대상으로 삼기보다는 팀별로 몇 명의 상담원을 뽑아서 연구 대상으로 삼았다. 우리는 팀 간의 차이를 면밀하게 분석해서 콜센터 전체에 적용할 수 있는 생산성 향상 비결을 도출해내기를 바랐다.

이번 연구에서 아직까지 휴식 시간에 대한 언급이 전혀 없다는 사실을 눈치챘는가? 그때까지 BOA에는 휴식 시간이 꼭 필요한 고려 대상은 아니었다. 콜센터가 지난 반세기 동안 한 가지 방식으로 운영되어왔다는 사실을 기억하자. 게다가 콜센터 업계에서는 관행처럼 전해 내려온 콜센터의 휴식 방식을 갑자기 바꾼다고 해서 지속적인 효과가 나타날 것이라고 기대하지 않았다. 그러나 BOA는 콜센터의 기존의 휴식 방식에 뭔가 문제가 있다는 사실을 알고 있었다.

콜센터 상담원들을 팀별로 자세하게 분석하기 위해 우리는 배지 데이터뿐만 아니라 상담원들의 성과 측정지표performance metrics, 인구 통계학적 정보, 설문조사 데이터, 이메일 자료 등을 수집했다. 성과 측정지표는 비교적 단순했다. 기본적으로 상담원의 능력은 평균 상담 완료 시간이다. 과거에 몇몇 머리 좋은 상담원은 고객의 전화를 받자마자(혹은 중간에) 전화를 끊어버리는 방식으로 자신의 실적을 높일 수 있었다. 회사는 이런 종류를 통화가 짧은 상담 전화로 착각했고, 해당 상담원은 전체 상담 건수를 높였다. 우리는 연구 목적상 이런 종류의 통화는 실적 계산에서 자연스럽게 제외했다.

우리가 수집한 인구 통계학적 정보 역시 꽤 단순했다. 근속 연수, 성별, 나이, 그 밖에 다른 정보 몇 가지가 전부였다. 우리는 주로 상담원의 한 가지 특성 혹은 여러 가지 특성이 결합해서 특정한 방식으로 행동하는 원인이 되는지를 확인하려고 이런 정보를 수집했다. 예를 들어 콜센터에서 오랫동안 일한 상담원은 1년밖에 근무하지 않은 신입 사원보다 직장에 끈끈한 유대감을 느끼는 동료가 많이 있을 것이라고 추측할 수 있다.

설문조사 데이터를 활용하면 상담원 간의 차이점을 더욱 자세하게 분석할 수 있다. 매년 BOA는 상담원들에게 스트레스 수치, 상사와 동료 상담원의 의사소통 문제, 회사에 대한 전반적인 인식에

143

관해 설문조사를 벌인다. 콜센터에서 스트레스 수치는 특히 중요한 지표인데, 높은 스트레스 수치는 상담원이 이직할 가능성이 높다는 징조이기 때문이다. BOA가 다른 팀에 비해 유독 스트레스 수치가 높은 팀을 미리 파악할 수 있다면, 그 원인을 좀더 자세하게 조사할 수 있을 것이다. 우리는 스트레스 설문조사 데이터를 활용해서 스트레스 수치를 경감하는 행동 패턴을 찾아내는 것을 목표로 삼았다.

우리는 이 밖에 다른 중요한 정보도 확보했다. 우리는 상담원들의 휴식 시간과 점심시간을 파악했다. 사실 이런 정보는 우리에게 굉장히 중요한 역할을 했다. 점심시간을 포함한 휴식 시간에 실제로 상담원들 사이에 무슨 일이 벌어지는지 관찰할 수 있었기 때문이다. 상담원들은 휴식 시간에 누구와 대화를 하고 또 무엇을 하고 있었을까? 이런 다양한 데이터를 종합적으로 분석한 결과, 우리는 문제의 핵심에 다가갈 수 있었다. 상담원들이 효율적으로 일하도록 만드는 요인은 무엇인가?

이번 연구에는 BOA의 콜센터 한 곳에 근무하는 총 4개 팀 80여 명의 상담원이 참여했다. 우리는 4주에 걸쳐 상담원들의 데이터를 수집했는데, 2주가 보통 한 사람의 행동 '주기'이기 때문이다. 4주 단위로 데이터를 수집하면 비교적 안정된 행동 역학을 관찰할 수 있다. 행동 주기가 나타나는 것은 상담원들이 가끔씩 휴가를 떠나거나 병가를 내기 때문이다. 늘 대화를 나누던 동료가 출근하지 않았을 때, 그 결과는 상담원들끼리의 상호작용 방식에 막대한 영향을 끼친다. 주요 스포츠 행사나 국제적인 사건과 같은 외부 변수도 상담원들의 행동에 영향을 끼친다. 특히 이런 외부 사건이 일어나는 날에

144

는 상담원들의 행동 변화가 심하다. 예를 들어 슈퍼볼Super Bowl 경기가 있거나 다른 나라에서 자연재해가 일어난 날에는 상담원들이 그런 주제로 이야기를 나누며 하루를 시작한다.

연구 대상 팀들은 콜센터 내에서 서로 다른 곳에 있었다. 콜센터는 그 자체로 하나의 거대한 방과 같았고, 줄줄이 늘어선 칸막이 안에서 약 3,000명의 직원이 고객의 전화를 받았다. 하지만 이러한 물리적 외부 구조에는 몇 가지 차이가 있었다. 사무실 안에는 칸막이벽 높이가 눈높이보다 낮고, 책상 길이는 다른 팀보다 1미터나 긴 팀이 있었다. 3개 팀은 모두 칸막이벽이 상당히 높아서 팀 동료의 모습을 전혀 볼 수 없었다.

우리가 상담원들에게 소시오메트릭 배지를 소개를 할 때, 경영진은 상담원들의 반응이 어떨지 약간의 두려움을 갖고 있었다. 특히 상담원들이 배지를 일종의 '빅브라더big brother' 도구로 인식할까봐 우려했다. 그러나 우리가 상담원들에게 앞으로의 연구 계획과 배지 기술을 자세히 설명하자 상담원들은 열화와 같은 호응을 보였다. 그들은 지난 수년 동안 경영진에게 동료와의 상호작용이 정말 중요하다고 누차 강조했지만, 그 실질적인 이득을 눈으로 볼 수 있는 자료로 증명할 길이 없어 답답했기 때문이다. 상담원들은 이번에 그 수치를 경영진에게 제대로 보여줄 수 있는 절호의 기회가 왔다고 생각했다.

BOA도 상담원들에게 수치를 보여주는 데 초점을 맞추었다. BOA는 콜센터의 생산성 차이를 만들어내는 눈에 띄지 않는 콜센터 문화가 무엇인지를 이해하는 데 관심이 있었지만, 상담원들의 생산

145

성을 높이는 데 더 관심이 많았다. BOA는 상담원들의 업무 방식에 변화시킬 부분이 있는지 확인하고, 그러한 변화에 따른 영향력을 측정하고 싶어 했다. 연구는 3단계로 진행될 계획이었다. 첫 번째 단계는 콜센터 팀들의 현재 상태를 측정하는 일이다. 데이터를 분석한 후에 우리는 콜센터 내의 업무 절차에 변화를 제안하고 실행할 것이다. 두 번째 단계는 3개월 동안의 표준화normalization 기간이다. 이 기간에 우리는 변화가 콜센터 업무의 정식 절차로 녹아들 때까지 기다려야 한다. 세 번째 단계는 팀의 상태를 다시 측정하는 일이다. 마지막으로 우리는 업무 절차의 변화로 상담원들의 행동과 생산성이 얼마나 변했는지 정밀하게 측정할 것이다.

두 번째 단계가 왜 필요한지 궁금할지도 모르겠다. 결국, 상담원들의 업무 방식에 실질적인 변화를 주면 그 영향이 상담원들에게 곧바로 나타날 수밖에 없다. 누구나 한두 번쯤 그런 경험이 있을 것이다. 초등학교에서 중학교로 진학하는 과도기가 좋은 예다. 처음에는 학생들이 새로운 환경에 곧바로 적응을 못하지만, 몇 개월만 지나면 학생들은 언제 그랬냐는 듯 평소의 상태로 돌아온다.

움직임이나 상호작용 같은 행동 역학은 시간이 지남에 따라 안정을 찾는 경향이 있지만, 외부 변화에 쉽게 영향을 받는다. 가장 큰 외부 변수는 자기가 관찰 대상인 것을 의식하는 일이다. 예컨대 처음 운전면허 시험을 볼 때를 떠올려보자. 감독관이 자동차에 같이 탑승하자마자 갑자기 응시자의 인식은 확 달라진다. 손에 땀이 날만큼 초조해지기도 하고, 수개월 동안 연습했던 평행 주차 방법을 새까맣게 잊어버리기도 한다. 이것은 다른 사람이 지켜보고 있다는 것

146

을 의식하기 때문이다.

이런 현상은 흔히 '호손 효과Hawthorne Effect'로 알려져 있다. 호손 효과는 1930년대 초 미국 일리노이주 시세로Cicero에 있던 '호손 웍스Hawthorne Works'라는 공장에서 연구자들이 일련의 실험을 수행하면서 처음으로 밝혀졌다.[15] 작업장 전등의 밝기가 직원들의 생산성에 어떠한 영향을 끼치는지가 주된 연구 목적이었다. 연구자들은 매일 작업장 전등의 밝기를 미세하게 조절한 뒤 그 효과를 세밀하게 측정했다. 먼저 작업장에서 전등을 좀더 밝게 해주었더니 생산성이 크게 향상되었다. 다음에는 전등을 좀더 어둡게 했다. 연구진은 당연히 생산성이 떨어질 것이라고 예상했다. 그런데 이번에도 똑같이 생산성이 높아졌다. 이런 결과에 연구진은 처음에 어리둥절해했다. 곧 그들은 진실을 알아차렸다. 직원들은 경영진이 그들에게 관심을 갖고 있다는 인식만으로도 열심히 일했던 것이다.

BOA의 콜센터 연구에서 우리는 연구 초기 상담원들의 과장된 반응을 억제하려고 3개월의 휴지休止 기간을 정했다. 3개월 후에는 우리가 시도한 변화가 일상적인 관행이 될 것이고, 변화의 실질적인 효과도 측정할 수 있을 터였다. 이러한 연구 체계를 염두에 둔 상태에서 우리 앞에 놓인 것은 작은 문제 하나밖에 없었다. 바로 상담원들에게 소시오메트릭 배지를 부착하는 일이었다.

그냥 무작정 콜센터 상담원들에게 배지 같은 센서 장치를 던져주며 "자, 입으세요"라고 할 수 없는 노릇이다. 사람들은 자신의 행동에 관한 '무엇인가'를 기록하는 장치를 차고 다니는 것 자체를 별로 달가워하지 않는다. 더욱이 자기가 잘 모르는 장치라면 두말할

147

필요도 없다. 이런 사실을 염두에 두고 우리는 뉴잉글랜드의 한 중소 도시 교외에 있는 콜센터를 방문했다. 이 연구에 앞장선 사람들은 MIT의 나와 김태미와 대니얼 올긴Daniel Olguin이 참여했다. 세 명 모두 국적이 다를 정도로(미국, 한국, 멕시코) 우리 팀은 꽤 국제적인 팀이라고 부를 만했다. 콜센터 상담원들이 이번 프로젝트에 대한 프레젠테이션을 들으려고 회의실로 줄지어 들어왔다. 상담원들의 호기심 어린 눈동자는 자신도 모르게 우리 목에 걸려 있던 작은 물체로 쏠렸다.

고양이 목에
방울 달기

우리는 상담원들에게 앞으로 진행할 프로젝트를 자세하게 설명했다. 연구에 참여하고 싶은 상담원에 한해서 몇 주 후에 소시오메트릭 배지를 나누어줄 것이고, 참여하기를 원하지 않는 상담원에게는 데이터를 수집하는 기능이 없는 가짜 배지를 지급할 것이라고 설명해주었다. 데이터의 수집 범위에 대한 정보를 제공하려고, 센서의 종류와 그 기능에 대해서도 자세하게 알려주었다. 우리는 상담원들에게 자세한 설명이 첨부된 정보 활용 동의서도 배포했다. 우리는 연구 대상자가 자신의 정보를 활용하는 목적을 정확하게 인지했는지 확인하는 차원에서 이와 같은 동의서를 요구한다. 동의서에는 어떠한 개인 정보도 회사 관리자에게 공개되지 않으며,

148

배지로 수집하는 데이터에 개별 상담원의 이름이 직접적으로 노출되지 않도록 한다는 내용이 들어 있다.

프레젠테이션이 있은 후 다시 콜센터를 찾았을 때, 우리는 데이터 수집 환경에 맞게 사무실을 개조해야만 했다. 착용 가능한 배지는 사용 방법이 무척 간단하다. 먼저 전원 스위치를 켜고 목에 걸면 된다. 밤에는 배지를 목에서 뺀 뒤에 전원을 끄고 이동식저장장치USB에 충전하면 된다. 그러나 배지의 위치를 인식하려면 사무실 곳곳에 기지국base station을 설치해야만 했다.

기지국은 쉽게 말하자면 벽에 부착하는 배지라고 볼 수 있다. 기지국은 10초마다 무선으로 신호를 송출한다. 신호를 받은 배지를 확인하면 기지국에서 배지까지의 거리를 추정할 수 있다. 여러 개의 기지국에서 오는 신호에 삼각측량법triangulation을 적용해 사람의 위치를 1미터 이내로 정확하게 측정할 수 있다. 이러한 계산을 해내려면 연구자가 배지를 차고 사내 이곳저곳을 돌며 몇 분 동안 그곳에서 있어야만 한다. 기지국이 설치된 장소마다 신호 강도 변화를 측정하기 위해서다. 이런 방식은 쉽게 말해서 블루투스Bluetooth 대신 와이파이Wi-Fi 접속 지점을 활용하는 휴대전화 내비게이션 프로그램의 작동 방식과 똑같다.

첫 번째 단계로 우리는 수천 시간의 배지 데이터와 수만 건의 이메일과 주체할 수 없을 만큼의 생산성 데이터를 수집했다. 우리는 이렇게 방대한 데이터를 바탕으로 1,000분의 1초 단위까지 데이터를 면밀하게 분석했다. 그 덕분에 상담원들의 행동 패턴을 이해할 수 있었다. 우리는 먼저 전반적인 경향을 살피고 나서 중요한 결과 **149**

를 가져오는 행동이 무엇인지 살펴보기로 했다. 이메일 데이터를 분석하던 우리는 처음에 도저히 믿기 힘든 사실을 발견했다. 참가자들 간의 이메일 의사소통 네트워크를 만들어가던 우리는 깜짝 놀랐다. 그 모습이 회사의 조직도를 그대로 베껴 놓은 듯했기 때문이다. 사실상 고객과 주로 통화하는 상담원끼리의 이메일 소통은 전무했다. 그런 점에서는 부서장도 예외가 아니었다. 사내의 모든 진정한 의사소통은(그런 의사소통이 조금이라도 일어나고 있었다면) 얼굴을 맞대고 이루어지고 있었다.

이런 결과를 두고 우리가 그렇게까지 놀랄 필요가 없었을지도 모른다. 이메일은 기계적인 업무를 하는 데 유용한 의사소통 수단이다. 우리는 상부의 단순한 지시가 어떻게 말단 상담원까지 전달되는지를 관찰하고 있었다. 그런데 이메일은 그 특성상 무용지물이 되는 경우가 있다. 다시 말해 상담원들이 고객을 좀더 잘 다루는 방법을 두고 서로 의견을 교환하거나 짜증나는 고객 전화에 대한 분통을 터뜨리고 싶을 때, 이메일은 적절한 의사소통 수단이 되지 못한다.

틀림없이 이러한 결과는 콜센터의 미래에 영향을 끼칠 것이다. BOA를 포함한 많은 회사가 이미 콜센터 인력을 분산하는 데 사활을 걸고 있다. 상담원들에게 책상과 컴퓨터를 구입해주고, 집에서도 안전하게 접속이 가능한 회사 네트워크를 구축하고, 재택근무를 인정해주는 일은 너무나도 쉽다. 상담원들은 통근할 필요가 없고, 회사는 값비싼 사무실 임대료를 내지 않아도 되니 이런 방식이 이상적인 해법처럼 보일 수도 있다. 그러나 콜센터 연구 결과는 상담원들 간의 의사소통이 조금이라도 가치가 있다고 할 때 콜센터 상담원들

150

이 흔히 사용하는 IT 도구들이 한심할 정도로 부적절하다는 점을 시사한다.

그렇다면 맞대면 상호작용의 효과는 어떨까? 상대적으로 맞대면 대화는 훨씬 더 효과적인 의사소통 수단인 것으로 나타났다. 통화 중인 상담원은 평균 3명(정확하게는 3.06명)의 동료와 대화를 나누었고, 이 동료들은 거의 대부분이 다른 팀에 소속되어 있었다. 이런 의사소통 데이터는 상담원들의 생산성과 스트레스 수치를 종합적으로 함께 살펴보았을 때 더욱 흥미로웠다. 일반적인 통계상으로, 상담원이 고객 문의를 처리하는 데 보통 263초가 걸렸다. 불과 4분을 조금 넘는 시간이었다. 콜센터에 대한 내 개인적 경험(불만)에 비춰볼 때 이 정도면 모범적이라고 할 수도 있었지만, 그런 현실을 완전히 장밋빛으로 바라볼 수만은 없었다. 콜센터 상담원들은 보통 정도의 스트레스를 받고 있었는데, 평균 스트레스 수치가 3.07(범위 1.0~5.0)로 나타났다. 이런 수치가 그렇게 나빠 보이지 않을지도 모르지만, 콜센터 상담원들이 '항상' 이 정도 스트레스를 받는다는 사실을 감안하면 이야기는 달라진다. 통상적으로 콜센터 상담원들의 이직률이 높다는 사실을 알고 있던 우리는 이와 같은 결과를 이미 예상했다. 하지만 통계 수치에서 드러나듯이 콜센터 상담원들은 생각보다 심각한 문제점들을 떠안고 있었다.

얼마 후에, 우리는 애초에 세운 가설을 검증하고 여러 데이터 간의 상관관계를 분석했다. 앞서 설명한 많은 추론을 종합해볼 때, 우리는 상담원들 간의 응집력이 생산성을 높이고 스트레스를 감소시키는 데 긍정적 역할을 했을 것이라고 예상했다. 결국, 우리가 세

151

운 가설은 연구 결과와 정확하게 맞아떨어졌다. 그뿐만 아니라 생산성 향상과 스트레스 감소 측면에서 가장 중요한 단 한 가지 요소가 바로 상담원 간의 응집력이라는 사실이 밝혀졌다.

이 점은 결코 과소평가하기 어렵다. 연구 결과를 보면 생산성 향상에 상담원들 간의 응집력이 얼마나 중요한 역할을 했는지 짐작할 수 있기 때문이다. 콜센터에서 상담원들 간의 응집력은 생산성 향상 면에서 경력에 비해 그 중요성이 무려 30배나 높았다. 달리 말하면, 콜센터에서는 10퍼센트 더 끈끈한 인적 네트워크를 만드는 일이 직장에서 30년 더 근무하는 것과 맞먹는다는 의미다.

끈끈한 응집력의 긍정적인 효과는 생산성 향상에만 한정되지 않았다. 응집력은 직원들의 스트레스 해소와도 관계가 깊었다. 물론 생산성 향상에 필적할 만큼의 효과는 아니었다. 그러나 강한 응집력은 스트레스를 약 6퍼센트까지 감소시키는 역할을 했다. 이런 연구 결과를 볼 때 강한 응집력은 상담원들이 번아웃 신드롬이라는 적과 맞서 싸울 만한 무기임이 분명하다. 그 밖에 우리는 맞대면 상호작용의 총 횟수, 인적 네트워크의 중심성·연결도와 같은 다른 요소들도 분석했다. 그러나 이 중에서 예측 가능성이 아주 높은 요소는 하나도 없었다. 아무래도 응집력의 긍정적인 효과가 가장 뚜렷해 보였다. 그렇다면 이제 남은 질문은 '이 응집력은 어디에서 나오며, BOA는 어떻게 응집력을 끌어올릴 것인가?'였다.

이를 위해 우리는 응집력을 높이는 상호작용과 그 반대의 상호작용을 구별할 수 있는 방법을 찾아야만 했다. 근본적으로 우리가 사용한 프로그램은 상담원들 간의 상호작용을 하나하나 분석하고,

152

인적 네트워크 안에서 그런 상호작용이 없었더라면 전체 응집력 수준이 어떻게 변하는지를 측정했다. 그런 뒤에 상담원들 간에 일어난 상호작용을 시간대와 장소별로 중첩해서, 상담원들의 응집력을 끌어올리는 진원지가 어디인지를 살펴보았다. 이렇듯 우리는 상담원들 간의 상호작용을 나타내는 '열지도heat map(기상 예보에 사용되는 온도 분포 지도와 같이 색상으로 표현할 수 있는 다양한 데이터를 일정한 이미지 위에 열 분포 형태로 시각적으로 나타낸 지도)'를 작성하고 다양한 각도에서 그 추이를 분석했다. 그 결과 우리는 이렇듯 중요한 상담원들 간의 대화를 이끌어내는 활동이 무엇인지 파악할 수 있었다.

결과는 이보다 뚜렷할 수 없을 만큼 분명했다. 사무실에서 나누는 잡담이나 정식 회의는 상담원들의 응집력을 끌어올리는 데 전혀 기여하지 못했다. 오히려 상담원들 간의 상호작용을 촉진하는 대화는 사무실 밖에서, 그것도 같은 팀 동료와 점심시간을 교대하는 잠깐 사이에 이루어진 경우가 압도적으로 많았다. 콜센터 운영을 두고 BOA가 오랫동안 고집해온 경영 신조와는 정반대되는 결과였다. 그동안 경영진은 끊임없이 효율성은 높이고, 상담원들 간의 상호작용은 줄이며, 업무 시간은 촘촘하게 배치해왔다. 그러나 이번에 우리는 객관적이고 분명한 데이터로 경영진이 번지수를 잘못 짚었음을 냉정하게 보여주었다. 콜센터를 최대한 잘 운영하려면, BOA는 상담원들이 더 응집력을 높일 수 있도록 북돋워주어야 하고, 그렇게 하려면 상담원들이 함께 휴식 시간을 보낼 수 있도록 배려해야만 했다.

우리가 분석한 연구 결과를 BOA 경영진에게 제시하자 그들은 자지러지게 놀랐다. 대부분 경영진은 진부한 상담원 관리 방식에

153

목매면서 자신들의 생각을 한 번도 되짚어보지 않았다는 사실과 그 때문에 그동안 회사가 입었을 큰 손실을 생각하며 무척 애석해했다. 하지만 더 일반적인 결론을 이끌어내려면 추가로 실험이 필요했다. 따라서 우리는 두 번째 단계로 직원들에게 팀별로 휴식 시간을 주고 그 결과를 관찰했다.

휴식 시간이
생산성을 높인다

우리는 휴식 시간을 바꾸기로 했다. 상담원들에게 하루 15분씩 커피를 마실 수 있는 휴식 시간을 주었다. 그게 전부였다. 물론 우리는 상담원들에게 연구 결과를 알려주었지만, 휴식 시간에 누구와 대화를 해야 한다고 굳이 못 박아두진 않았다. 우리는 상담원들이 함께 휴식 시간을 보내면 누구나 평소에 친한 동료와 이야기를 나누게 될 것이라고 추측했다. 그렇게 되면 당연히 응집력이 증가할 터였다. 우리는 상담원들에게 억지로 무엇을 하라고 강요하는 대신, 그들이 서로 자연스럽게 대화하도록 분위기를 만들어주었다. 그렇게 하면 결과적으로 각 팀의 생산성도 향상되리라 예상했다.

BOA로서도 손해 볼 것이 없었다. 상담원들에게 휴식 시간을 더 주는 것이 아니라 단지 휴식 시간을 조정한 것에 불과했기 때문이다. 콜센터에는 수천 명이 함께 일하고 있어서 다른 팀에 업무 부담을 지우는 일은 상상하기 어려웠다. 따라서 다른 팀에 부담을 주

154

지 않고 단지 휴식 시간만 조정하는 방식은 BOA에 더욱 확신을 심어주었다. 이제 남은 건 3개월 동안 기다리면서 결과를 지켜보는 일뿐이었다.

우리는 지난 3개월 동안 무슨 일이 일어났을지 조마조마한 마음으로 콜센터로 향했다. 정말로 변화가 일어나긴 했을까? 휴식 시간에 친한 상담원들끼리 서로 잘 뭉쳤을까 아니면 그냥 커피를 사들고 자기 자리에 가서 혼자 쓸쓸하게 커피를 마셨을까? 이런저런 걱정들이 머릿속을 맴돌았다. 그 사이 BOA를 떠난 상담원이 몇 명 있기는 했지만 팀 구성원의 변화는 거의 없었다. 우리는 그동안 연구대상 팀의 이직률이 낮았다는 점에 주목했다. 팀 전체 인원의 3퍼센트만이 회사를 떠났다. 이는 이직률로 따지자면 12퍼센트로, 업계 평균 연간 이직률 40퍼센트보다 상당히 낮은 수치였다.

결과는 고무적이었다. 그 덕분에 우리는 이번 프로젝트의 마지막 단계를 수행하려고 상담원들에게 당당히 어깨를 펴고 배지를 나누어줄 수 있었다. 앞으로 4주 동안 추가로 데이터를 수집하면 최종결과가 도출될 것이다. 휴식 시간은 상담원들의 생산성 향상에 정말 도움이 되는 것일까? 세 번째 단계에서 상담원들 간의 응집력은 18퍼센트나 상승했다. 정말로 엄청난 결과였다. 이는 상담원이 직장에서 50년 경력을 더 쌓는 것이나 다름없을 만큼 어마어마한 수치였다. 연구에 참여한 상담원들의 응집력이 예전에 비해 크게 높아진 것은 사실이지만, 어느 정도는 이런 결과가 놀랍지 않다. 우리가 상담원들에게 제공한 환경을 감안하면 어쩌면 당연한 결과일지 모른다.

회사에도 엄청난 수익을 가져다주었다. 변화된 휴식 시간 덕분 **155**

에 상담원들의 생산성이 크게 향상되면서 BOA는 적어도 연간 1,500만 달러에 해당하는 비용을 절감할 수 있었다. 하루 15분 휴식 시간을 활용하는 방식의 변화가 1,500만 달러나 되는 가치를 창출한 것이다. 이런 결과는 정말 놀랍다. 우리가 이 정도로 어마어마한 크기의 생산성 향상, 예컨대 두 자릿수 이상의 생산성 향상을 이야기하면 보통 기업 관계자는 "그 정도 성과를 내려면 전부 다 바꿔야만 하겠군요" 하는 반응을 보인다. 하지만 이번 연구 결과로 기업이 그렇게까지 할 필요가 없다는 사실이 밝혀졌다. 전면적으로 구조를 개편하는 대신, 상담원들이 관심을 보이는 친목 도모의 방법을 찾아내서 제대로 활용한다면 큰 성과를 거둘 수 있을 것이다.

이번 연구 결과는 휴식 시간이 구성원들의 응집력을 높이는 데 중요한 역할을 한다는 사실을 여실히 증명해 보였다. 그뿐만 아니라 휴식 시간은 회사의 전반적인 생산성을 향상시키는데, 특히 콜센터에서 생산성 향상 효과가 컸다. 이것은 시사하는 바가 크다. 상담원들 간의 정보 교환과 사회적 지지는 최첨단의 창의적인 기업에서만 중요한 것이 아니라 콜센터처럼 아주 단순해 보이는 조직에서도 마찬가지로 중요하다. 그렇다면 사무실에서 가장 중요한 공간은 어디일까? 정답은 자기 책상도, 최고경영자 집무실도, 회의실도 아니다. 그 공간은 바로 사람들 눈에 잘 띄지도 않고 화려하지도 않는 정수기가 있는 곳이다.

CHAPTER 4

기업의 생산성을
어떻게 끌어올릴까

재택근무와
가상조직

　　　　　기업의 활동 범위가 단일국가가 아닌 전 세계로 점점 확대되고 있다. 이러한 현실에서 기업이 '정수기 효과'를 정말로 중요하게 생각할까? 노동력은 점점 더 전 세계로 흩어지고, 정보통신 기술의 발달로 먼 거리에서도 직원들끼리의 협력이 수월해지면서 정수기 효과는 앞으로 그 빛을 잃어갈 것임을 우리는 어렵지 않게 예상할 수 있다. 정보통신 기술혁명이 계속 이어지면서 재택근무를 가로막던 장벽들도 점차 사라지고 있다. 이메일과 인스턴트 메시지와 화상회의 같은 의사소통 수단은 직원들이 예전보다 손쉽게 거리의 한계를 뛰어넘어 서로 협업하는 데 기여했다.

　　　　지난 수십 년 동안 이런 커뮤니케이션 기술은 사람들의 업무 방식을 근본적으로 변화시키지 못했다. 물론, 오늘날의 기업이라면 이곳저곳에 지사를 둘 수 있고, 직원들은 직접 만나지 않고도 원거리에서 업무를 볼 수 있을 것이다. 하지만 예전에는 직장인이라면 누구나 사무실로 출근을 해야만 했다. 그때까지도 사람들은 직장까

159

지 통근을 하면서 동료와 같은 사무실에서 몸을 부대꼈다. 그러나 1970년대부터 이러한 근무 형태가 변하기 시작했다.

1973년에 처음으로 사용된 '재택근무'라는 용어는 근무 형태의 변화를 압축적으로 보여준다. 정보기술은 집에서 업무를 어느 정도 볼 수 있는 수준까지 발전했다. 프로그래머나 심지어 공장의 경영자처럼 특히 컴퓨터를 많이 다루는 위치에 있는 사람들에게 재택근무는 매력적인 대안이 될 수 있다. 재택근무의 장점 중 하나는 '일과 생활의 균형'을 찾을 수 있다는 점이다. 예를 들어 어린 자녀가 아파서 학교에서 조퇴하는 경우에 재택근무하는 사람은 일도 하고 자녀도 돌볼 수 있다. 맞벌이 부부라면 누구나 공감하겠지만, 이렇게 재택근무를 하는 부모가 있으면 부랴부랴 어린 자녀를 돌봐줄 사람을 찾느라 애를 태울 필요가 없다.

사람들은 처음에 재택근무를 회사에서 얻는 일종의 특전처럼 생각했다. 어쩌다 집에서 일을 해야 할 필요가 있을 때, 한 달에 며칠은 잠옷 차림으로 홀가분하게 일할 수 있었다. 그러나 그 후로 몇십 년 동안 초기 재택근무 형태 역시 바뀌기 시작했다. 일주일에 한 번 집에서 일하던 것이 두 번이나 세 번으로 자꾸 늘어났다. 결국 직원들을 매일 재택근무시키는 편이 더 낫다고 생각하는 회사들까지 생겨났다. 처음으로 재택근무를 채택한 업종 가운데 하나는 콜센터였다. 그때까지도 콜센터에서는 상담원들 간의 대화는 안중에도 없었다. 따라서 상담원들을 재택근무시키는 것은 예정된 수순이었다. 이제 회사로서는 기존의 사무실 공간을 다른 사람에게 임대할 여유도 생겼다.

160

재택근무 역시 시간이 흐르면서 확대되기 시작했다. 회사들은 직원들에게 개별적으로 재택근무를 선택하도록 하는 대신에 아예 사무실 문을 닫고 회사를 통째로 가상공간으로 옮기기 시작했다. 오늘날에는 직원들의 인터넷 요금과 사무용품 비용만 지불하면 되는 회사도 있다. 이런 회사들은 임대차 계약을 할 필요도 없고 사무실 청소 근로자를 고용할 필요도 없다. 직원들은 출퇴근 횟수가 줄어드니 가족들과 더 많은 시간을 함께 보낼 수 있고, 필요에 따라 일도 더 많이 할 수 있다.

재택근무 형태는 다른 분야로도 확산되고 있다. 거의 모든 분야에서 이른바 '가상조직'을 도입하고 있다. 가상조직의 두 가지 운영 원칙은 효율성과 유연성이다. 물리적으로 회사를 옮기면 시간과 임대료 등 많은 비용이 낭비되지만, 그렇게 할 필요가 없는 가상조직은 상대적으로 효율적이다. 한편, 미국인들은 평균적으로 출퇴근에 50분 정도를 소비한다. 그렇게 도로에서 허비하는 시간을 일과 가정에 똑같이 배분하면 업무에 시간을 5퍼센트 더 투자할 수 있다. 결코 무시할 수 없는 수치다.

가상조직은 또한 다른 조직보다 유연성이 높다. 재택근무를 하는 직원들은 누구와 시간을 보낼지 선택할 수 있기 때문이다. 복도에서 우연히 동료와 마주칠 필요도 없고, 누가 같이 점심을 먹으러 가자고 떠미는 사람도 없으니 아무 때나 '방해' 받을 일도 없다. 그 대신 직원들은 이메일과 휴대전화와 스카이프Skype(인터넷 음성 무료 통화 프로그램) 같은 통신수단을 이용해서 다른 사람과 대화를 나눈다. 재택근무자는 이런 통신수단을 온전히 의도적으로 사용한다. 정

161

말 의사소통이 필요한 상대방만 골라서 전화와 회의를 할 수 있기 때문이다.

IBM만큼 글로벌한 기업은 없다

재택근무와 궤를 같이하고 있는 흥미로운 현상이 '오프쇼어링offshoring'이다. 오프쇼어링이란 일반적으로 본사 업무 중 일부를 인건비와 기타 생산비가 저렴한 다른 나라로 이전하는 것을 말한다. 미국 기업들이 콜센터를 인도로 이전하거나 소프트웨어 개발 업무를 동유럽으로 이전하는 추세가 오프쇼어링의 대표적 사례다. 해외로 이전한 부서가 본사와 자주 소통이 필요한 것은 사실이지만, 원격 협업 기술이 발전하면서 기업 경영자들은 오프쇼어링을 더 매력적인 대안으로 바라본다.

오프쇼어링을 하는 주된 이유 중에 열에 아홉은 경비 절감 때문이다. 개발도상국 인력의 교육 수준이 선진국을 따라잡으면서, 이제 기업들이 개발도상국의 미숙련 노동자 때문에 품질이 떨어질 것이라는 걱정을 할 필요가 없어졌다. 사실 개발도상국에 있는 인재들은 도전적인 문제들을 창의적으로 풀어야 하는 경우가 더 많아서 오프쇼어링이 회사 전체의 혁신을 촉진하는 데 계기가 되기도 한다.

그런 점에서 인도 니르마 공과대학Nirma Institute of Technology의 사례는 아주 흥미롭다. 2000년대 초반에 니르마 공과대학 컴퓨터공

학과 학생들은 가상현실을 연구하고 싶었다. 안타깝게도 센서가 달려 있는 가장 저렴한 가상현실 장갑도 그 가격이 수백 달러에 달했다. 당시 학생들에게 그 정도 돈은 언감생심이었다. 학생들이 연구를 계속하려면 비용이 더 저렴한 실험용 장갑을 직접 개발해야만 했다.

컴퓨터 마우스를 이러저리 가지고 놀던 학생들은 불현듯 아이디어가 떠올랐다. 마우스를 여러 개 결합해서 장갑 비슷한 장치를 만들면 어떨까 하는 생각이었다. 손가락마다 마우스 선을 붙이고 마우스 휠도 부착한다. 이제 손가락을 특정한 방향으로 움직이면 마우스 휠이 거기에 반응해서 그 신호가 컴퓨터에 입력된다. 결국 이런 방식으로 학생들은 아주 정교한 가상현실 장갑을 단돈 20달러에 만들어낼 수 있었다.

기업들은 이처럼 기발한 재주를 가진 현지 인재에 주목하고 있다. 현지의 창의적인 인재를 기존 인건비의 절반만 들이고도 데려올 수 있다면 기업으로서는 큰 이익이다. 이런 추세가 업계에 빠르게 확산되면서 기업들은 오프쇼어링의 범위를 확대하고 있다. 즉, 기업들은 본사 업무 일부를 해외로 이전하는 것에 그치지 않고 더 많은 사업부를 해외로 이전한다. 세계적 기업들은 대부분 3~4개 대륙의 수십 개 국가에서 사업부를 운영한다. IBM 같은 기업은 170개국을 대상으로 사업을 벌이고 있다. 2012년 현재 전 세계에 195개국이 존재한다는 사실을 감안하면 IBM만큼 '글로벌'한 기업은 지구상에 없을 것이다. 그러나 재택근무와 오프쇼어링을 채택하고 있는 기업들은 아직까지 단기간에 인건비를 줄이는 효과 외에 이렇다 할 큰 혜택을 보지 못하고 있다. 재택근무와 오프쇼어링의 실질적인 효과

163

를 가늠하려면 이를 뒷받침할 만한 객관적인 데이터가 필요하다.

사람들은 마음속으로 '이제 집에서 잠옷 차림으로 일을 해야 하는 거야?' 하는 의문을 품는다. 나는 딱히 아침형 인간이라고 생각하지는 않지만, 아침에 뜨거운 코코아 한 잔을 마시며 슬리퍼를 질질 끌고 집 주변을 산책하고 싶은 충동은 꽤 강하다. 코코아 섭취량이 크게 늘고 허리둘레가 좀 늘어나는 것 외에는 별로 나쁠 것이 없지 않은가?

먼저 재택근무에 대해 살펴보자. 재택근무는 직장에 나가기가 곤란할 때 집에서 일할 수 있는 유연한 근무 방식이다. 일반적으로 재택근무의 단점은 거의 없다. 물론 재택근무 때문에 직장 동료 몇 명을 못 만날 수도 있지만, 그렇게 따지자면 재택근무는 기본적으로 하루 휴가를 내는 것이나 마찬가지다. 대개 휴가와 재충전은 근로자의 생산성 향상에 기여한다는 것이 정설이다. 그도 그럴 것이 퇴근 후에도 집안일을 5시간이나 더 해야 한다면 직장에서 업무 효율이 높아질 리가 없다.

재택근무는 어쩌다가 한 번씩 하는 것이 가장 이상적이다. 자신이 원할 때 집에서 일할 수 있는 것이 재택근무라지만 어쨌든 직장인이라면 절대다수의 시간을 직장에서 보내야 한다. 이와 반대로 집에서만 일하는 직원은 사무실과 완전히 단절된다. 예를 들어 당신 혼자만 집에서 일하고 나머지 동료들은 회사에서 계속 일한다고 가정해보자. 동료들은 당신과 직접 만나서 대화를 나누는 데 투자했을 시간을 이제 '다른 직원과의 만남'이나 '다른 의사소통 수단으로 당신과 소통하기'에 사용한다.

164

이처럼 재택근무를 하는 사람은 친밀한 상호작용을 더는 못하게 된다. 예컨대 직장에서 우연히 동료와 마주치거나 회의를 마치고 수다를 떠는 일 따위는 할 수 없게 된다. 그 대신 업무를 하는 데 필요한 의사소통은 이메일과 휴대전화와 영상 채팅으로 대체된다. 그렇다면 재택근무는 직원들의 생산성에 어떤 영향을 끼칠까? 제3장에서 이야기한 BOA의 콜센터 연구 결과를 살펴보자. 우리는 콜센터 상담원들을 대상으로 한 연구에서 직접적인 만남의 효과를 측정하는 동시에 상담원들의 이메일 데이터를 수집했다. 이 데이터를 분석해보니, 콜센터의 이메일 소통 방식은 회사 조직도와 같았다. 다시 말해 같은 직급끼리는 서로 이메일을 전혀 주고받지 않았고, 이메일 의사소통은 전반적으로 상담원들의 생산성과는 전혀 상관관계가 없었다. 우리가 만든 생산성 예측 모델로 상담원들의 직접적인 만남과 응집력 부분을 제외하자 콜센터 상담원들의 평균 통화 처리 시간이 297초로 쑥 늘어났다.

우리가 처음에 조사한 콜센터 상담원들의 평균 통화 처리 시간은 263초였다. 즉, 콜센터 상담원의 직접적인 만남을 완전히 배제할 경우 12.9퍼센트 정도의 생산성 감소가 예상되는 것이다. 이런 결과는 기업에 엄청나게 중요한 의미를 지닌다. 가령 콜센터 상담원들을 재택근무를 시키는 경우, 콜센터가 똑같은 업무량을 소화하려면 12.9퍼센트의 인원을 추가로 뽑아야 한다. 미국에서 근로자의 평균 연봉이 3만 달러 정도이고 BOA 같은 대기업은 1만 명 이상의 콜센터 상담원을 채용하고 있는 현실을 감안하면, 기업이 추가로 부담해야 하는 비용은 연간 3,800만 달러에 이르는 셈이다.

게다가 이런 계산에는 친밀한 상호작용이 배제되어 근로자들이 받을 정신적 고통은 포함하지도 않았다. 우리의 인간 행동 분석 People Analytics 시스템에 따르면, 직접적인 만남을 배제할 경우 직원들의 스트레스 수치가 13.1퍼센트로 급격히 증가하는 것으로 나타났다. 결국 상담원들 사이의 끈끈한 상호작용이 없어지면, 콜센터의 힘든 업무가 더 힘들어질 뿐만 아니라 상담원의 이직률과 콜센터 유지 비용만 높아지는 결과를 초래할 것이다.

심지어 직원들의 활발한 창의력이 필요한 업계에서도 똑같은 일이 벌어진다. 좋든 싫든 팀원들은 이제 완전히 가상공간에서 업무를 해야 하는 경우가 생긴 것이다. 예를 들어, 기업에서 전 세계적인 광고 활동을 벌이려고 할 때 여러 나라에 있는 팀들은 서로 협력해야만 한다. 일반적으로 지리적으로 멀리 떨어져 있는 팀은 같은 장소에서 일하는 팀보다 생산성이 떨어진다. 원거리에서 일하는 팀들은 상대적으로 서로에 대한 신뢰가 적고 작업 시간은 더 오래 걸린다.

어느 팀의 생산성이 높을까

미국 미시간대학 정보대학원의 엘레나 로코 Elena Rocco는 거리상으로 분산된 팀의 낮은 생산성을 개선할 방법을 찾으려고 기발한 실험을 했다.[16] 그는 직접 만나서 의사소통을 한 그룹과 원격으로 함께 일한 그룹의 생산성을 비교하는 데 그치지 않고, 추가로 실험 집단을 더 설정했다. 원격으로 프로젝트를 진행하기 전에 서로 직접 만나서 의사소통을 하는 그룹을 만든 것이다. 팀 동료를 먼저 만나보고 상대방에 대한 감을 익히면, 나중에 서로 떨어져서 업무를 진행할 때에도 손발이 잘 맞고 깊은 상호 교감도 이루어질 터였다.

　연구 결과, 예상대로 직접 만나서 의사소통을 한 팀이 가장 생산성이 높게 나타났다. 그리고 직접 만나서 의사소통한 후에 원거리 업무를 진행한 팀의 생산성이 간발의 차이로 그 뒤를 이었다. 반면 원격으로만 프로젝트를 진행한 팀은 상대적으로 생산성이 현저히 떨어졌다. 이런 연구 결과는 기업에서 어떤 프로젝트를 시작하기 전에 모든 팀원이 한자리에 모여 서로 인사를 나눌 필요가 있음을 보여준다. 물론 항공료가 발생하고 상황에 따라 모두 한자리에 모이기 힘들 수도 있겠지만, 전체 프로젝트의 생산성 향상을 고려하면 아마도 비행기 티켓 몇 장 정도의 가치는 충분히 뽑아낼 수 있을 것이다.

　오프쇼어링은 직접적인 만남과는 완전히 반대되는 개념이다. 조직의 일부 부서를 해외로 이전하면 같은 부서 내에서는 특별히 일어날 문제가 없다. 정작 문제가 되는 것은 부서 간의 업무 협력이다. 특정 부서가 해외로 이전하면 당연히 부서 간 의사소통에 문제가 생길 수밖에 없다. 직원들이 말 그대로 같은 언어를 사용할 수 없다면, 업무 협력에 어려움을 겪는 것은 어찌 보면 당연하다고 할 수 있다. 이 밖에도 서로 근무하는 지역이 다르다 보면 부서 간에 격렬한 언쟁이 벌어질 수도 있다.

　MIT의 마이클 올리리Michael O'Leary와 마크 모텐슨Mark Mortensen **167**

은 근무하는 지역이 서로 다른 팀의 구성원들을 확인함으로써 부서 간 의사소통 문제를 연구했다.[17] 그들은 특히 각 지역별로 다른 팀원에 주목해서 인원수에 따라 팀 성과가 어떻게 달라지는지 관찰했다. 지역마다 다른 인원수의 불균형 때문에 부서 간에 이질감이 생기고, 그 결과 상호 신뢰와 생산성이 급격하게 떨어질 것이라고 예상했다. 완전히 균형이 잡혔거나 반대로 완전히 균형이 무너진 팀이 가장 문제를 겪을 것이라고 보통은 예상한다. 결국 인원수가 같은 두 그룹은 프로젝트의 소유권을 놓고 다툴지도 모른다. 반대로 한 그룹의 인원수가 다른 그룹을 압도하면, 인원수가 적은 그룹이 불이익을 받게 될 것이다. 그러나 연구 결과는 그런 일반적인 예상과는 완전히 달랐다.

인원수가 상대적으로 대등한 팀은 실제로 생산성이 상당히 높았다. 각 지역에 흩어져 있는 팀들의 인원수가 비슷할 경우에 군이 다른 팀에 위압감을 느낄 필요가 없었기 때문이다. 따라서 팀들은 서로의 차이를 잘 조율해나갈 수 있었다. 인원수의 불균형이 심한 팀에서도 비슷한 효과가 관찰되었다. 이 경우에는 프로젝트를 누가 맡느냐를 가지고 다툴 필요가 전혀 없었다. 인원수가 많은 그룹이 항상 인원수가 적은 팀을 무시할 수 있었기 때문이다. 프로젝트를 진행하는 주체가 확실해지자, 프로젝트 통제권을 놓고 벌이는 분쟁은 별로 의미가 없어졌다.

반면 한 팀의 인원수가 다른 팀보다 약간 많은 경우에 최악의 결과가 나왔다. 그들은 인원수가 적다는 사실을 알고 있었지만, 인원수가 많은 팀의 힘 때문에 의사결정 과정에서 배제된다는 점에 대해

168

서는 분개했다. 이렇게 될 경우 팀 간에는 끊임없이 분쟁이 일어나고, 결과적으로 팀의 생산성은 심각한 타격을 받는다.

지금까지 논의 과정에서 조직 구조는 감안하지도 않았다는 사실에 주목하자. 우리는 단순하게 지역마다 다른 인원수만 가지고 분석을 해본 것이다. 중요한 것은 기업이 프로젝트를 원활하게 수행하려면 직원들이 직접 만나서 회의를 할 수 있는 환경을 만들고, 원거리 작업장을 효과적으로 묶어낼 수 있는 조직도를 설계하는 것 이상의 노력이 필요하다는 사실이다. 그뿐만 아니라 팀원들 간의 친밀도도 고려해야만 한다. 다시 말해, 어떻게 하면 원거리에서 따로따로 근무하는 직원들이 불화를 겪지 않고 서로 조화롭게 협력할 수 있는 분위기를 만들 수 있을지 고민해보아야 한다.

앞서 언급한 가상조직의 사례에서 알 수 있듯이, 프로젝트를 시작하기 전에 직접 만나서 하는 미팅은 대단히 중요하다. 오프쇼어링도 예외는 아니다. 업무가 잘 진행되도록 하고 직원들이 서로를 아끼고 팀의 일원으로서 소속감을 갖게 하려면, 최소한 팀 구성원의 일부라도 만날 수 있는 기회를 주어야 한다.

구글 캠퍼스와
페이스북 캠퍼스

지금까지 논의한 내용을 살펴보면, 직접적인 만남은 모두 그 가치가 똑같다는 인상을 준다. 하지만 BOA의 콜센터 연구 결과를 보면, 그것이 전혀 사실이 아님을 알 수 있다. 당연히, 만남의 패턴이 다르면 그 패턴에 따라 직원의 생산성과 업무 만족도도 다르게 나타난다. 어떻게 하면 기업은 상황에 알맞은 직원들끼리 서로 대화하도록 유도할 수 있을까? 그게 아니라면 직원들끼리 대화라도 시작하게 하는 방법은 없을까? 이런 목적을 달성하기 위해 공식적인 회의에 초점을 맞추는 대신, 상황에 맞는 직원들끼리 서로 대화를 유도할 수 있도록 사무실을 배치하는 방법을 자세히 알아보자.

회사에서는 누구나 모든 직원과 대화를 나눌 수 없는 노릇이다. 그중에는 몇만 명을 수용하는 사무실도 있기 때문이다. 고층 빌딩 숲속에서 수십 개 층을 사용하는 기업은 그 면적만 해도 수천 제곱미터에 이른다. 상식적으로 따져보아도 나보다 20층 아래에 있는 직원과 대화할 가능성은 그리 높지 않다. 반면, 바로 내 옆자리에 있는 동료와 대화를 나눌 가능성은 절대적으로 높다. 이런 원리를 약간 응용해보자면, 두 사람이 대화할 확률은 두 사람의 사무실 책상 거리와 반비례한다고 짐작해볼 수 있다. 사무실 칸막이벽을 뛰어넘지(혹은 통과하지) 않는 이상 책상과 책상 사이를 한번에 직선으로 이동할 수 없으므로, 걸어서 갈 때의 이동거리도 감안해야 한다. 직원들이 걸어서 이동하는 거리를 측정하려고 우리는 각각의 선이 교차하는 지점을 주목하면서 복도와 통로 주변에 여러 개의 선을 그렸다. 이렇게 해서 작성한 지도 덕분에 우리는 같은 층에 있는 직원 간의 거리를 자동으로 계산할 수 있었다.

같은 건물 안의 서로 다른 층에서 근무하는 직원들 간의 거리를 측정하는 일은 얼핏 단순해 보일지도 모른다. 엘리베이터를 타고 다른 직원이 있는 층까지 올라가는 거리를 직원들 간의 수직거리라고 생각할 수 있다. 그러나 그런 계산법으로는 한 층에서 다른 층까지 이동하는 데 걸리는 실제 시간을 측정할 수 없다. 엘리베이터는 타는 과정에서 시간이 많이 걸린다. 물론 계단을 이용할 수도 있지만 몸이 힘들기 때문에 보통 바로 위층도 걸어서 올라가지 않는다.

이와 같은 사실들을 종합해보면, 같은 층에서 일하는 것과 다른 층에서 일하는 것은 천지 차이라고 볼 수 있다. 일하는 공간이 불과 몇 층만 차이가 나도 직원들이 만나는 방식에 막대한 영향을 끼치므로, 이것은 일반적인 거리 개념과는 다소 차이가 있다. 이 때문에 캠퍼스 방식의 회사 건물 배치는 더욱더 흥미롭다. 회사 캠퍼스(미국 내의 회사 캠퍼스는 그 면적도 넓고 일반인들에게 개방되는 곳도 있어서 공원 같은 분위기를 풍긴다)는 부서별로 몇 개의 건물이 나뉘어 있고, 모든 건물이 한 장소에 모여 있는 구조로 되어 있다. 이런 회사 캠퍼스 중에는 건물들이 제멋대로 수 킬로미터나 뻗어나간 캠퍼스도 있고, 단지 건물 몇 개가 모여 있는 캠퍼스도 있다.

캠퍼스는 구글이나 페이스북 같은 IT 기업에서 특히 유행하고 있다. 이런 기업들은 몇십만 제곱미터의 땅을 구입해서, 회사를 위해 실질적으로는 도시 하나를 건설한다. 예컨대 구글 캠퍼스는 비치발리볼 경기장과 볼링장과 헬스클럽을 갖추고 있고, 카페와 레스토랑이 수십 개가 있어 구글 직원들은 전 세계에서 가장 고급스러운 '구내식당' 음식을 맛볼 수 있다. 캠퍼스는 강한 공동체 정신을 만들어낸다. 구글과 페이스북 직원들은 사내에서 같은 음식을 먹고, 같은 헬스클럽을 다니고, 같은 게임을 한다. 이런 사내 시설들은 직원

171

들에게 엄청난 특혜일 뿐만 아니라 그 이상의 역할도 한다. 즉, 직원들은 같은 경험을 공유함으로써 다른 부서에 있는 직원들과도 쉽게 친해질 수 있다.

그렇다면 이런 질문이 남는다. 캠퍼스가 실제로 직원들 간의 만남을 촉진하는 것일까? 기업들이 캠퍼스에 투자하는 중요한 이유 중 하나는 부서 간 화합이 강화될 것이라는 믿음이 깔려 있다. 물론 엄밀히 따졌을 때, 같은 캠퍼스 내에 있으면 직원들끼리 직접 만날 가능성이 있는 것은 사실이다. 하지만 직원들이 캠퍼스 안에 있다고 하더라도 단순히 회의를 소집하는 목적 이상으로 활용할지는 미지수다. 여기서 문제는 건물을 오가는 시간이 건물의 층을 오르내리는 시간보다 몇십 배 걸린다는 점이다. 보통 원하는 건물로 이동하려면, 걸어야 할 뿐 아니라 두 번 이상 엘리베이터를 타거나 계단을 오르내려야만 한다. 이런 상황에서 다른 부서 직원과 우연히 만나서 멋진 대화를 나눈다는 것은 말도 안 되는 소리다. 굳이 데이터를 확인할 필요도 없이, 직원들은 타부서 직원이 있는 건물의 카페에서 절대로 많은 시간을 보내지 않을 것이다.

그렇다고 해서 캠퍼스 안에서 그런 만남이 절대 일어나지 않는다는 뜻은 아니다. 직원들이 모여 회사 전반에 대해 대화할 때나 공통의 관심사가 있는 집단토론이 있을 때 뜻밖의 만남, 즉 세렌디피티serendipity가 일어난다. 그런 경우에 타부서 직원을 만나서 자신의 생각이 새로운 방향으로 바뀔 수 있다. 그런 인연을 발판 삼아 새로운 프로젝트를 함께 구상하는 것도 얼마든지 가능하다. 사실, 캠퍼스의 가장 큰 이점이 바로 이런 세렌디피티일 것이다. 그러나 이런

172

계획되지 않은 만남은 건물과 건물 사이에서는 아마도 일어나기 힘들 것이다. 보통 서로 아는 직원들끼리 삼삼오오 걸어다니기 때문이다. 이런 이유로 캠퍼스가 여러 분야의 직원들이 함께 모일 수 있는 행사 장소와 사교 중심지로 옮겨가고 있다.

구글은 그런 추세를 이끌고 있는 대표적 기업이다. 구글은 외부 연구진과 유명 강사를 초청해 다양한 강좌와 강연을 열고 있다. 호기심을 자극하는 이런 프로그램을 통해 다양한 분야의 직원들은 부서를 아우르는 공동 프로젝트를 추진할 많은 기회를 얻는다. 기업들은 새로운 캠퍼스를 구상할 때 이런 외부 자극을 한 번쯤 고려해 보아야 한다. 그렇지 않을 경우, 부서들이 바다에 뜬 섬처럼 캠퍼스 내에서 고립될 우려가 있다.

직원들이 캠퍼스 내에서 이동이 잦아지고, 기동성도 더 높아지면서 직원 1명당 책상 1개라는 통념도 변한다. 특히 지난 10년 동안 개방형 좌석 제도가 인기를 끌었다. 개방형 좌석 제도란 팀 내에서 매일 자기 자리를 마음대로 선택할 수 있는 제도를 말한다. 개방형 좌석 제도의 가장 큰 장점은 프로젝트가 변할 때 직원들이 자유롭게 자리를 옮김으로써 업무적으로 가까운 사람 옆에서 일을 할 수 있다는 점이다.

ESPN의
개방형 좌석 제도

미국 스포츠 전문 채널 ESPN은 자사의 영상 편집자들의 편의를 위해 개방형 좌석 제도를 도입했다. ESPN은 스포츠 생중계와 뛰어난 말솜씨를 바탕으로 한 경기 분석·해설·영상이 끊임없이 이어지는 스포츠 뉴스로 유명한 채널이다. ESPN은 대성공을 거둔 스포츠 매체로, 미국 스포츠 방송시장을 거의 쥐락펴락하고 있으며, 케이블 텔레비전 수신료와 광고료로 막대한 프리미엄을 챙기고 있다.

ESPN은 원하는 만큼의 막대한 재원을 갖고 있는 매체다. 내가 ESPN에 늘 흥미를 느꼈던 부분은 이 매체가 전 세계에서 펼쳐지는 너무나도 생소한 스포츠 경기의 동영상을 귀신같이 확보한다는 사실이었다. 예컨대, 예전에 ESPN에 방문했을 때 나는 폴란드 프로배구 경기, 아프리카 크리켓 경기, 마이너리그 야구 경기 등을 그곳에서 시청할 수 있었다. 이런 경기들 중에서 흥미로운 기사거리가 있으면, ESPN은 자사의 다양한 프로그램을 통해 널리 전파했다.

예전부터 나는 ESPN이 미국 내에서 벌어지는 주요 스포츠 경기만 확인하고, 나머지 비인기 종목의 경기 영상은 다른 국가의 제휴 방송사에서 받아오는 줄 알았다. 내 생각은 완전히 틀렸다. ESPN에는 영상 편집자 수십 명이 일하면서 전 세계에서 벌어지는 모든 스포츠 경기를 시시각각 시청하고 있었다. 다시 말해 화요일 새벽 3시에 영상 편집실을 불쑥 방문하더라도, 거기에는 항상 영상 편집자

174

여럿이 자기 자리에서 스포츠 중계를 지켜보고 있다.

영상 편집자들의 이런 업무 방식을 고려하면, ESPN이 개방형 좌석 제도를 운영하는 이유가 더 확실해진다. 많은 스포츠 경기가 동시에 열리고 있을 때, 경기를 앉아서 시청하는 직원은 더 많아야 한다. 인기 종목은 보통 직원 여러 명이 다른 각도에서 경기를 분석하기 때문이다. 스포츠 경기 중에 어떤 부분이 특히 흥미로운지 토론하려면, 아무래도 직원들이 가까이 앉는 편이 더 낫다. 직원들에게 시간대별로 좌석 배치를 달리하면, 총 좌석수는 감소시킬 수 있을지 모른다. 하지만 '3월의 광란'으로 불리는 미국대학농구NCAA 챔피언십 토너먼트나 올림픽 같은 대형 스포츠 행사 기간에 영상 편집실은 직원들로 꽉 들어차서 콩나물시루가 되기 십상이다.

ESPN은 개방형 좌석 제도를 심지어 개별 텔레비전 프로그램으로 확대했다. 텔레비전 프로그램을 맡고 있는 팀원들은 정해진 좌석에 앉는데, 직원들은 방송 스케줄에 따라 돌아가며 그 좌석에 앉는다. 예컨대 '스포츠센터Sportscenter' 오전 팀은 오후 팀과 오후 6시에 자리를 교대한다. 각자 정해진 좌석 내에서 직원들은 원하는 자리에 앉아 컴퓨터에 접속하기만 하면 된다. 다른 프로그램 직원들과 협력할 필요가 있을 때 개방형 좌석 제도는 특히 중요하다. 자신이 맡은 스포츠 경기가 프로그램에서 제대로 방송되려면, 동료에게 앞뒤 방송 스케줄을 확인해서 내용이 중복되어 시청자들이 지겹지 않도록 해야 하고, 개별 프로그램이 차별화되도록 신경을 써야 하기 때문이다.

좌석 거리가 중요하다는 것은 직관적으로도 알 수 있는 사실이 **175**

며, 전 세계의 초일류 기업들도 이런 사실을 받아들이고 있다. 그러나 이런 '거리 메커니즘'을 정말로 일어나게 만드는 요인을 발견하려면, 데이터를 자세히 살펴보아야 한다.

사무실에서 거리를 관찰하는 일은 그 자체가 대단히 매력적인 작업이자, 빠르게 성장하는 연구 분야다. 지금까지 이 분야에 공헌한 뛰어난 책이 다수 출간되었고, 거리 데이터를 분석하는 방법은 수없이 많다. 우리는 사람 사이의 거리를 측정할 때 4가지, 즉 옆 사람과의 거리, 같은 줄 또는 같은 복도 사이의 거리, 같은 층 안에서 거리(또는 50미터 이내의 거리), 다른 층 사이의 거리(또는 50미터 이상의 거리)를 고려했다. 물론, 이런 거리들은 책상 사이의 발걸음 수를 세거나 산포도scatter plot(각 축에 나타난 변인variable들의 값을 이용해서 결정된 위치에 자료를 표시하는 방법)를 관찰함으로써 구별할 수 있다. 하지만 같은 층에 있는 직원들끼리 서로 만날 개연성은 뚝 떨어진다.

앞으로 2가지 소시오메트릭 배지 데이터를 살펴볼 것이다. 하나는 독일의 한 은행에서 측정한 데이터이고, 하나는 한 IT 기업에서 측정한 데이터다. 이 연구에서 우리는 직원들이 앉는 장소가 정확하게 어디인지를 알아냈고, 4주 동안 서로 자주 대화하는 사람이 누구인지도 알아냈다. 그다음 단계는 장소별로 각기 다른 장소에서 이루어지는 직원들 간의 만남이 얼마나 차지하는지 알아보는 일이다. 이해를 돕기 위해 단순한 예를 들어보자.

표 4-1에서 각각의 항목은 한 사람이 다른 사람에게 대화를 한 횟수를 나타낸다. 예를 들어, B열 A행은 직원 B가 직원 A와 9번 대화를 나누었다는 것을 나타낸다. 이 사례에서 A와 B는 옆자리(거리

1)에 앉아 있지만, C는 다른 줄(거리 2)에 앉아 있다고 가정하자. 이제 직원들 간의 상호작용을 거리별로 묶어보자.

직원	A	B	C
A	–	9	1
B	9	–	0
C	1	0	–

4-1 상호작용의 횟수

표 4-2에서 볼 수 있듯이, 이 사례에서 바로 옆에 앉아 있는 사람들은 항상 대화를 나누는 반면, 거리 2처럼 다른 줄에 앉아 있는 사람들은 대화가 겨우 1번밖에 없다.

거리	상호작용 횟수	상호작용 비율
1	9	90%
2	1	10%

4-2 상호작용의 개연성

독일의 한 은행에서 측정한 데이터에서, 우리는 이메일 의사소통도 유심히 관찰했다. 이메일도 거리와 상관이 있기 때문이다. 이메일은 물리적 제약을 전혀 받지 않기 때문에 이메일을 관찰하는 일은 매우 흥미롭다. 옆 사람에게 이메일을 보내는 일이나 지구 반대편에 있는 사람에게 이메일을 보내는 일이나 들이는 노력은 별반 다르지 않다. 그러나 이메일도 물리적인 거리에 지배를 받는다면, 진정한 글로벌 커뮤니케이션을 원하는 기업들은 다른 의사소통 수단

177

을 찾아보아야 할 것이다.

이메일 의사소통과 거리의 관계에 관한 초기 연구는 캐나다 토론토대학에서 나왔다. 연구진은 한 제약회사 직원들에게 입사할 때 무작위로 사무실을 배정했다. 그 결과, 같은 작업 그룹에 있는 직원들은 현재 다른 작업 그룹에 있는 직원들보다 가까워지지 않았다. 거리가 의사소통 가능성에 영향을 끼친다면, 그것은 공식적인 업무 때문이라기보다 분명히 거리 효과 때문이다. 누구나 예상했겠지만, 연구진은 우리가 직접 만나서 하는 의사소통을 두고 세웠던 가정과 정확히 똑같은 결과를 도출했다. 즉, 직원들 책상 사이의 거리가 멀면 멀수록, 이메일로 의사소통할 가능성은 더 떨어졌다. 이번 연구로 우리가 예상하는 결과가 무엇인지 잘 이해했을 것이다.

거리가 가까우면
마음도 가까워질까

표 4-3은 직원들 책상 사이의 거리에 따라 달라지는 상호작용의 비율을 보여준다. 대면하는 횟수는 소시오메트릭 배지를 사용해서 확인했고, 이메일 데이터는 회사 서버에서 수집했다. 여기서 중요한 점은 이메일 중에서 대용량 이메일은 가려냈다는 것이다. 대용량 이메일은 직원들 사이에서 대화가 오가는 창구라기보다는 오히려 확성기로 소리를 지르는 것처럼 일방통행식 소통에 가깝기 때문이다.

178

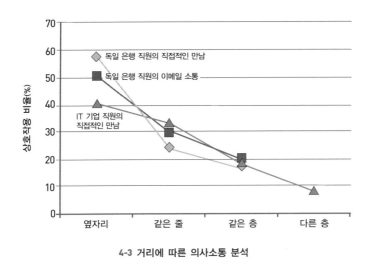

4-3 거리에 따른 의사소통 분석

　　두 회사의 데이터를 똑같은 그래프에 표시해보면 흥미로운 점
이 드러난다. 즉, 두 회사에서 모두 거리와 의사소통 간에 반비례 관
계가 나타났다. 이메일을 포함하더라도 마찬가지였다. 사실 이 두
회사는 성격이 아주 딴판이다. 한 회사는 미국 중서부에 자리 잡고
있으면서 엔지니어가 독립적으로 근무하는 환경이고, 한 회사는 독
일에서 다수의 직원이 협력해서 다양한 금융 상품을 판매한다. 두
회사는 서로 문화적·교육적 배경이 다른 직원들을 채용하고 있으
며, 조직의 목표나 공식적인 의사소통 체계도 다르다. 하지만 자리
배치에 따른 거리 차이가 직원들 간의 상호작용에 중요한 동력 역할
을 한다는 점에서는 두 회사의 특성이 일치했다.

　　의사소통을 구체적으로 분석해보았을 때, 거리가 멀어질수록
의사소통 횟수가 감소한 것은 별로 놀랄 만한 일이 아니다. 책상 사

179

이의 거리가 멀어지면 멀어질수록 다른 직원과 우연히 마주치거나 다른 직원 자리에 일부러 잠깐 들를 가능성은 크게 떨어진다. 이메일 의사소통이 줄어든 것도 아주 흥미로운 현상이다. 거리가 멀어지면 왜 이토록 이메일을 주고받기가 어려워지는 것일까? 텔레마케팅의 어려움을 떠올려본다면, 이런 현상을 이해하는 데 다소 도움이 될 것이다. 본래 외향적인 성격의 텔레마케터는 별 어려움 없이 전혀 모르는 사람에게도 전화를 걸 수 있다. 대부분의 사람들에게 이런 전화를 하기란 보통 어려운 일이 아니다. 전혀 모르는 사람에게 이메일을 보내는 일 역시 그와 마찬가지로 기분이 매우 어색할 수밖에 없을 것이다.

독일의 한 은행 데이터 덕분에 우리는 그런 가설을 직접 테스트해볼 수 있었다. 우리는 그 데이터로 시간을 같이 보내는 직원과 그렇지 않은 직원의 이메일 소통 횟수에 어떤 차이가 있는지를 실제로 확인했다. 우리가 세운 가설이 맞는다면, 이메일을 보내는 횟수는 상대방과 보낸 시간과 강한 상관관계를 가질 것이다. 은행 직원들의 의사소통 결과를 분석해본 우리는 처음에 놀랄 수밖에 없었다. 이메일을 보내는 횟수와 상대방과 직접 만나는 시간은 전혀 관계가 없다는 것이 일반적인 통념이기 때문이다. 그러나 거리가 가까우면 의사소통이 일어날 개연성을 기억하자. 즉, 서로 앉은 자리가 멀면 멀수록, 두 사람이 의사소통을 할 확률은 낮아진다고 했다. 이를 종합해보면, 이런 결과를 통해 직원들은 보통 자신의 의사소통 욕구를 충족하기만 한다면 직접 만나든 이메일을 보내든 별로 신경을 쓰지 않는다고 해석할 수 있다.

180

단순한 예를 들어 설명해보자. 내가 어떤 사람과 자주 만난다고 해서 그 사람에게 이메일을 많이 보낸다는 보장은 없다. 그러나 내가 그 사람에게서 10개의 정보를 얻고 싶다고 가정해보자. 또한 직접 만나서는 2개의 정보를 교환할 수 있고, 이메일로는 2개의 정보를 교환할 수 있다고 생각하자. 그러면 내가 10개의 정보를 얻을 수 있는 방법은 다양해진다. 직접 5번을 만나거나, 5번 이메일을 보내거나, 3번 만나고 2번 이메일을 보내거나, 다양한 방법이 가능하다.

이번에는 1명이 아니라 여러 명에게 얻고 싶은 정보가 있다고 가정해보자. 이를테면 각각 정보가 10개가 필요하고, 15개가 필요하다고 하자. 그러면 나는 직접적인 만남과 이메일 소통을 적절하게 섞어가면서 원하는 만큼의 정보를 다양한 방식으로 얻을 수 있다. 그러한 데이터를 더욱 정교하게 파고들어가다 보면, 사람들이 의사소통에서 어떤 방식으로 의사결정을 내리는지 어느 정도 이해할 수 있다. 거리 데이터의 첫 번째 방식(옆 사람과의 거리)을 분석해본 결과, 이메일과 직접 만나서 하는 의사소통 간의 관계가 밝혀졌다. 분석 결과에 따르면, 이메일 횟수는 직접적인 만남의 횟수와 반비례 관계가 있는 것으로 나타났다.

이런 결과는 충분히 수긍할 만하다. 상대방이 바로 옆자리에 있으면, 그냥 몸을 옆으로 좀 기울여서 옆 사람에게 바로 질문을 하는 편이 이메일을 보내는 것보다 훨씬 수월하기 때문이다. 하지만 의사소통이 필요한 직원과 멀리 떨어져 있으면, 이야기하고 싶은 내용에 따라 선택하는 의사소통 수단이 달라질 수 있다. 이메일은 쉽게 문서화할 수 있는 정보를 전파하는 데 유리한 의사소통 수단인 반면, 직접 만나서 나누는 대화는 미묘하고 복잡한 정보를 교환하는 데 효과적인 의사소통 수단이다.

책상의 길이와
직원들의 의사소통

지금까지의 논의에서 빠진 부분이 있는 것 같다. 그것은 직원들 사이의 직접적인 만남에 영향을 주는 칸막이, 긴 책상, 분리벽 같은 실제 가구 배치를 어떻게 할 것인지다. 앞서 살펴본 거리 메커니즘을 감안하면 어떻게 가구를 배치해야 할지 제대로 감이 잡힐 것이다. 긴 책상은 직원들 사이의 거리를 증가시키므로 직원들 사이의 만남에 찬물을 끼얹는다. 긴 책상은 개인 사무실에서 직원들 사이의 거리를 한층 더 멀게 만든다. 한편, 크기가 작은 칸막이는 직원들 사이의 거리를 좁혀주는 반면, 높은 칸막이벽은 직원들 사이의 의사소통을 어렵게 만들 수 있다.

책상 크기의 영향을 두고 갖는 의문은 특히 흥미롭다. 책상 크기는 아주 사소한 차이처럼 보이기 때문이다. 결국 1.8미터 책상이나 2.1미터 책상이나 별반 다르지 않은 것처럼 보인다. 운 좋게도 BOA의 콜센터에서 책상 길이가 서로 다른 두 팀을 비교해볼 기회가 있었다. 한 팀은 긴 책상에 낮은 칸막이벽을 사용했고, 한 팀은 짧은 책상에 일반적인 높이의 칸막이를 사용했다. 우리가 분석한 바에 따르면, 일반적인 칸막이를 사용한 팀은 공통적으로 내부 유대감이

182

상당히 깊었지만, 긴 책상을 사용한 팀은 내부의 의사소통이 상대적으로 43퍼센트나 더 적은 것으로 나타났다.

이런 결과는 비단 사무실 책상 크기에만 국한되지 않았다. 사무실 주변의 다른 좌석에도 거리의 영향을 강하게 받았다. 한 온라인 여행사를 연구한 결과에 따르면, 점심 식사 테이블의 크기가 직원들 사이의 향후 의사소통과 개인 생산성 향상에 강한 예측 변수가 되는 것으로 나타났다. 이 여행사에서 직원들은 자기 자리에서 혹은 작은 카페 안에서, 또는 아래층에 있는 구내식당에서 점심 식사를 할 수 있었다. 자기 자리에서 식사를 하는 사람은 당연히 혼자 식사를 한다는 뜻이고, 작은 휴게실에는 4명 정도가 같이 식사를 할 수 있었다. 구내식당에서는 최대 12명까지 식사가 가능했다.

우리는 이 여행사에서 4주 동안 소시오메트릭 배지와 이메일 데이터를 수집했다. 그 결과 점심 때 식사를 함께한 직원들끼리 점심시간 이후에도 사무실에서 대화를 많이 나누는 것으로 나타났다. 이런 결과는 어찌 보면 당연하다. 점심을 같이 먹으면서 직원들은 서로 어떤 일에 몰두하고 있는지 또 어떤 문제점을 안고 있는지 짐작해볼 수 있기 때문이다. 혹시라도 어떤 문제를 떠안고 있는 경우, 이처럼 서로에 대한 깊은 이해가 아주 중요한 역할을 한다. 직장 내에 퍼져 있는 끈끈한 네트워크를 통해 문제 해결에 도움을 받을 수 있는 사람을 찾기가 그만큼 쉽기 때문이다.

그러나 여기서 흥미로운 점은 구내식당으로 점심 식사를 하러 가는 직원들이 한꺼번에 이동하지 않았다는 점이다. 식당에 큰 테이블이 있으면, 식사를 함께하고 있던 3~4명은 어쩔 수 없이 '슈퍼그

183

룹super-group'에 섞여서 식사를 할 수밖에 없었다. 사실 이런 행동은 작은 카페 안에서는 하기 힘들었다. 테이블 크기가 아주 작았기 때문이다. 이렇게 여러 명이 모여서 다 같이 식사를 하자 곧바로 직원들 사이에 끈끈한 응집력이 생겼고, 결과적으로 생산성도 높아졌다. 여러 직원과 함께 점심 식사를 한 직원들은 다른 장소에서도 서로 대화를 나눌 가능성이 다른 팀에 비해 36퍼센트나 높게 나타났다. 이들은 다른 직원의 해고와 같은 큰 스트레스에 대처하는 저항력도 훨씬 높게 나타났다.

이렇듯 같이 점심 식사를 나누는 일이 탁월한 효과를 낼 수 있었던 밑바탕에는 아주 단순한 요소(길이가 긴 점심 식사 테이블)가 숨어 있었다. 그처럼 긴 테이블을 구매한 결정이 여행사와 직원들에게 막대한 영향을 끼쳤던 것이다. 이런 결과를 두고 어떤 동료가 내게 이런 제안을 했다. "우리도 작은 테이블들을 강력 접착제로 이어붙이는 게 어때요?"

직원들의 거리를 최소화하라

당신은 사무실에서 가장 접근성이 좋은 자리에 앉으려고 할지도 모른다. 우리의 연구 결과에 따르면, 결국 다른 직원과 거리가 가까울수록 대화를 나눌 가능성은 그만큼 높아졌다. 하지만 이런 계산은 좀더 복잡해질 수 있다. 다른 직원에게서 한 줄

184

CHAPTER 4

만 더 떨어져 있어도 대화를 나눌 가능성은 뚝 떨어지기 때문이다. 최대한 많은 직원과 대화를 나누고 싶은 당신은 가능한 한 직원들이 붐비는 자리에 앉으려고 할 것이다. 그런 가정은 당신이 '원하는' 직원 대신에 단지 '많은' 직원과 대화를 나누고 싶을 때 할 수 있다. 업무 면에서나 직원들과 좋은 관계를 유지하기 위해서나 누구 옆에 앉을지가 바로 고민해야 할 부분이다.

회사는 사무실 배치에도 신경을 써야 한다. 단지 개방형 좌석 제도라는 이유로 직원들에게 좌석을 강요하기보다는 경영자는 직원들의 협력 효과를 감안해서, 서로 의사소통하기 쉽도록 사무실을 배치하려고 노력해야 한다. 공간 배치 이외에도, 가구 선택도 직원들의 의사소통에 영향을 끼친다. 책상의 크기는 단순히 옆자리에 앉은 직원과의 대화 가능성에만 영향을 끼치는 것이 아니라 더 나아가 직원들과의 대화 가능성에도 영향을 끼친다. 이는 극단적으로 말해 거리를 최소화하려면 직원들이 모두 동료 옆에 자리를 맞대고 앉아야 한다는 뜻이다.

이것은 책상이 있을 만한 공간을 확보하는 것과 동료와 친밀함을 유지하기 위해 거리를 좁히는 것이 서로 상충된다는 것을 분명히 보여준다. 직원들에게 책상이 필요한 것은 틀림없는 사실이지만, 그렇다고 해서 책상을 제멋대로 늘릴 수도 없는 노릇이다. 물론 직원들에게는 그런 배치가 가장 편할 테지만 말이다. 이처럼 책상 공간을 확보하는 것과 의사소통의 필요성 사이에서 절충점을 찾는 일은 직원과 회사의 욕구를 반영한 일터를 만드는 데 결정적 요소다.

기업에서 중요한 요소로 부각되고 있는 직원 휴게실과 카페의 **185**

가구도 생각해볼 필요가 있다. 우리가 연구한 온라인 여행사에서도 나타났듯이, 작고 둥근 식사 테이블을 선택할지 아니면 크고 네모난 점심 식사 테이블을 선택할지는 한층 심각한 양상을 띤다. 휴게실이나 카페 같은 곳은 직원들의 교류 활동의 중심지이기 때문에, 이런 공간은 외관이 멋져야 할 뿐만 아니라 회사에 눈에 보이는 실질적인 이득이 돌아가도록 만드는 것이 중요하다.

우리가 실시한 연구 결과에 따르면, 길이가 긴 점심 식사 테이블이 직원들의 생산성을 높이는 것으로 나타났다. 그렇다고 해서 이런 결과가 반드시 다른 회사에서도 통용되리라는 보장은 없다. 점심 식사 자리에 앉을 때, 당신은 스스로 이런 질문을 해볼 필요가 있다. '업무를 제대로 하려면 나는 동료와 어떻게 교류해야 하고, 지금 내게 가장 도움이 되는 협력 방식은 무엇일까?' 따라서 친한 동료와 점심 식사를 하는 대신, 한 주 동안 다른 부서 직원들과 식사를 같이해 보는 것도 나쁘지 않다. 이렇게 하면 시간이 지나갈수록 타부서 사람들과 대화하기가 편해지고, 직장에서 다른 활동에 참여할 기회도 많아질 것이다.

지금까지 직원들 사이의 만남을 북돋우는 방법을 이야기했지만, 필요하다면 이런 원리를 서로 다른 부서 간에 의사소통을 줄이는 수단으로도 활용할 수 있다. 이를테면, 회계 부서는 연구 부서와 대화가 그렇게 많이 필요하지 않을 것이다. 따라서 불필요한 의사소통을 줄이려면 두 부서 사이의 공간을 벌려 놓아야 한다. 하루 동안의 업무 시간은 정해져 있기 마련이다. 따라서 시간을 현명하게 사용하면서 직원들이 자연스럽게 필요한 직원과 대화하도록 확실하

186

게 사무실 환경을 조성하는 일이 중요하다.

책상 거리는 회사가 직원들의 협력 방식을 예측 가능한 방향으로 이끌어낼 수 있는 자연스러운 수단이다. 하지만 책상 거리가 직원들이 특정한 방식으로 행동하도록 강제하지는 못한다. 내가 다른 층에 있는 직원과 대화하고 싶다면, 엘리베이터를 타고 만나고 싶은 직원에게 충분히 갈 수 있다. 그러나 내가 단지 사무실을 둘러보고 특별히 대화하고 싶은 사람을 찾지 않는 경우, 나와 친한 직원과 우연히 대화를 나눌 확률이 매우 높다. 개인과 회사 중역이 해야 할 역할은 그런 세렌디피티로 생산적인 결과가 나타나도록 사무실 환경을 조성하는 일이다.

제4장에서는 오프쇼어링과 재택근무를 두고 많은 논의를 해보았다. 회사가 직원들이 얼굴을 맞대고 대화할 수 있는 환경을 조성할 수 있는 방법을 모색해야 한다고 강조하는 강력하고 방대한 연구 결과가 많이 있다. 직원들이 직접 만나 대화를 하는 게 효율성과 생산성이 높기 때문이다. 팀 내에서 직원들이 직접 얼굴을 맞대고 대화를 나눌수록, 직원들의 생산성은 높아지고, 팀 실적은 향상된다. 그리고 재택근무는 직원이 필요한 경우 결정해야겠지만, 팀이나 동료들에게 미치는 부정적인 영향도 함께 고려해야 한다.

오프쇼어링은 이제 분명한 하나의 흐름이고 미래에도 지속될 것이다. 하지만 오프쇼어링이 제대로 이루어지려면 회사는 직원들의 의사소통 방식에 더 많은 관심을 기울여야 한다. 직접 얼굴을 맞대고 하는 회의는 비용이 아니라 일종의 투자다. 회사가 물리적 공간에 조금만 투자하면, 생산성 향상과 높은 직업 만족도라는 몇 배

187

의 이득으로 되돌아온다. 기업은 항상 물리적 공간에 관심을 쏟아야만 한다. 물리적 공간은 기업이 직원들의 행동과 협력 방식에 변화를 줄 수 있는 유용한 수단 중 하나이기 때문이다. 사무실 가구의 배치와 종류, 재택근무 여부는 모두 회사나 개인의 성공에 중대한 영향을 끼친다. 이처럼 거리의 한계는 결코 사라지지 않았다. 오히려 거리는 그 어느 때보다 우리 삶의 중심으로 자리 잡았다.

CHAPTER 5

누가
창의적인 인재인가

왜 GE는 직원들에게
사내 교육을 시키는가

기업들은 직원 교육에만 관심이 있는 것이 아니라 직원을 회사의 리더로 키우는 일에도 관심이 많다. 업계에는 경영자 육성에 특히 두각을 나타내는 기업들도 있어서, 한 임원이 다른 회사의 경영자가 되면 그 회사의 주가가 치솟는 경우도 있을 정도다. 2008년 기준으로, 상장회사에 재직하는 최고경영자 27명 중에 1명은 두 기업 중 한 곳을 거쳐갔다고 한다. 바로 제너럴일렉트릭GE과 IBM이다.[18] GE에서 퇴사한 이후에 보잉Boeing, 화이자Pfizer, 홈데포Home Depot 같은 『포천』 선정 500대 기업에서 최고경영자를 맡고 있는 실력자가 많다. 이런 성공의 밑바탕에는 GE의 헌신적인 직원 교육 방식이 자리 잡고 있다.

GE는 잠재력이 높다고 판단하는 직원을 본래 업무와 관련 없는 분야로 순환 근무를 시킨다. 회사 전반에 대한 이해도를 높이려는 의도다. 예컨대 현재 최고경영자인 제프리 이멀트Jeffrey Immelt는 처음에 가전부서에서 일하다가 나중에는 플라스틱 생산부서의 책

191

임을 맡았으며, 마지막으로 의료기 제조 부문 사장을 맡았다. 새로운 직원을 각 부서에 배치해 훈련시키고 적응하게 만드는 것은 상당한 시간이 필요하지만, GE는 순환 근무제도가 자사가 성공하는 데 중요한 역할을 하고 있다고 굳게 믿는다.

순환 근무제도 이외에도, GE는 자사 직원 15만 명을 대상으로 하는 교육 과정과 강의 개발에 막대한 투자를 한다. GE는 직원 교육 프로그램에 연간 약 10억 달러를 쏟아붓고 있는데, 매년 약 9,000명의 직원을 직업 훈련을 위해 GE '학교'로 연수를 보내고, 약 6만 명의 직원에게는 기술 향상 차원에서 사내의 정식 교육을 받도록 한다. GE는 직원 교육에 관한 한 타의 추종을 불허하는데, 직원들이 자기 분야에서 성공할 수 있도록 해당 전문가와 연결시켜주는 정식 연수 프로그램도 다양하게 운영한다.

흥미롭게도, 이렇듯 확고해 보이던 직원 교육철학이 2012년 중반부터 변하기 시작했다.[19] 전문 지식의 중요성이 날로 커지면서, 한 사업 부서에서 전문성을 쌓지 않고는 최고 경영진으로 성장하기가 불가능하다는 사실을 깨달은 것이다. 물론 그들은 여전히 다양한 사업 분야를 반드시 섭렵할 필요가 있지만, 몇 년 전에 비하면 그 기대 수준은 몰라보게 낮아졌다. 지난 수십 년 동안 GE가 전반적으로 성공을 거둔 것은 틀림없는 사실이지만, 점점 더 빠른 속도로 지속적인 혁신을 꾀할 필요가 있었고, 이 때문에 경영자들은 직원들의 전문성에 초점을 두기 시작했다. 이제 GE는 직원들을 한 부서에서 오래 근무시켜 직원들이 적극적으로 살아 있는 현장 경험을 쌓고, 부서 내에서 긴밀한 협력 관계를 구축해서 더 큰 배움을 얻도록 독

192

려한다.

다른 기업들과 마찬가지로 GE가 안고 있는 문제도 사내의 정식 교육만으로는 직원들의 전문성 개발이 녹록지 않다는 사실이다. 사내 훈련 프로그램의 효과는 뛰어나지만, 그것이 실제로 효과가 있었는지 파악하려면 전문가를 충분한 기간 회사에 근무하도록 만들어야 한다. 실무 경험 면에서, 기업은 반드시 특정 분야의 사내 전문가가 덜 숙련된 직원을 실제로 교육하도록 해야 한다. 우리는 소시오메트릭 배지를 활용해 이러한 직원들끼리의 교육을 측정하는 방법뿐만 아니라 회사를 위해 전문 지식과 기술을 제공하는 직원에게 보상하는 방법도 살펴볼 것이다.

직원들끼리의 상호작용이 중요하지 않은 기업이 있다고 한 번 상상해보자. 그런 기업은 아마도 이럴 것이다. 직원들이 서로 대화할 필요가 없는 업무에 집중한다. 대부분의 업무를 컴퓨터로 작업하고, 직원들은 서로 다른 장소에서 일한다. 우리가 소시오메트릭 배지를 가져간 그 회사와 아주 비슷할 것이다.

우리가 연구를 진행한 IT기업은 미국 전역에 있는 대리점 영업사원들을 통해 수백만 달러에 이르는 서버를 판매하고 있었다. 영업사원들은 고객과 대화하면서 어떤 종류의 서버를 원하는지 파악한 다음 이런 정보를 회사 컴퓨터 시스템에 입력한다. 회사 컴퓨터 시스템은 이 업무를 미드웨스트Midwest 사무실에 있는 엔지니어에게 자동으로 배정한다. 그러면 해당 엔지니어는 하드웨어를 실제로 설계해서 컴퓨터 시스템에 다른 요구사항이 없는지 파악한다. 컴퓨터 환경설정이 끝나면, 해당 엔지니어는 그 정보를 다시 영업사원에게

193

보내 고객과 가격 협상을 할 수 있도록 돕는다.

엔지니어는 이런 업무를 선착순으로 할당 받는다. 엔지니어가 업무를 끝마치면, 다시 가상의 대기 라인으로 되돌아가서 다음 차례를 기다린다. 컴퓨터 시스템은 엔지니어의 모든 업무를 기록하기 때문에 엔지니어의 업무 시작 시간과 완료 시간, 실수 여부를 파악하는 것은 물론 심지어 업무 난이도까지 확인할 수 있다. 엔지니어가 업무를 끝마치는 데는 대략적으로 최소 5분에서 최대 8시간이 걸린다. 보통 쉬운 업무보다는 어려운 업무가 시간이 많이 걸리지만, 항상 그런 것은 아니다. 직원에게 더 동기부여를 하려면, 온전히 하루에 얼마나 많은 건수를 처리했느냐에 따라 보너스를 결정하면 된다. 회사로서는 직원이 업무에 쓰지 않은 시간은 낭비다.

이 과정에서 직원들이 대화를 하지 않는다고 추측해볼 수 있다. 왜 그럴까? 동료에게 말을 거는 순간 자기가 받는 보너스가 야금야금 빠져나가기 때문이다. 우리는 이 기업에서 무엇인가 잘못되어가고 있다고 깨달았다. 이 부서는 생긴 지 몇 개월밖에 되지 않았는데도 확실하게 숙련도가 높은 직원들이 업무에 어려움을 겪고 있었던 반면, 경험이 적은 직원이 오히려 최고의 실적을 냈다. 그래서 이 기업은 이런 역학 관계를 좀더 자세하게 이해하고 싶어 했다. 단순히 기술과 업무 데이터만으로는 직원들의 생산성을 예측할 수 없었기 때문이다. 이 기업에는 직원들 사이의 교류가 없었다. 이것이 우리가 소시오메트릭 배지를 가지고 이 기업에 찾아갔을 때 발견한 사실이다.

194

직원들의 생산성을
높이는 방법

우리는 4주 동안 배지 데이터를 수집해서 수천 시간 분량의 데이터를 축적했다. 이 부서에서 4주 동안 1,000건 이상의 업무를 처리했기 때문에 우리는 평균 업무 처리 시간에 따라 개별 직원의 실적 지표를 작성할 수 있었다. 우리는 이 연구에서 특히 개인 행동과 사교 행동에 주목했다. 개인 행동에는 다른 직원과의 대화 방식이나 책상에서 근무하는 시간 같은 요소들을 포함시켰다. 사교 행동에는 대화 상대방이 누구인지, 전체 소셜 네트워크 내에서 얼마나 다른 직원과 교류하는지 등을 포함시켰다. 여기서 이 문제를 기업이 어떻게 바라보는지 다시 한 번 떠올려보자. 어쨌든 기업으로서는 개인의 행동과 기술이 가장 중요했고, 다른 직원과 조금이라도 대화하면서 보내는 시간은 낭비일 뿐이었다.

우리는 직원의 생산성에 영향을 끼치는 가장 강력한 예측 변수가 바로 직원들 간의 대화라는 자료를 내놓았다. 이 결과에 기업 관계자들이 소스라치게 깜짝 놀랐다. 직원들의 소셜 네트워크가 얼마나 응집력이 높은지에 따라 생산성이 크게 달라졌기 때문이다. 직원들이 서로 대화를 많이 하면 할수록 직원들의 생산성이 더욱 높아졌다. 또한 그것은 결코 작은 차이가 아니었다. 한 직원이 자신의 핵심 그룹과 대화를 10퍼센트 더 하면, 그 직원은 한 달에 추가적으로 10만 달러 정도를 회사에 기여하는 효과가 있는 것으로 나타났다.

그런 일반적인 결과를 얻은 후에 우리는 특정 업무에서 생산성 차이를 일으키는 주요한 원인이 무엇인지 파악하기 시작했다. 배지 데이터에는 개별 직원이 담당했던 업무 내용과 시간이 고스란히 저장되어 있었다. 이 덕분에 우리는 직원들의 근무 시간을 집중 분석해 주로 대화를 나누는 사람이 누구인지, 직원들의 행동 방식과 생산성 사이에 어떤 관련이 있는지 자세하게 살펴볼 수 있었다.

단순히 이런 패턴들을 관찰하는 것만으로도 대단히 흥미로웠다. 직원들이 업무를 할 때 누구와 대화를 나누는지 살펴보려고 소셜 네트워크 도표를 만들자, 이 네트워크에서 중심점이 선명하게 드러났다. 즉, 모든 의사소통 통로가 결국 4명 중에 1명에게 쏠렸다. 더욱 흥미로운 점은 대화하는 상대방이 중심성이 높으면 높을수록, 업무 처리 속도가 그만큼 빨라졌다. 가장 중심성이 높은 사람과 대화를 나눈 직원은 업무 처리 시간을 66퍼센트 단축할 수 있었다. 직원들은 모두 비슷한 학력을 갖고 있었고, 실무 경력은 서로 달랐다. 또한 이들은 모두 직급이 같았다. 이처럼 형식적 측면에서 직원들을 분석했더라면 직원들 사이에서 별다른 차이를 발견하지 못했을 것이다. 하지만 배지 데이터를 통해서 사내에 숨어 있던 전문가가 제대로 드러났다.

우리는 기업에서 사내 전문가를 찾아내는 정교한 방법을 발견했을 뿐만 아니라 아주 짧은 시간에 진행되는 업무를 두고도 정확하게 생산성을 예측할 수 있는 방법을 찾아냈다. 최고 경영진은 직원들의 전문성이 공유되고 있다는 사실을 새까맣게 모르고 있었지만, 그것은 부서 생산성 향상의 핵심 역할을 했다. 직원들이 어떤 주제로 대화했는지 알 수 없지만, 우리가 수집한 배지 데이터에 따르면

196

직원들의 대화가 업무와 관련이 있었을 가능성이 매우 높았다. 업무와 관련이 없는 대화는 직원들의 생산성과 임금에 손해를 끼칠 뿐이라는 사실을 기억하자. 돈은 업무를 지속하는 데 강력한 인센티브가 될 수 있다. 이번 연구에서 관찰된 결과들의 예측력은 이런 사실들을 강화할 뿐이다. 직원들끼리의 대화는 특정 업무를 하는 직원의 생산성에 직접적인 영향을 끼쳤기 때문이다.

사내에 숨어 있는 전문가들은 업무 중에 다른 직원과 대화를 나누는 데 많은 시간을 사용했다. 그렇다면 사내 전문가의 생산성이 늘 중간쯤에 머물러 있었다는 사실이 별로 놀라운 일이 아니다. 사내 전문가들은 다른 직원들을 돕는 데 지나칠 정도로 많은 시간을 소비하고 있었을 뿐이다. 이런 현상은 기업에 꼭 나쁘게 작용한 것은 아니지만, 거기에는 두 가지 문제점이 있다. 우선 사내 전문가는 자기가 존중받고 있다는 느낌을 받지 못했다. 사내 전문가들은 솔선수범해서 부서 전체의 생산성 향상에 기여했다. 하지만 다른 직원들이 그 대가로 보상을 받을 때, 정작 자신의 임금은 눈곱만큼도 오르지 않았다. 그뿐만이 아니다. 사내 전문가들은 그동안 다른 직원들을 위해 헌신한 공로를 회사에서 공식적으로 인정조차 받지 못했다. 자신의 노력으로 승진하더라도 직책은 다른 직원과 마찬가지이기 때문에 사내 전문가가 인정받는 길은 회사의 공식적인 인정뿐이다.

기업은 알게 모르게 경영진이 전체 부서의 생산성을 저해할 수 있다는 점을 모른다. 생산성 수치만을 보는 경영진은 이런 사내 전문가들을 별다른 고민 없이 다른 부서로 배치할 수도 있다. 그런 판단을 내리면 사내 전문가가 동료 직원들의 생산성 향상에 기여했던

197

요소들이 사라져버리는 것은 불 보듯 뻔한 일이다. 사내 전문가가 회사에 필수적인 역할을 하고 있다는 사실을 꿈에도 모르고 있었다. 마찬가지로, 사내 전문가도 결국 그만큼 당했으면 되었다는 심정으로 자신이 인정받을 수 있는 회사로 이직을 결심할 여지가 많았다. 이것은 회사 전체에 큰 재앙이 될 것이다.

지식을
공유하라

기업이 사내 전문가를 양성하고 계속 회사에 머물게 하는 중요한 첫 걸음은 먼저 사내 전문가의 가치를 인정하는 일이다. 그런 일은 회의에서 동료들에게 도움을 준 사내 전문가를 공개적으로 알리는 일처럼 단순한 것일 수 있다. 또한 회사와 동료 직원들이 사내 전문가들에게 관심을 가지고 있다는 작은 성의만 보여도 충분히 사내 전문가들에게 인정받는다는 느낌을 준다.

그렇다고 해서 사내 전문가에게 회사가 반드시 금전적인 보상을 해주어야 한다는 말은 아니다. 배지 데이터가 없는 경우, 사내 전문가가 다른 직원에게 정확하게 어떤 영향을 끼치는지 파악하기는 어렵다. 기업이 사내 전문가의 영향력에 대해 직접적으로 보상해주는 것이 이상적이기는 하지만, 사내 전문가를 북돋우는 또 다른 방법도 있다.

우리는 기업에 보너스 체계에 변화를 주라는 제안을 했다. 우

198

리가 연구를 진행할 무렵, 이 부서의 임금 체계는 100퍼센트 개인 연봉 제도였다. 따라서 부서 전체의 실적이 나쁘더라도 직원들의 월급이나 보너스에 미치는 영향이 전혀 없었다. 이런 상황에서 사내 전문가들은 부서 전체의 생산성을 향상시키고 있었다. 따라서 사내 전문가의 성과가 반드시 보너스나 연봉에 반영되는 것이 합당했다.

우리는 직원들의 연봉이나 보너스를 오롯이 개인 실적 기준으로만 책정하지 말고, 보너스를 부서별 실적 기준으로 책정해보라고 제안했다. 부서에 전체 실적 목표를 할당하는 방법도 있고, 단순하게 전체 실적에 따라 보너스를 차등 지급하는 방법도 있었다. 보너스를 이런 방식으로 지급하면 사내 전문가가 더 많은 보상을 받게 될 것은 분명하지만, 무임승차가 일어날 소지도 있었다. 결국, 사내 전문가는 일반 직원들과 비슷한 보너스를 받게 될 것이다. 부서 내에는 다른 직원들을 도와주지도 않고 그저 시류에 편승하다가, 다른 직원들이 노력한 대가로 인해 덩달아 보상을 받으려는 직원이 있기 마련이다. 무임승차가 일어나는 것은 어느 정도 불가피하다. 심지어 보너스 제도가 없더라도, 굳이 앞장서서 다른 직원을 돕는 직원이 있는 반면, 자신의 업무에만 집중하는 직원이 있다. 따라서 사내 전문가의 가치를 공식적으로 인정해서 회사가 승진이나 업무를 할당할 때 단체 지향적 직원인지 개인 지향적 직원인지가 드러나기를 기대하는 것이다.

사내 전문가는 알게 모르게 다른 직원에게 조언을 해주고, 이에 따라 직원이 업무를 배우면서 생기는 긍정적인 효과는 생산성에 엄청난 영향을 끼친다. 그러나 안타깝게도, 기업들이 공식적으로 이

199

루어지는 사내 교육에만 전적으로 의존하고 있다. 예컨대 GE는 수백만 달러를 들여 거대한 규모의 사내 연수 시설을 마련하고, 직원 능력 개발을 위해 강의 프로그램을 만들었다. 이런 교육 프로그램은 분명 가치가 있고, 결과적으로 직원들의 기본적인 업무 능력을 향상시켜주는 역할을 한다. 하지만 그 역할은 기초 업무 지식을 쌓는 데 한정될 수밖에 없다.

모든 직원이 같은 조건을 갖추고 있었지만, 다양한 경험 덕분에 몇몇 직원은 전문성을 기를 수 있었다. 기업이 그런 전문성을 인정하고 촉진한다면, 강의실에서는 절대로 얻을 수 없는 지식을 직원들에게 전달하는 효과를 얻을 수 있다. 컴퓨터 시스템처럼 전문적인 영역에서 발생하는 문제는 복잡하게 얽혀 있어서 한 사람이 모든 것을 속속들이 책임지기에는 한계가 있다. 하지만 직원들은 아마도 누가 그런 문제를 해결할 수 있는지 잘 알고 있다.

기업이 이런 시각을 갖는다면 사내 전문가를 양성할 때 중요한 통찰력을 얻을 수 있다. 우리가 진행한 연구 결과에 따르면, 가장 가치가 큰 사내 전문가는 단지 지식만 풍부한 전문가가 아니었다. 다른 직원과 그 지식을 공유할 줄 아는 전문가가 최고의 사내 전문가였다. 기업에서 가장 실적이 높았던 직원들은 아마도 스스로 전문가라고 생각할지는 몰라도, 다른 직원과 지식을 전혀 공유하지 않았기 때문에 부서 전체의 생산성에 미치는 영향은 아주 미미했다.

성공한 기업들은 직원들이 적극적으로 지식을 공유하도록 북돋우려고 사내 연수와 교육 프로그램을 보강한다. 이런 프로그램들은 기본적인 전문성을 배양하고 직원들이 지식을 공유하도록 동기

200

를 부여하는 역할을 한다. 그러나 거기에서 한 걸음 더 나아가서 기업이 공식 · 비공식적 체계를 갖춘다면 직원들이 사내 전문가를 쉽게 발견할 수 있을 것이다. 기업들이 공식적으로 사내 인트라넷 인적 사항 정보란에 해당 직원의 전문성에 대해 기술해놓지만, 거의 모든 기업에서 이것은 완전히 무시된다. 또한 사내 시스템을 통해 직원이 전문가를 찾더라도 얼굴도 모르는 낯선 전문가에게 연락하기란 여간해서는 쉽지가 않다.

그런 방법보다는 차라리 회의에서 사내 전문가를 찾아내고 인정해주는 편이 훨씬 더 나은 전략이다. 기업은 다양한 영역에서 가장 생산성이 높은 직원이 누구인지 잘 알고 있기 때문에 다른 직원들이 그들에게 질문을 던지도록 유도할 수 있다. 생산성이 높은 직원은 다른 직원과 나눌 가치 있는 정보를 많이 가질 확률도 높다. 좀 더 격식을 차리지 않는 방법을 이용할 수도 있다. 회의 시간에 직원들이 지난 한 주 동안 자문한 직원이 누구인지 밝히고, 그들의 조언이 자신의 업무에 어떤 도움이 되었는지 토론하게 만드는 것이다. 이렇게 하면 회의 시간에 중복해서 나오는 직원이 있을 것이다. 또 회의에 새로운 직원을 투입하는 것도 활용 가능한 전문가를 늘리는 방법이다.

이것은 기업에서 큰 문화적 변화다. 많은 기업에서는 공개적으로 자신의 업무에 도움을 준 동료를 칭찬하는 직원을 나약한 존재로 인식할지도 모른다. 하지만 이런 행동은 그 직원이 아주 강하다는 증거다. 사내에는 많은 업무를 혼자서 처리하는 직원이 있지만, 일반적으로 지식의 원천 역할을 하는 사내 전문가를 찾아서 알리는 직

201

원이 기업의 생산성 향상에 중요한 역할을 한다. 여러 면에서 이런 직원은 초超전문가라고 부를 수 있다. 즉, 전문가를 찾아내는 전문가인 셈이다.

초전문가들은 끊임없이 새로운 정보를 발견하는 기술과 그것을 다른 직원에게 전파하는 능력을 보유하고 있다. 일반적인 사내 전문가들도 그런 기술을 갖고 있지만, 초전문가들은 자신의 경험을 널리 알리는 데 주저하지 않는다. 그들의 이런 태도는 유별난 행동으로 비칠 수 있다. 결국, 자신이 아는 지식을 동료들에게 전달하는 전문가는 동료들이 업무를 할 때 자신의 사례를 꼭 참고해야 한다고 말하기 때문이다. 기업은 직원들이 그런 인상을 받지 않도록 하면서, 서로가 가진 기술을 공유할 필요성이 있다는 것을 느끼도록 유도할 필요가 있다. 직원들의 지식 공유가 바로 궁극적인 회사 생산력 향상의 원동력이다. 동료들을 비하하면서 자기 자랑을 하라는 것이 아니라 지식을 공유할 수 있는 적절한 방법을 찾자는 것이다.

우리가 어떤 문제를 해결하는 데 특별한 재능이 있다면, 그 재능을 다른 직원을 돕는 데 활용할 수 있음을 반드시 깨달아야 한다. 그에 따른 긍정적인 영향은 아주 크기 때문에 무시할 수 없다. 다른 한편으로, 다른 전문가를 찾아내려고 고군분투하는 전문가를 기업이 인정해주는 일도 중요하다. 이런 초전문가들은 수천 명의 직원을 연결해서 그들이 전체적으로 움직일 수 있도록 만들어준다는 점에서 조직의 힘줄이나 마찬가지다. 그런 힘줄이 없다면 어떻게 될까? 아무리 근육이 많더라도 절름거리며 걷지조차 못할 것이다.

202

아마존의
파괴적인 혁신

　　　　　　　개인과 기업이 어느 한 분야에서 전문성을 확
보했다면, 그들이 발전하기 위한 다음 단계는 창의성에 도전하는 일
이다. 창의성은 세계 경제의 엔진이다. 전 세계 모든 기업이 차세대
모델을 개발하려고 애를 쓰고 있고, 그것은 현재 유행하는 모델과는
완전히 다른 경우가 비일비재하다.

　　예컨대 변화무쌍하게 돌아가고 있는 모바일 애플리케이션 시
장을 한 번 살펴보자. 이 시장은 지난 몇 년 사이에 큰 변화를 겪었
다. 몇 년 전에만 해도 무선 통신사의 피처폰feature phone(스마트폰보
다 낮은 연산 능력을 가진 저성능 휴대전화)에서만 몇몇 애플리케이션이
사용되는 정도였다. 이제는 대형 다국적 게임 업체들은 물론 10대들
까지 짬짬이 시간을 내서 애플리케이션 개발에 뛰어들어 수백만 종
의 애플리케이션이 쏟아지고 있다. 이번 주에 가장 잘 팔린 애플리
케이션이 한 달 동안 가장 잘 팔리리라는 보장이 없을 정도다. 자동
차나 심지어 컴퓨터 하드웨어 제품처럼 변화의 속도가 비교적 느린
시장이 스마트폰 애플리케이션 시장처럼 빠르게 혁신이 이루어지
지는 않겠지만, 시장을 선도할 제품을 만들어내야 한다는 지속적인
압박감은 업계 전체로 퍼져나가고 있다.

　　예술적 창의성과 공학적 창의성의 차이 면에서뿐만 아니라 제
품이 얼마나 파괴적이냐, 다시 말해 얼마나 혁명적인지에 따라서도
창의성의 종류는 다양하게 갈라진다. 이런 창의성은 스마트폰의 화　**203**

면 크기처럼 점진적인 개선으로 나타나기도 하고, 비행기 발명처럼 눈 깜짝할 사이에 일어나는 혁신으로 나타나기도 한다. 파괴적인 혁신이 점진적인 개선보다 훌륭하고 중요하다고 말하고 싶을지도 모른다. 하지만 항상 그런 것은 아니다. 기업이 새로운 분야로 진출하거나 수익성이 없는 사업에서 벗어나고자 할 때, 가장 핵심이 되는 것은 파괴적인 혁신이다. 실패한 사업을 계속 끌고 가다 보면 경쟁업체에 뒤처지게 마련이다. 노키아Nokia가 대표적인 사례다. 아이폰이 휴대전화 시장을 이미 흔들어놓은 지 오랜 시간이 지나서도 노키아는 계속해서 특색 없는 디자인의 일반 휴대전화를 대량으로 생산했다.

아마존은 파괴적인 혁신을 통해 엄청난 수익을 창출한 대표적인 기업이다. 예를 들어, 킨들Kindle의 출시는 아마존 경영 전략의 혁명이었다. 아마존은 온라인으로 도서를 판매하는 것에만 만족하지 않고, 자사만의 전자책 단말기를 만들고, 고객이 도서를 놀라울 정도로 쉽고 빠르게 구매할 수 있는 완벽한 온라인 매장을 갖추었다. 오늘날, 아마존은 수십억 달러로 추산되는 전자책 시장을 효과적으로 장악하고 있다.

그러나 처음에 킨들은 사용하기에 그렇게 편리한 제품이 아니었다. 자판은 엉뚱한 위치에 있었고, 화면이 뜨기까지 시간이 오래 걸리는 데다 꽤 어색하고 부피가 컸다. 아마존이 킨들을 출시하자마자 반스앤드노블Barnes-and-Noble 같은 경쟁사들도 비슷한 전자책 단말기 사업에 뛰어들었다. 심지어 경쟁 업체들은 킨들의 문제점까지 개선해 새로운 제품을 출시했다. 이에 따라 아마존은 제품 혁신을

204

계속해야만 했지만, 이전과는 차별화된 방식이 필요했다. 킨들 사용자들이 더 나은 경험을 할 수 있도록 아마존은 디자인과 성능을 꾸준히 개선해나가야만 했다. 여기서부터 지속적인 개선과 점진적인 창의성이 작동하기 시작한다. 이런 형태의 혁신은 장기적인 관점에서 회사나 제품의 성공을 보장하지만, 이를 실천하려면 기존과는 완전히 다른 사고방식이 필요하다.

파괴적인 혁신이 일어나려면 평범한 사회적 집단에서 벗어나서 상식을 깨는 일이 중요하다. 그러나 팀 내에서 긴밀한 유대 관계를 형성해 특정 문제를 팀 전체가 협력해서 해결해나가야 한다. 기업이 성공하기 위해서는 이 두 혁신 방식을 어떻게 적절하게 섞어서 사용할지 고민해야 한다. 기업이 어떤 업계에 속해 있느냐에 따라 혁신 방식은 달려 있다. 제품의 출시 기간이 상대적으로 긴 경우, 점진적인 품질 개선이 가장 중요하다.

항공기 산업을 한 번 생각해보자. 새로운 항공기를 출시하려면 수백 억 달러가 투입되어 그 결실을 맺어야 한다. 보잉의 최신 기종인 드림라이너Dreamliner는 개발 비용에 무려 320억 달러가 들어갔다. 항공기 1대당 대략 2,000만 달러에 판매하므로, 이윤이나 기회비용을 제외한 순수익으로 따졌을 때 보잉이 손익분기점을 맞추기 위해서는 150대 이상을 판매해야만 할 것이다. 2012년 상반기까지 보잉은 드림라이너 총 18대를 제작했다. 보잉이 갑자기 정책을 바꿔서 새로운 기종의 항공기를 개발하기로 했다면, 보잉은 눈 깜짝할 사이에 회사 문을 닫아야 할 것이다. 이런 이유로 보잉은 혁신적인 항공기를 개발하는 대신에 고객들에게 매력적으로 보이도록 드림

205

라이너를 조금씩 개량할 필요가 있는 것이다.

항공기 산업과 대척점에 있는 산업이 바로 제약 산업이다. 제약회사는 점진적인 혁신으로 기존에 출시된 약을 혼합해서 새로운 제품을 출시할 수 있지만, 이런 제품은 보통 수익률이 낮고 기본적으로 제약 시장 전체에 어떤 파급 효과를 줄 수 없다. 제약회사는 그래서 다음 홈런을 준비한다. 즉, 시장의 방대한 요구 사항에 부합하면서도 시장에 나와 있는 제품과는 완전히 차별화된 신약을 개발하려고 애를 쓴다.

신약 개발은 성공하기가 말처럼 쉽지 않다. 아무리 뛰어난 제약 개발 연구원이라고 할지라도 10년에 한 번꼴로 신약을 시장에 내놓을 수 있을 뿐이다. 나머지 시간에 연구원들이 공을 들인 신약들은 빛도 제대로 보지 못한 채 사라지고 만다. 신약이 생각만큼 효능이 없거나 임상 실험을 통과할 정도의 미미한 약효에 그치기 때문이다. 이 때문에 연구원들의 성과를 측정하기는 쉽지 않고, 효율적인 제약 개발 관행을 촉진하기란 더더욱 어렵다. 그러나 신약을 한 번 출시하면, 회사의 업무는 기본적으로 끝이 난다. 물론 회사는 생산과 유통 과정을 관리해야 하지만 신약을 추가적으로 개선할 수 없다.

대부분 기업에서 이렇듯 다양한 형태의 창의성을 두고 균형을 맞추는 일이 중요하다. 이런 균형을 잘 맞추는 기업이 장기적으로 시장에서 성공한다. 흥미롭게도, 창의성의 균형을 가장 잘 맞추고 있는 대표적인 기업 사례가 게임업계에 있다.

〈사우스파크〉의
독창적인 스토리

　　　전 세계에서 가장 창의성이 뛰어난 기업을 고르라는 질문에, 사우스파크스튜디오South Park Studio를 떠올리는 사람은 별로 없을 것이다. 사우스파크스튜디오는 미국에서 가장 시청률이 높은 코미디 프로그램인 〈코미디센트럴Comedy Central〉을 제작하는 회사다. 〈사우스파크South Park〉는 입이 거친 초등학교 4학년 소년 4명이 가상의 콜로라도 사우스파크 마을에서 펼치는 특이한 모험을 그린 애니메이션이다. 〈사우스파크〉는 수백만 명의 열성 시청자를 거느리고 있으며, 지금까지 미국 텔레비전과 방송을 대상으로 수여하는 굵직굵직한 상을 여러 차례 받았다. 〈사우스파크〉는 4번의 에미상Emmys Award(미국에서 매년 텔레비전 프로그램에 주는 상)과 1번의 피바디상Peabody Award(미국방송협회와 조지아대학 주최로 라디오, 텔레비전, 케이블방송에서 방송된 뛰어난 작품을 대상으로 수여하는 상)을 받았으며, 2004년 다큐멘터리 '가장 위대한 만화 100선'에서 3위에 선정되었고, 장편 영화 부문 오스카상 후보에 오르기도 했다. 〈사우스파크〉는 대중문화의 상징인 인물들에 대한 신랄한 풍자만큼이나 대충 만든 그림과 밥 먹듯이 나오는 비속어, 노골적인 상황으로 가장 잘 알려진 애니메이션일 것이다.[20]

　　　〈사우스파크〉는 친구인 트레이 파커Trey Parker와 맷 스톤Matt Stone의 아이디어로 탄생했다. 두 사람은 〈크리스마스 정신The Spirit of Christmas〉이라는 짧은 애니메이션을 제작하면서 〈사우스파크〉 시리

207

즈에 대한 영감을 얻었다. 〈크리스마스 정신〉은 두 사람이 마분지에 한 장면씩 직접 손으로 그림을 그려가며 만든 작품이었다. 하지만 오늘날에는 직원 70명이 일반 컴퓨터와 디지털 편집을 활용해서 〈사우스파크〉에 생기를 불어넣고 있다. 두 사람은 아직까지도 실제 애니메이션 제작에 깊이 관여한다.

〈사우스파크〉 1회 방송분 제작 방식은 다른 애니메이션의 제작 방식과 사뭇 다르다. 제작팀은 1회 방송분에 대한 구상에서 집필, 만화영화 제작, 녹음, 방송국 전송에 이르는 전 과정을 불과 6일 만에 끝마친다. 이와는 대조적으로, 또 다른 인기 애니메이션인 〈심슨 가족The Simpsons〉은 1회 방송분 제작에 무려 '6개월'이 걸린다.

방송용 만화영화를 제작하려면 복잡한 과정을 거쳐야 한다. 먼저 누군가가 줄거리를 구상하고 대본을 쓴다. 그런 뒤에 대본을 스토리보드팀에 맡긴다. 그러면 스토리보드팀에서는 빠른 스케치로 장면의 초안을 작성한다. 스토리보드팀은 감독과 긴밀하게 협력하면서 시각적 표현이 전체 영상과 잘 맞아떨어지도록 장면을 신속하게 구상한다. 녹음 작업도 거의 동시에 진행된다. 스토리보드가 완성되고 나면, 애니메이터는 이제 방송 분량에 해당하는 각각의 장면을 그릴 수 있다. 애니메이터는 성우 대본을 참고해가면서 그림 작업을 진행해야만 한다. 그래야 주인공들의 입 모양을 제대로 표현할 수 있기 때문이다.

대본과 스토리보드가 완성된 후 제작팀은 가급적 대본이나 영상에 손을 대지 않으려고 애쓴다. 하지만 맨 마지막에 가서 수정을 해야 하는 경우가 늘 생긴다. 방송 심의관의 요구 때문이든 아니면 단순히 감독의 마음이 변해서든, 만화영화 제작 마지막 몇 주 전까지 제작팀은 대본과 영상을 수정할 수 있다. 이렇게 수정 사항이 생긴다는 것은 방송국으로 보낼 최종 방송분을 만들기 전까지는 제작팀도 방송분 전체를 제대로 보지 못하는 경우가 많다는 뜻이다. 사우스파크스튜디오에서는 이 모든 제작 과정을 완전히 바꾸어놓았다.

모든 텔레비전 프로그램처럼 사우스파크스튜디오에서도 집필부터 시작한다. 집필 과정은 상식 파괴의 연속이다. 각각의 에피소드는 반드시 독창적이어야만 한다. 줄거리가 독창적이면 독창적일수록, 시청자들을 문화적으로 충격에 빠지게 하면 할수록 그 에피소드가 성공할 확률은 높아진다. 사우스파크스튜디오의 작가 7명은 매주 목요일 오전에 회의실에 모인다. 작가들은 다음 주 방송분을 두고 아이디어를 짜내기 시작한다. 방송과 관계가 없더라도 재미있는 아이디어가 있으면 그냥 한 번 툭툭 던져본다. 여기서는 바보 같거나 별로인 아이디어도 없고, 그저 웃기지 않은 아이디어가 없다. 모든 작가가 웃음을 터뜨린 아이디어가 있다면, 그 아이디어를 계속 밀고 나간다. 작가들은 이 아이디어가 계속 밀고 나갈 만큼 상식을 파괴하는지 가늠해볼 수 있다. 판단의 기준은 직접적인 줄거리가 아니라 말과 반응이다. 회의실에 활기가 넘치면, 작가들은 무엇인가 하나 건졌다는 느낌을 받는다.

이렇게 집필 과정은 자유롭지만, 작가들도 가끔씩 꼼짝 못할 때가 있다. 수백 회의 방송분을 이전과 완전히 다른 줄거리로 채우려면 끊임없이 새로운 아이디어를 생산해내야 하는데, 그것은 보통 힘든 일이 아니기 때문이다. 그렇게 꽉 막힌 순간이 오면 작가들은

209

자리에서 일어나 서성거리며 몸을 움직이며 걱정을 털어내려고 안간힘을 쓴다. 기본적인 주제가 정해지면, 이때부터 작가들은 창의성을 발휘하기 시작한다. 줄거리의 방향을 크게 변경할 만한 시간적 여유가 많지는 않지만, 수정·보완하는 일은 가능하다. 각각의 장면에 등장하는 인물의 대화나 행동을 계속해서 수정·보완하면 나중에 좀더 완벽한 최종 방송분을 제작할 수 있다.

이때부터 대본 작업이 가능하다. 하지만 작가들이 대본 작업을 하는 동안에 제작팀도 작업에 들어간다. 1회 방송분을 불과 6일 만에 완성해야 하기 때문에 제작 과정을 일일이 나눠서 진행할 시간적 여유가 없다. 제작팀은 마감 시간인 수요일 오후까지 대본 작성, 만화영화 제작, 녹음을 최대한 빨리 끝내야 한다. 따라서 제작 과정이 중첩된다. 이렇게 겹치는 업무를 처리하려고 사우스파크스튜디오 애니메이터들은 물불을 가리지 않는다.

'만화 전쟁'의 승자는
누구인가

만화영화 제작사에는 스토리보드팀, 캐릭터 디자인팀, 제작팀 등으로 부서가 나뉘어져 있다. 그러나 사우스파크스튜디오에는 그런 팀이 따로 없다. 사우스파크스튜디오에 근무하는 모든 애니메이터는 이 모든 작업을 할 줄 알아야 하고, 또 빠르게 해내야 한다. 만화영화 제작 감독인 잭 시Jack Shih는 "작업을 하는 데

4일씩이나 걸린다면, 만화영화를 제작할 수 없다"라고 잘라 말한다. 대본 작업이 시작되자마자, 애니메이터들이 투입된다. 줄거리가 좀 더 구체화되면 애니메이터는 줄거리에 따라 스토리보드를 제작한다. 이 스토리보드를 다시 작가들에게 보내면, 작가들은 스토리보드를 보고 필요하다고 생각되는 부분을 수정한다.

이 와중에 애니메이터들은 이미 이번 방송분에 등장할 새로운 캐릭터들을 만들어내고, 다른 장면들을 그린다. 물론 애니메이터가 종이와 펜으로 작업을 하는 경우는 거의 없고, 사우스파크스튜디오의 애니메이터들도 마찬가지다. 애니메이터들은 다양한 컴퓨터를 활용하기 때문에 그림 작업을 반복할 필요 없이 각각의 장면을 빠르게 수정할 수 있다. 한편, 예술 감독은 애니메이터들과 일하면서 장면 한 컷 한 컷을 컴퓨터로 반복해서 조정하고, 완성된 장면은 만화영화 전체 에피소드에 통합한다. 이런 과정은 애니메이션 작업에 어마어마한 점진적인 창의성이 필요하다는 사실을 보여준다. 애니메이터들은 영상을 끊임없이 수정·보완하기 때문이다.

애니메이션 작업이 진행되는 동안, 〈사우스파크〉 배우들은 대사를 녹음하는 데 정신이 없다. 재미있는 것은 배우와 작가가 동일 인물이라는 점이다. 주인공은 트레이 파커와 맷 스톤인데, 두 사람은 캐릭터의 목소리를 대부분 담당한다. 두 사람은 16년 이상 함께 작업해온 덕분에 대사를 좀더 설득력 있게 전달하려고 목소리 연기에 시시각각 변화를 줄줄 안다. 두 사람은 줄거리를 쓰면서도, 장면이 재미있는지 실험해보려고 대사를 읊어보고 직접 목소리 연기까지 해본다. 이런 과정도 점진적인 변화가 아주 창의적으로 일어나는

211

사례다.

트레이 파커는 〈사우스파크〉라는 큰 배를 이끄는 선장이다. 그가 무엇인가 마음에 안 드는 구석이 있으면, 제작팀 전체가 재작업을 해야 한다. 각 부서의 책임자들이 긴 의자에 앉아 이전에 작업한 장면을 보면서 어떤 부분을 수정할지 결정을 내린다. 이 때문에 1회 방송분 제작 막바지 며칠 동안은 극도의 긴장감이 감돈다. 이때 직원들은 책상에서 하루 24시간 동안 먹고 자고 일한다. 1년에 14주 동안 만화영화 제작에 열정을 쏟는 직원들은 빡빡한 제작 스케줄 때문에 엄청난 스트레스를 받는다. 하지만 그 과정에서 직원들은 강한 동료 의식을 느낀다. 빡빡한 제작 스케줄 속에서는 파괴적인 혁신과 점진적인 혁신이 일어날 가능성이 훨씬 높아진다. 직원들은 동료들과 이미 친하기 때문에 자기가 '멍청한' 아이디어를 내놓을까봐 걱정할 필요도 없고, 작업을 해야 할 필요가 있을 때에는 서로 협력하기도 쉽다.

〈사우스파크〉가 이런 작업 방식으로 얻은 성과는 긴 설명이 필요 없을 정도다. 〈사우스파크〉는 방송을 시작한 지 17년이 지났지만 아직도 그 내용이 신선하고, 직원들은 믿기 힘들 정도로 일에 적극적이다(〈사우스파크〉는 1997년 시즌1를 시작으로 2014년까지 시즌18이 방송되었다. 시즌8부터는 상반기와 하반기를 나누어 각각 7개 에피소드를 일주일 간격으로 방송한다).

〈사우스파크〉를 무려 25년 동안 방송된 애니메이션 〈심슨가족〉과 비교해보자. 그라시에필름스Gracie Films가 제작한 〈심슨가족〉은 분야별로 제작팀이 있는 전형적인 애니메이션 제작 방식에 따라

212

만들어진다. 초기 스토리보드를 구상할 때, 각각의 에피소드는 개별 작가에게 맡겨진다. 〈심슨가족〉이 막 방영되기 시작된 1990년까지도 다양한 팀의 차이를 조율할 수 있는 핵심 창작팀이 존재했다. 하지만 오늘날 사정은 많이 달라졌다. 스토리보드를 완성하고 감독이 승인하면, 스토리보드를 한국의 한 애니메이션 스튜디오(에이콤프로덕션)로 보내 텔레비전에 방송되는 실제 애니메이션 제작을 맡긴다. 그 과정에서 감독과 애니메이터들이 얼마만큼 영향력을 행사하는지는 알 수 없지만, 사우스파크스튜디오에서처럼 직원들이 한 지붕 밑에서 함께 작업하지 않는 것만큼은 분명하다. 따라서 〈심슨가족〉 제작팀은 만화영화 제작 과정에서 사우스파크스튜디오처럼 빠르고 점진적인 혁신을 이루어내기가 거의 불가능하다.

이러한 만화영화 제작 방식의 차이는 두 애니메이션의 성공에 직접적인 영향을 끼치고 있다. 먼저 〈사우스파크〉와 〈심슨가족〉의 닐슨Nielsen 시청률을 비교해보았을 때, 우리가 반드시 감안해야 하는 요소가 있다.[21] 첫째, 〈심슨가족〉이 1989년 첫 방송 이후로 거의 매년 시청자가 감소하고 있지만, 그 이유는 단순히 애니메이션의 질 때문이 아니다. 1989년에 케이블방송의 보급률은 아주 낮았기 때문에 애니메이션 시장을 장악하기가 지금보다 훨씬 쉬웠다. 그 이후로 경쟁은 더 치열해졌다. 둘째, 2001년 이전에 조사한 닐슨 시청률은 만화영화를 시청한 가구 수를 그 근거로 한다. 하지만 오늘날 닐슨 시청률은 실제 텔레비전 시청자 수를 좀더 정확하게 반영한다.

시청자 수를 대략적으로 비교해보기 위해 〈심슨가족〉 시청 가구 수에 2를 곱해보았다. 이렇게 해서 〈심슨가족〉의 시청자 수를 대

213

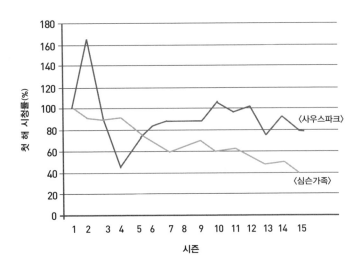

5-1 〈심슨가족〉과 〈사우스피크〉의 시청률

략적으로 추측할 수 있었다(표 5-1). 이제 〈사우스파크〉와 〈심슨가
족〉의 시청자 수를 직접적으로 비교하는 게 가능해졌다. 시청자 수
를 비교해보았을 때 대단히 흥미로운 점은 〈심슨가족〉에 비해 〈사우
스파크〉의 시청률은 거의 꾸준했다는 사실이다. 〈사우스파크〉는 지
난 17년 동안 시청자들의 사랑을 받아왔는데, 최근 10년 동안 꾸준
하게 시청률을 유지하고 있다. 반면 〈심슨가족〉은 거의 일관되게 시
청률이 하락세를 보인다. 2011년(시즌23) 시청자 수가 1989년(시즌
1) 시청자 수의 4분의 1에 불과하다. 같은 기간 전체 시청자 수가 약
26퍼센트 증가했다는 사실을 감안하면, 〈심슨가족〉의 시청률은 가
파르게 하락한 셈이다. 창의성 면에서 이 모든 결과는 〈사우스파크〉
가 만화 전쟁에서 승리했음을 보여준다.

214

직원들의 창의성을 어떻게 이끌어낼까

사우스파크스튜디오의 사례는 정말 흥미진진하지만, 유일무이한 성공 사례다. 전 세계 거의 모든 기업이 직원들에게 좀더 독창적이거나 점진적인 방식으로 업무에서 혁신과 창의성을 이끌어내도록 요구한다. 그러나 학교 공부나 대학 입학시험을 열심히 준비한다고 해서 창의성이 길러지는 것은 아니다. 지능검사를 하더라도 학생들의 정보처리 능력과 기억력은 측정할 수 있을망정, 그들이 얼마나 혁신적이고 새로운 아이디어를 생각해내는 능력이 있는지 측정할 수 없다.

창의성 교육에 대한 편견은 기업의 직업 교육 방식에도 악영향을 끼치고 있다. 기업의 직업 교육 강의는 생각하는 법을 가르치기보다는 직원들이 알아야 할 사실이나 시스템에 집중한다. 기업들은 창의성의 중요성을 인식하고 있으면서도, 창의성이 구체적으로 어떤 모습을 하고 있는지 정확한 모델을 갖고 있지 않다. 그런 모델이 없다면, 기업이 직원들의 창의성을 지속적으로 발전시키기는 지극히 어렵다.

그렇다고 해서 기업들이 사우스파크스튜디오의 사례에서 배울 교훈이 없다는 뜻은 아니다. 사우스파크스튜디오는 점진적인 혁신을 가속화하고, 상식을 파괴하는 아이디어가 나오도록 조직을 잘게 쪼개고, 직원들 사이의 유대감을 강화하면서 다른 애니메이션과 차별화하는 사업 모델을 만들 수 있었다. 사우스파크스튜디오가 이

215

토록 성공을 거두게 된 배경에는 차별화한 제작 방식이라는 비결이 숨어 있었다는 것은 분명해 보인다.

그러나 조직의 특성에 따라 필요한 혁신의 방식이나 창의성의 종류도 달라져야 할 것이다. 이 사례에서 일반적인 원리를 도출할 수도 있겠지만, 실제로 성공한 기업들이 어떻게 운영되고 있는지 데이터를 분석해볼 필요가 있다. 이런 문제를 해결하기 위해서 애리조나주립대학 연구진의 도움을 받았다. 연구자들은 소시오메트릭 배지를 활용해 미국 전역에서 일하고 있는 다양한 분야의 연구 개발자들을 자세하게 관찰했다.[22] 그들에게 던진 질문은 어떤 행동이 실제로 창의성을 이끌어내는지에 관한 것이었다. 창의성을 촉진하는 행동이 무엇인지 파악할 수 있다면, 그것을 기업의 직원 교육 훈련이나 경영 정책은 물론이고 직업 교육 제도 속에도 통합시킬 수 있을 것이기 때문이다.

연구개발R&D은 창조적 활동의 온상인 것은 물론이고 현대 기업의 생명줄이나 다름없다. 아주 예외적인 경우를 제외하면, 오늘날 주요 기업들은 사내 연구개발 부서에 막대한 예산을 쏟아붓고 있다. 보통 연구개발 부서는 기존의 제품을 개선하고Development, 생산으로 연결될지 안 될지 모르는 완전히 새로운 아이디어를 구상하는 Research 역할을 동시에 맡고 있다.

연구개발은 투자 대비 수익을 측정하기가 어렵다. 오늘 연구개발에 투자한 결과가 10년 후에 나타날지 아니면 6개월 만에 특정 제품으로 결실을 맺을지 예측할 수 없기 때문이다. 따라서 매출액으로는 연구개발 성과를 제대로 판단하기가 어렵다. 매출액이 평가의

216

기준이 된다고 하더라도, 10년 동안 기업은 기술혁신이 실현되도록 계속 투자를 하기 때문에 직원의 창의성을 높이려는 목적으로 투자한 비용을 손익계산에 넣을 수 없다. 이런 문제점은 연구원의 성과를 측정할 때 더욱 커진다. 연구원이 새로운 아이디어를 생각해냈을 때, 그 아이디어는 반드시 다른 기술들과 연계해서 사용해야 활용 가치가 있다. 그렇다면 연구원의 발명에 따른 기여도는 어느 정도라고 평가해야 하는가?

누구나 상상할 수 있듯이, 평가와 현실 사이에 그런 괴리가 있기 때문에 빅데이터 연구자들은 창의성을 평가할 수 있는 몇 가지 도구를 개발했다. 이러한 평가 도구들은 기본적으로 주관적일 수밖에 없지만, 평가 결과를 다각도로 분석하고 다양한 맥락에서 실험하다 보면 믿을 만한 결과를 얻을 수 있다. 연구자들은 자기보고self-report를 이용해 전문가들에게 행동 일지를 기록하게 해서 특정한 날에 누가 얼마나 창의적인지 평가하도록 했다. 설문지에는 기본적으로 "당신은 오늘 얼마나 창의적이었습니까?"와 같은 형식으로 질문을 적어두었다. 또 행동 일지에는 직원들에게 그날 있었던 일들을 자세하게 적도록 요청했다. 이런 측정 방법은 연구 과제를 진행할 때에나 적용이 가능한데, 연구원들이 설문조사에 응답하고 행동 일지를 기록하려면 많은 시간이 걸리기 때문이다.

애리조나주립대학의 윈 벌리슨Win Burleson과 피아 트리파티Pia Tripathi는 소시오메트릭 배지와 평가 도구들을 이용해서 분야가 각각 다른 연구개발팀 3곳을 연구했다. 연구 목표는 연구개발팀의 전반적인 창의성을 이해하고, 배지로 수집한 데이터가 창의성이라는

217

모호한 개념을 실제로 예측할 수 있는지 알아보는 것이었다. 연구진은 5~7명의 팀원이 과학기술 연구개발 분야를 폭넓게 연구하는 팀에 집중했는데, 한 팀은 소프트웨어 제작에, 두 팀은 하드웨어와 소프트웨어를 아우르는 새로운 시스템 개발에 심혈을 기울이고 있었다. 세 팀은 일하는 근무환경도 비슷했다. 각각의 팀원들은 벽을 향해 칸막이를 세워두고 있었으며, 여러 개의 칸막이가 중앙에 있는 공동 협력 공간을 둘러싸고 있었다. 이렇게 사무실 공간을 배치한 이유는 연구원들끼리 친밀하게 협력하는 분위기를 만드는 한편 각자 맡은 업무에 집중할 수 있는 공간을 확보하려는 목적이었다.

애리조나주립대학 연구진은 이 연구에서 몇 가지 가설을 세웠다. 첫째, 창의성이 아주 높은 날에 팀원들은 서로 평소보다 친밀하게 상호작용을 할 것이다. 즉, 동료와 이야기를 나누는 평균 시간이 증가할 것이다. 둘째, 창의성이 아주 높은 날에는 신체적으로도 훨씬 적극적으로 움직일 것이다. 이런 가설들은 직관적으로도 일리가 있고, 애리조나주립대학 연구진의 관찰 결과와도 부합했다. 창의성이 높은 날에 직원들은 동료와 아주 친밀하게 일을 하고, 새로운 아이디어도 빨리빨리 되풀이해서 생산해냈다. 아이디어가 좋으면 좋을수록 직원들이 열정적으로 변하고, 실제로 직원들의 말투와 움직임에서 엄청난 열정이 묻어났다. 애리조나주립대학 연구진은 이런 관찰 결과를 숫자로 변환하려고 했다. 그렇게 하면 지금까지 '뭐라고 꼬집어 말할 수 없는' 지표로 여겨왔던 창의성을 수치화된 객관적 자료인 하드데이터hard data로 뒷받침할 수 있을 것이다.

218

해커톤형 인재와
다빈치형 인재

배지 데이터를 분석하고 나자, 애리조나주립대학 연구진은 원래 세운 가설을 그대로 확인할 수 있었다. 그뿐만 아니라 배지에서 수집한 데이터가 직원들의 창의성을 판단하는 데 굉장히 뛰어난 예측력을 보인다는 사실도 밝혀냈다. 특히, 팀원들끼리 자주 만나면서 활동 에너지를 높이는 데 시간을 많이 쏟을수록 창의성이 몰라보게 높아졌다. 창의성 지수를 측정하려고 배지 데이터를 이용해서 알고리즘을 구축하자, 90퍼센트 이상의 정확도를 얻을 수 있었다.

이런 결과는 창의성 측정에서 진일보한 것이다. 직원이 누구와 대화하는지, 활동량이 얼마인지만 자세히 관찰해도 창의성을 측정할 수 있다는 의미이기 때문이다. 창의성 이외의 다른 요소들도 한 사람의 활동 패턴에 분명히 영향을 끼치겠지만, 그 밖의 다른 요소들은 지속적인 영향을 끼치지는 않는다는 사실이 드러났다. 그들 중에는 자신이 창의적일 때 그런 사실조차 인식하지 못하는 직원도 있었다. 이런 사실은 연구원의 행동 데이터와 자기보고 데이터 사이에 나타난 차이로 확인할 수 있었다. 이것은 창의성 측정에서 행동 데이터 분석이 훨씬 더 정확하고, 시간이 덜 걸리는 분석법이라는 사실을 암시한다.

행동 데이터 분석은 창의적인 일들을 이해하는 데 엄청난 도움을 줄 수 있다. 직원의 창의적인 시간이 언제인지 자동으로 감지함 **219**

으로써 기업은 그런 창의성을 낳게 하는 환경을 좀더 자세하게 조사할 수 있을 것이다. 범위를 확대해서 생각해보자면, 직원 수십만 명이 근무하는 조직에서 다양한 업무에 창의성이 일어나는 환경을 반복해서 조성한다면 회사 전체의 창의성을 자극하는 데 큰 도움이 될 것이다.

행동 데이터를 분석해보면 직원들이 창의성에 대한 두려움을 극복하는 데 몇 가지 힌트를 얻을 수 있다. 예컨대, 스스로 새로운 아이디어를 만들어내느라 전전긍긍하기보다는 먼저 다른 직원들과 함께 토론부터 시작하는 것이 그런 두려움을 없애는 최고의 방법이다. 그저 회의실에 들어가서 화이트보드에 아이디어를 적기만 해도 창의성이 넘치는 회의를 하기가 수월하다. 심지어 정해진 시간에 아이디어 회의만 해도 도움을 받을 수 있다.

기업에서 장기적으로 창의성이 계속해서 일어나려면, 다양한 분야의 직원들이 서로 교류를 해야 한다. 자신이 아는 사람만 사귀다 보면, 항상 같은 의견을 가진 직원들하고만 대화하기 마련이다. 그렇게 해서 노키아는 자신이 속한 휴대전화 시장에서 주요한 파괴적인 혁신이 일어났는지 몰랐다. 노키아는 그 폐쇄적인 조직 문화 때문에 시장 장악력을 활용해서 스마트폰을 기업 전략의 핵심으로 올려놓는 혁신을 이루어내지 못했다. 최근까지도 스마트폰을 기업 전략의 중심에 놓지 못했다는 것을 의미한다.

사내에서 일어나는 예상치 못한 만남, 즉 세렌디피티는 엄청나게 중요하다. 세렌디피티는 언젠가는 그 진가를 발휘하기 때문이다. 완전히 다른 분야에서 일하는 직원과 만나면, 자신이 그 직원과 관련성이 아주 높은 업무를 하고 있다는 사실을 발견할 수도 있고, 서로가 가진 문제점을 해결할 대안을 제시해줄 수도 있다. 장기적으로 세렌디피티가 회사 수익 구조에 미치는 영향을 분석해야겠지만, 이런 만남을 자주 갖는 직원은 그렇지 않은 직원보다 생산성이 높은 것으로 나타났다.

상호작용 패턴과 활동 패턴을 통해 직원의 창의성을 예측할 수 있었던 것은 사실이지만, 그 두 요소를 각각 다루어야 할 필요가 있다. 활동량이 넘치고 이리저리 많이 움직일 때 창의성이 높아진다는 것은 별로 놀라운 일이 아니다. 긴 의자에 누워서 손끝 하나 까딱 안 하면 창의성이나 생산성이 높아질 리가 없다. 직원들의 넘치는 에너지가 중요하다는 것을 보여주는 사례는 새로운 혁신의 용광로, 즉 해커톤Hackathon(해킹haking과 마라톤marathon의 합성어로 주제 제한없이 마라톤을 하듯 아이디어를 쏟아내며 논의하는 방식)이다.

창의적인 소프트웨어 기업의 전형적인 특징 중에 하나는 컴퓨터 프로그래머들이 커피를 마셔가며 24시간 프로그래밍 경연을 펼치는 '해커톤' 행사를 자유롭게 활용한다는 점이다. 페이스북이나 구글 같은 기업들은 다수의 엔지니어를 컴퓨터, 의자, 피자, 음료수가 가득한 큰 회의실에 불러놓고, 직원들끼리 작은 팀을 만들어 새로운 프로그램의 최종 데모demo를 완성할 때까지 서로 협력하도록 북돋운다.

24시간 동안 프로그래머들은 코드를 짜고, 회사의 정보 인프라 위에 구축할 수 있는 최종 애플리케이션을 내놓는다. 이렇게 엄청나게 힘든 프로젝트는 회사에 중요한 혁신(예컨대 페이스북의 채팅 기능) **221**

을 창출해내고, 그와 동시에 회사 전체의 사회적 자본을 강화시킨다. 해커톤 같은 프로젝트는 노동 강도가 엄청나다. 프로그래머들은 마감 시간을 맞추려고 미친 듯이 프로그램을 만들고, 실행 가능하고 직관적인 프로그램을 만들어내려고 무한 반복한다. 따라서 벤처 기업들이 기술혁신을 촉진하는 주요한 수단으로 해커톤을 열렬히 환영하고 있는 것도 당연하다.

해커톤은 직원들의 열정적인 에너지와 높은 창의성이 무엇인지 보여주는 전형적인 사례다. 직원들이 하루 종일 동분서주할 필요가 있다고 말하는 것이 아니다. 그보다는 자기 책상에만 가만히 앉아 있지 말고, 주변을 좀더 걸어다니면서 지금 하고 있는 일에 박차를 가하라는 의미다. 이렇게 하는 것은 물론 도전적일 수 있지만, 그것이 바로 해커톤 같은 행사가 효과적인 또 다른 이유다. 해커톤 같은 환경에서 직원들은 에너지도 왕성하고 헌신도도 높은 분위기를 만들어내기 때문에 이런 적극적인 행동이 직원들 사이에 퍼지게 된다. 주변에 있는 직원들이 열정적이라면, 나 또한 그와 비슷하게 열정적으로 변한다.

이런 결과들과는 대조적으로, 많은 기업에서 흔히 외로운 천재를 창의성의 '궁극의 모델'로 바라본다. 레오나르도 다빈치나 토머스 에디슨 같은 인물은 개인의 힘으로 혁신을 이룬 거장이다. 하지만 우리가 간과하고 있는 것은 이들이 아주 역동적이고 서로 협력하는 사회에서 살았다는 사실이다. 다빈치는 르네상스 분위기가 한창이던 시절에 이탈리아를 두루 여행하면서 당대의 뛰어난 지식인들과 교류하고 같이 작업을 했다. 에디슨 역시 산업혁명의 호황기에

222

많은 발명을 해냈으며, 당시 과학계와 산업계에 깊이 관여하고 있었다. 에디슨이 발명한 그 유명한 전구는 사실 무無에서 유有를 만들어낸 것이 아니라 당시에 있던 기술을 실용적으로 개량해서 만들어낸 것이었다.

혁신은 단순히 개인 노력의 산물이 아니다. 그것은 직원 개개인이 중요하지 않다는 의미가 아니라, 직원들이 실제로 창의적으로 변화하려고 노력하고 혁신을 현실로 만들어내야 한다는 의미다. 창의성은 열의가 있고 그 일에 적합한 직원들을 함께 협력하도록 만들어서 깜짝 놀랄 만한 것을 만들어낼 때 일어난다. 그것이 핵심이다. 다양한 기술이 섞이고 또 많은 아이디어가 이리저리 버무려질 때, 세상을 변화시키는 혁신을 만들어낼 수 있다.

CHAPTER 6

기업에서 **질병**을
퇴치하는 법

참을 것인가,
병가를 낼 것인가

당신은 몸이 아플 때, 회사에 출근하는가? 겉으로 볼 때는 단순한 질문 같지만, 답하기는 결코 쉽지 않은 문제다. 인간을 본능적으로 움직이게 만드는 것은 반드시 병에 대한 진화적 반응의 결과도 아니고, 오로지 교육 때문만도 아니다. 거기에는 기업 문화와 사회 분위기가 크게 작용한다. 당신이 병이 났을 때는 집에 있는 것이 당연하다. 거기에는 반론의 여지가 없다. 몸이 아플 때 집에 있으면, 다른 사람에게 병을 옮기지도 않는다. 공중 보건 전문가들도 집에 머무는 일이 사회에 유익한 결정이라고 주장할 것이다. 아픈 사람이 적을수록, 회사로서는 생산성이 좋을 것이다. 다만 회사에 나오지 않는 직원이 적어지면 회사의 손해는 결원缺員 때문에 생기는 약간의 생산성 손실뿐이다.

그러나 실제 회사 전체의 손실은 그것보다 훨씬 클지도 모른다. 생산성 측면에서 따져보면, 회사를 가느냐 안 가느냐는 자신은 물론이고 동료들에게 막대한 영향을 끼친다. 직원 1명이 출근하지

227

않으면 직원 전체의 생산성에 타격을 준다. 또한 의사소통의 부족은 직원들의 직업 만족도에 부정적인 영향을 끼치고, 결과적으로 직원들의 정신 건강에도 악영향을 준다.

기업들은 이런 진퇴양난의 상황을 해결하려고 노력해왔다. 나도 몇 년 전에 그런 경험을 했다. MIT에서 대학원 연구 과정을 잠시 쉬고, 일본 도쿄에 있는 한 대기업 전자회사 연구실에서 연구원으로 근무한 적이 있었다. 그때까지 나는 이 연구실 연구원들과 공동 연구를 해왔는데, 좀더 의미 있는 결과를 도출하기 위해서는 그 회사의 직원이 되어야만 했다. 대학생 때 부전공으로 일본어를 공부했던 나는 일본으로 다시 돌아가서 일본어 실력을 키울 기회가 왔다는 생각에 매우 기뻤다. 일본어를 구사할 줄 알았던 덕분에 일본의 다른 연구실에서도 근무한 경험이 있었던 터라 일본에서 경험하게 될 문화적 차이를 잘 감당할 수 있을 것이라는 느낌이 들었다.

일본의 연구실은 미국의 전형적인 연구실과는 확연히 차이가 난다. 연구실에는 어마어마하게 넓은 공간이 있어 연구원 수백 명 혹은 수천 명이 개방형 책상에 줄지어 앉아 업무를 본다. 책상에는 작은 칸막이가 설치되어 있는 경우도 있지만, 일어서기만 하면 연구실 직원들의 모습이 한눈에 들어올 정도로 칸막이가 낮다. 또한 연구원들은 서로 대면하는 시간을 굉장히 소중하게 여긴다. 그들은 꽤 이른 시간인 아침 8시쯤에 출근하지만, 보통 오후 8시 정도까지 퇴근을 하지 않는다. 그리고 모든 직원은 사내 식당에서 단체로 점심과 저녁을 먹는다. 이런 사내 분위기는 직원들끼리의 접촉을 촉진하고 직원들을 가능한 한 오랜 시간 회사에 근무하도록 만들려는 데

228

그 목적이 있다.

일본 대기업 전자회사 연구실에서 일하던 어느 날, 갑자기 몸이 아팠다. 아스피린 몇 알만 먹으면 사라지는 가벼운 두통이 아니라, 헐렁한 추리닝을 입고 39도의 고열을 참아가며 침대에 누워 〈로앤드오더Law and Order〉(1990년부터 2010년까지 NBC에서 방영된 미국의 범죄·법률 드라마) 재방송이나 시청할 수밖에 없는 그런 몸 상태였다. 나는 이러지도 저러지도 못하는 어려운 처지에 빠졌다. 다음 날우리 팀이 맡은 프레젠테이션이 있었는데, 부장에게 보고할 자료를 내가 준비해야만 했기 때문이다. 내 낯빛이 창백하고 전반적으로 기색이 안 좋아 보이자, 한 동료가 나에게 와서 무슨 문제가 있느냐고 물었다.

"몸이 좀 안 좋은 거 같아요."

나는 솔직하게 말했다.

"회사에 남아 프레젠테이션을 마무리 지어야겠지만, 내일 프레젠테이션은 아마도 못할 것 같군요."

그러자 그가 나를 아주 심각한 표정으로 쳐다보았다.

"아니에요. 지금 당장 집으로 가요."

그가 대답했다. 나는 약간 혼란스러웠고, 일본어를 잘못 알아듣는 실수를 저질렀나 하고 생각했다. 그 연구실에서는 회사 컴퓨터나 이메일 첨부 파일을 집으로 가져갈 수 없었기 때문에 집에서 업무를 끝내는 것이 불가능했다.

"프레젠테이션을 내일까지 반드시 끝내야만 해서, 회사에 남아 오늘 마무리해야 해요."

229

내가 되풀이해서 말했다. 그는 고개를 절레절레 저으며 말했다.

"아뇨. 진짜 집으로 지금 가는 게 좋겠어요."

그러고 나서 나는 정중하게 양해를 구하고 연구실을 빠져나왔다. 약간 충격을 받은 채 전철을 타고 집으로 돌아온 나는 앞으로 어떻게 해야 할지를 두고 고민했다. 어쨌든 내가 프레젠테이션을 끝내야만 했기 때문에 가장 좋은 방법은 내일 아침 일찍 연구실로 출근해서 프레젠테이션을 만들 시간을 충분히 버는 것이었다. 그다음 날, 출근한 나에게 회사에서는 하루 더 쉬어야 한다고 정중하게 말해주었다. 회사는 내가 건강을 회복했다는 확신이 들 때까지 아예 나를 연구실에 들여보내지 않을 심산이었다.

질병은 생산성에 영향을 준다

일본 기업에서는 직원들의 대면에 대한 욕구는 말할 것도 없고, 심지어 생산성보다도 세균을 옮기지 않는 것을 중요하게 생각한다. 터무니없을 정도로 강한 결벽증(세균에 대한 두려움)이 작용하고 있는 것이다. 미국인이 볼 때, 감염에 대한 일본 기업의 이처럼 철저한 태도는 무척 생소하게 느껴진다. 미국에서 상사에게 이렇게 말한다고 상상해보자.

"저, 내일 중요한 마감이 있는 건 알지만, 몸이 안 좋아서 일을 다 못 끝낼 것 같습니다."

이렇게 말하자마자 상사에게 심한 질책을 받지는 않을지 몰라도 적어도 정신이 얼떨떨할 정도로 나무람을 듣게 될 것이다. 미국 기업에서는 개인 사정이 있어 곤란한 상황이 생겨도 직업적 의무를 끝까지 다하도록 집요하게 요구한다. 아이가 태어나도 부모는 유급 휴가를 보장 받지 못하고, 12주 후에 고용주는 출산 휴가 후 직장에 복귀하지 않는 직원을 법적으로 해고할 권리가 있다. 따라서 미국 기업에서 직장인이 어떤 병에 걸렸을 때 고용주가 자비를 베풀지 않는다는 사실은 별로 놀랄 일도 아니다.

개인적인 사례를 하나 더 들자면, 3일 동안 39도의 고열을 앓는 동안에도 출장을 갈 정도였다. 어쨌든 간신히 도중에 좀 나아지기는 했지만, 집에 돌아오고 나서 일주일 내내 비실비실했다. 말할 것도 없이 나 때문에 동료들이 감기를 옮았을지도 몰랐다. 이런 상황은 생산성 하락 측면에서 파급 효과가 상당할 수 있다. 회사로서는 직원 1명만 며칠 동안 활용하지 않으면 될 것을 갑자기 직원 수십 명이 몸 상태가 최악으로 바뀌고, 업무 효율성도 크게 떨어지는 상황을 맞이해야 하기 때문이다.

물론 기업이 '참고 견뎌라'는 분위기를 만드는 이유는 충분히 이해가 간다. 재택근무를 하지 않는 한, 병가病暇를 내는 직원의 생산성은 영(0)으로 떨어지기 때문이다. 이 책에서 언급한 모든 연구 결과에서 나타나듯이, 집에서 근무하는 것 역시 생산성이 크게 높지가 않았다. 동료와 얼굴을 맞대고 의사소통할 때, 자신의 생산성이 크게 증가하는 것은 물론이고 자주 소통하는 동료들의 생산성도 덩달아 향상되었다. 아플 때, 직장에서 계속 일을 하면 업무 효율성은 떨

231

어지겠지만, 여전히 사교 활동으로 생기는 생산성 향상 효과를 누릴 수 있다.

그렇다면, 몸이 아플 때 직원은 어떻게 대처해야 할까? 이 질문에 대한 답을 얻기 위해서는 실제 행동 데이터가 필요하다. 실제 행동 데이터가 있으면 역학조사관epidemiologist이 개발한 방법론에 따라 어떻게 질병이 회사 내에서 퍼지는지 그 경로를 파악할 수 있다. 이렇게 하면 질병으로 일어난 행동 변화가 어떻게 생산성에 영향을 끼치는지 추정이 가능하다. 제5장에서 소개한 IT 기업의 데이터를 활용해서 우리는 바로 그런 작업을 수행했다.

IT 기업 프로젝트는 우리가 직원 질병 대처 전략의 효율성을 조사하는 데 훌륭한 자료가 되어주었다.[23] IT 기업을 연구할 때 복잡한 하드웨어 시스템을 설계하는 직원 수십 명이 한 달 동안 소시오메트릭 배지를 착용했다는 사실을 떠올려보자. 배지 데이터 이외에도 우리는 이 연구에서 확실한 생산성 수치를 얻었다. 이 때문에 우리는 행동에 근거한 아주 정교한 생산성 예측 모델을 만들어낼 수 있었다. 사람은 몸이 아프면, 행동도 변하기 마련이다. 직원이 아플 때 동반되는 행동 변화가 회사에 어떤 영향을 끼치는지 관찰하려면, 이 기업에서 얻은 원본 데이터에서 추출한 직원들의 행동 패턴을 새로운 행태로 변형해보면 생산성이 어떻게 달라지는지 관찰할 수 있을 것이다. 특히, 우리는 직원들의 응집력이 어떻게 변하는지 관찰했다. 생산성과 가장 밀접한 관련이 있는 지표가 바로 응집력이기 때문이다.

이 연구에서 우리는 직원들이 아프다고 가정하고, 질병이 회사

232

내에 확산되도록 컴퓨터로 시뮬레이션해서 직원들의 생산성에 어떤 영향을 끼치는지 계산했다. 회사 내에서 발병했을 때, 직원들이 행동을 변화시키면 회사에 어떤 영향을 끼치는지 파악하기 위해서였다. 예를 들어, 몸이 아플 때 직원이 조퇴하고 바로 집으로 가면 우리는 그 직원의 상호작용을 '집'에 머무는 일수日數만큼 제외했다. 이렇게 하면 회사 전체의 상호작용 패턴이 바뀌게 되고, 우리가 만든 생산성 예측 모델을 활용하면 이런 직원들의 행동 변화가 어떻게 회사 수익에 영향을 끼치는지 알 수 있다.

질병 확산을 시뮬레이션하려고 연구원 3명과 하버드대학 공중보건대학원HSPH의 역학조사관 2명이 함께했다. MIT에서는 나를 포함해 마누엘 시브라이언Manuel Cebrian과 릴리 크레인Riley Crane이 연구에 참여했고, 하버드대학 공중보건대학원에서는 레온 다논Leon Danon과 엘런 폴록Ellen Pollock이 동참했다. 이 예측 모델을 설계할 때 질병의 전파 속도와 회복 시간을 어떻게 시뮬레이션할 것인지를 결정하는 일이 중요했다. 운 좋게도, 공중보건 분야에서는 이런 과정을 이미 광범위하게 연구해왔다. 질병의 전염 가능성은 학술 문헌에 등장하는 수치, 즉 이제는 질병 재난 영화 〈컨테이전contagion〉(2011) 때문에 널리 알려진 Ro값을 통해 전염 방식과 바이러스 생명 주기를 예측할 수 있었다. 질병 회복 시간도 비교적 쉽게 예측할 수 있었다. 통제된 환경(보통 실험실)에서 며칠 동안 감염된 직원의 혈액 샘플을 채취해보면 회복 기간이 얼마나 걸리지 예측할 수 있을 것이다.

우리는 표준 전염병 시뮬레이션 기법인 SIRSusceptible Infected Recovered(취약 감염 회복) 모델을 사용했다. SIR 모델은 각 단계별로

233

그 특성이 다른데, 누가 어떤 시점에 있든 그 사람은 취약s, 감염i, 회복r 단계 중 한 단계에 속하게 된다. 취약 단계는 몸이 아파서 감염될 우려가 있는 단계다(단, 모든 사람이 잘 걸리는 질병이 아닌 특정 질병만 해당된다). 이제는 감염 단계다. 이 단계에서 감염된 사람은 일정 시간 내에 다른 사람에게 병을 감염시킬 우려가 있다. 감염된 사람이 취약 단계에 있는 사람을 만날 때마다, 시뮬레이션 프로그램은 최초 감염 가능자 수를 무작위로 정해 연쇄적으로 감염자 여부를 판별한다. 현실에서는 세균에 접촉하고 나서도 병균이 몸에 퍼지는 시간이 있기 때문에 바로 감염되지 않는다. 그러나 이것이 시뮬레이션 결과에 큰 영향을 끼치지 않는다. 전염되는 병은 대부분 1~2시간 안에 온몸으로 퍼지기 때문이다.

며칠 후에 감염된 사람은 회복 단계에 들어간다. 이 단계에서는 다른 사람을 감염시키지도 않고 자가 감염이 되지도 않는데, 이는 우리가 질병에 얼마간 노출되고 나서 얻는 면역력처럼 이들도 그와 비슷한 가상의 면역력을 확보하기 때문이다. 많은 사람이 일상생활에서 이런 경험을 한다. 가족 중에 한 사람이 독감에 걸리면, 다른 가족들도 독감에 걸리는 경우가 드물지 않다. 가족 중에 독감에 걸린 사람이 있더라도, 독감에 안 걸리는 가족은 독감과 싸우는 면역 체계가 그만큼 강하다는 뜻이다. 구체적인 수치를 들자면, SIR 모델에서 1분 동안 감염된 환자와 접촉했을 때 다른 사람이 감염될 확률은 0.7퍼센트다. 반면, 감염 후에 완전히 회복되기까지는 3일이 걸린다. 이런 수치는 A형 독감h1n1의 역학적 특징과 거의 일치한다.

234

질병은 어떻게
전염되는가

이제 데이터와 예측 모델이 준비되었으니, 어디서부터 시작해야 할까? 달리 말해 어떻게 누가 먼저 질병에 걸리는지 파악해서 질병이 퍼지는 방식을 알아볼 수 있을까? 우리는 현실적으로 그렇게 할 수 없다는 것을 깨달았다. 모든 직원을 대상으로 일주일 동안 매일 일과를 시작할 때 직원 1명이 '감염'되었다고 가정하고 시뮬레이션을 시작했다. 그렇게 시뮬레이션을 하면 직장에서 다양한 감염 경로가 형성되는데, 이렇게 한 것은 누가 병에 걸릴 확률이 높은지 미리 알 수 없기 때문이다.

이 방법에는 유행병을 시뮬레이션할 때 누구나 운에 따라 무작위로 감염될 것이라는 논리가 숨어 있다. 실제 상황에서도 그렇지만, 한 번의 시뮬레이션에 다수의 사람이 한꺼번에 감염되는 경우가 있을 수 있다. 이는 시뮬레이션 프로그램이 우연히 그런 조합을 뽑아낼 수 있기 때문이다. 우리는 이렇게 다양한 시뮬레이션 결과들의 평균치를 구해 우리가 예측한 결과가 정확하게 나타나도록 할 필요가 있었다. 서로 다른 직원들 사이에 감염이 될 수 있다는 가능성을 추가로 포함하면, 이 질병의 동역학動力學을 역동적으로 관찰할 수 있을 것이다.

처음 시뮬레이션을 진행하는 동안, 우리는 직원들의 행동을 전혀 변화시키지 않았다. 우리는 단지 질병의 확산 동역학이 어떤 모습인지를 보고 싶었다. 몇몇 직원 때문에 감염이 확산되는 것일까? **235**

특정한 방식의 상호작용이 대부분의 감염을 일으키는 원인일까? 관찰 결과는 우리를 정말 헷갈리게 했다. 물론 직원들끼리의 장시간 만남도 실제로 감염을 일으켰지만, 짧은 시간의 만남이 병이 확산되는 주된 원인이었다. 장시간의 만남이 감염을 일으킨다는 것은 일리가 있었다. 감염된 사람이 건강한 사람과 100분 이상 대화를 나누면, 건강한 사람이 감염될 확률은 50퍼센트를 훨씬 넘는다. 이런 확률과 내가 20명의 사람과 각각 5분 동안 대화를 나누었을 때의 감염확률을 비교해보자. 이때 내가 1명을 감염시킬 확률은 똑같다. 즉, 50퍼센트다. 반면, 내가 특정한 사람을 감염시킬 확률은 3.5퍼센트밖에 되지 않는다. 그러나 내가 대화를 나눈 첫 사람에게 감염을 시키고, 5분간의 대화가 끝난 다음에는 2명 모두 다른 사람을 전염시킬 수 있다. 이런 동역학은 우리가 관찰한 감염의 주요 원인이었다.

감염 동역학 개념을 더 잘 이해하게 되면서 우리는 그런 상호작용을 줄이면 무슨 일이 벌어질지 궁금해졌다. 모든 만남을 완전히 차단하기에 앞서 우리는 처음에 제안한 대로 아주 짧은 시간의 상호작용을 제거했을 때의 영향력을 조사해보고 싶었다. 짧은 만남을 정확히 얼마나 제거해야 할지 좋은 생각이 떠오르지 않았기 때문에 우리는 그냥 전부 시도해보기로 했다.

표 6-1은 대화 최소 시간의 한계(X축)를 점점 늘려가면서 병에 걸린 직원의 숫자(Y축)를 나타낸 것이다. 대화 최소 시간이 5분이기 때문에 5분 이하의 대화는 통계에서 모두 제외하고 시뮬레이션을 반복했다. 그 결과 표 6-1에서 보이듯이, 5분 동안에 병에 걸린 직원 수가 거의 50퍼센트 감소해서 이 5분 동안이 최적의 차단시점인 것

236

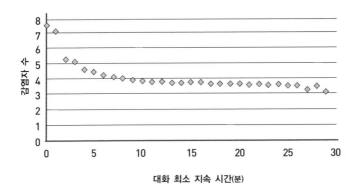

6-1 짧은 만남을 제거했을 때 감염 확산의 감소

같았다. 5분 이후에는 질병의 최종 전염력에 미미한 변화만 있을 뿐이었다.

우리는 또한 특정 시간 이상의 대화를 모두 제거하면서 상호작용에 최대한 제약을 가했을 때 무슨 일이 일어나는지 확인하고 싶었다. 그 결과 표 6-2에서 보듯이, 비슷한 효과를 관찰하지 못했다.

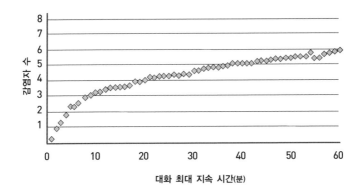

6-2 긴 만남을 제거했을 때 감염 확산의 감소

237

표 6-1의 5분 지점에서 관찰된 결과와 동일한 결과를 얻기 위해서는 25분 이상의 만남을 모두 제거해야만 했다.

그렇지만 생산성에 미치는 효과에 대한 의문이 남는다. 이런 종류의 행동 변화(즉, 특정 시간 동안의 대화 제거)는 생산성에 어떤 영향을 끼치는 것일까? 앞서와 똑같은 방법으로 우리는 팀의 네트워크가 어떻게 달라지는지를 시뮬레이션했다. 그 결과 팀 내의 다른 직원들에게 대화를 약간 줄이거나 아예 대화를 하지 않을 경우 생산성이 실질적인 영향을 받았다.

표 6-3은 시간 한계점 이하의 대화를 제거했을 때 팀 전체의 생산성 변화율을 보여준다. 대화 최소 시간 그래프는 5분을 기점으로 생산성이 급격하게 상승했다가 하강하는 아주 흥미로운 모습을 보인다. 우리가 분석한 데이터에 따르면, 생산성은 이러한 아주 짧은 만남을 제거함으로써 실제로 '향상'되는 것으로 예측되었다.

물론 예측 모델과 현실 사이에 괴리는 있다. 짧은 만남은 복도

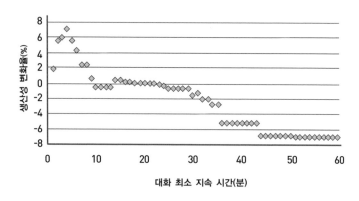

6-3 짧은 만남을 제거하면 생산성이 증가할까?

에서 우연히 아는 직원을 만나거나 커피 자판기 앞에서 잡담을 나누는 일처럼 대부분 일상적으로 일어난다. 아주 친한 사이일 때는 짧은 대화에 이어서 심도 있는 대화로 이어지기도 할 것이다. 그러나 평상시에 늘 가벼운 대화만 하는 사이라면, 두 사람은 아마도 같은 사교 범위 내에 있지 않을 가능성이 높다. 그렇기 때문에 이런 만남을 제거하면 응집력이 높아지는 결과가 나올 것이라고 예측하는 것이다. 이 말은 조직에서 이런 짧은 대화를 보편적으로 제거하려고 노력해야 한다는 것을 암시한다.

이렇게 사교 범위 밖에 있는 직원들과의 짧은 만남을 배제하면, 단기적으로 분명히 유리한 점이 있다. 직원들은 친한 직원과 더 많은 시간 대화를 나눌 수 있을 것이고, 그에 따라 복잡한 정보를 서로 교환하고 신뢰를 구축하기가 쉬워질 것이다. 반면, 그런 짧은 만남을 제거하면 팀 전체의 유대감은 서서히 약해질 것이다. 나중에 가서 이런 약한 유대감조차 사라지면, 해당 팀은 결국 비슷한 생각을 지닌 사람들과만 소통하는 울림방echo-chamber처럼 변할 것이다. 이미 앞에서 여러 차례 논의했듯이, 이렇게 되면 회사로서는 큰 타격을 받는다.

따라서 우리의 연구 결과는 의사소통 방식의 일반적인 원칙으로 해석하기보다는 질병 확산의 측면에 집중해서 해석해야 한다. 연구 결과는 감염 위험이 높은 기간에 짧은 만남의 횟수를 줄이면 병에 걸리는 직원을 크게 줄일 수 있을 뿐만 아니라 생산성 향상까지 기대할 수 있음을 분명하게 보여준다. 그렇게 하면 적어도 생산성에 타격을 입지는 않을 것이라고 예상할 수 있다. **239**

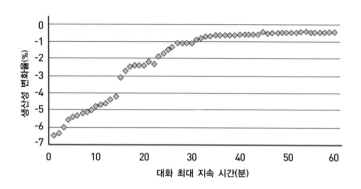

6-4 긴 만남을 제거했을 때 나타나는 부정적 효과

  그러나 장시간 만남을 제거하는 것은 완전히 다른 문제다. 표 6-4를 보면 알 수 있듯이, 장시간 만남을 제거하면 지속적으로 부정적인 효과가 나타난다. 이런 결과가 나타나는 것은 가까운 동료와 많은 시간 대화를 나누다가 그런 만남이 갑자기 줄어들면 거의 예외 없이 자기가 속한 집단의 응집력이 약해지기 때문이다. 30분 이상의 장시간 만남을 제거하면 생산성이 1퍼센트 감소하는 효과가 있는 것으로 예측되었다.

  이제 이런 다양한 만남이 건강과 생산성에 미치는 영향력을 이해했으니, 어떻게 실행하느냐의 문제만 남았다. 단순히 짧은 대화 횟수를 줄이는 데 초점을 맞추어서는 안 된다. 짧은 대화 횟수의 영향력은 건강과 생산성에 똑같은 영향을 끼치지만, 특정한 상황에서 건강 문제가 생산성 문제보다 심각할 수 있기 때문이다. 그런 경우에는 짧은 만남과 긴 만남을 '동시에' 감소시키면 질병 확산을 차단하는 데 도움이 될 것이다. 이런 상황에서는 집에 머무는 것이 상책이다.

240

유행병이 돌 때
우리가 해야 할 일

직원들의 짧은 대화 횟수를 줄이는 데 다양한 전략을 활용할 수 있다. 물리적 거리는 직원들의 상호작용에 막대한 영향을 끼친다. 서로 자리가 가까우면 가까울수록 대화를 많이 할 가능성은 높아진다. 이런 특성은 짧은 만남에서 두드러진다. 회의실에서 한 시간 정도 회의를 하는 것이라면 그 사람과의 거리는 별로 문제가 되지 않는다. 그 사람을 찾아가거나 회의실을 찾는 일 정도는 충분히 해볼 만하다. 그러나 물리적 거리는 뜻밖의 만남에 엄청난 영향을 준다. 자신의 자리가 아는 직원의 자리와 물리적으로 가깝다면, 회사 내에서 그 직원과 우연히 만나거나 잡담을 나눌 가능성은 아주 높아진다.

최근 기업에서 채택하고 있는 개방형 좌석 제도를 유리하게 활용하면 사내에서 뜻밖의 발견의 기회를 한층 더 늘릴 수 있다. 개방형 좌석을 배치한 사무실에서는 누구도 자신의 자리가 따로 없다. 그 대신, 서로 다른 공간에 팀원들의 좌석이 배치되어 있고, 팀원들은 지정된 공간에서 하루든 일주일이든 마음대로 자리를 정해서 앉을 수 있다. 팀원들이 같은 공간에서 근무하는 대신 이렇게 서로 다른 공간에 자리를 배치하면 팀 내에서 팀원들 간의 평균 거리가 늘어나게 될 것이다. 이렇게 되면 평소에 대화를 나누던 팀원과 멀리 떨어져 지내기 때문에 뜻밖의 만남이 일어날 여지가 거의 없어질 것이다.

241

회사 정책상으로 항상 이렇게 좌석은 배치할 필요는 없고, 감염 위험이 높은 기간에만 개방형 좌석 제도를 운영하면 된다. 질병이 퍼지기 시작할 때, 회사는 업무 공간을 '유행병 좌석'으로 옮길 수 있을 것이다. 이렇게 하면 거의 비용을 들이지 않고, 직원들에게 불편함을 주지도 않으며, 오히려 직원들의 건강에 긍정적인 영향을 준다. 유행병 좌석 제도를 운영하면, 평소에 대화를 별로 나누지 않던 직원들끼리 친해지게 되는 부수적인 효과도 거둘 수 있다. 이렇게 되면 새로운 좌석 배치의 목적이 무의미해지겠지만, 직원들끼리 서로 소개를 하다 보면 이런 만남은 길어질 수 있을 것이다. 어떤 경우든 평상시의 좌석 배치보다 짧은 만남이 빈번해질 것은 분명하다.

짧은 대화를 줄일 수 있는 또 다른 전략은 사무실 문을 닫는 것과 관련이 있다. 사무실 문이 열려 있으면 직원들은 머리를 빼꼼히 내밀고 인사를 하기 십상인데, 이런 행동은 평상시라면 환영할 만한 행동이다. 반면 사무실 문을 닫으면, 그래도 사람들은 쉽게 왔다 갔다 하겠지만 만나는 시간이 상대적으로 긴 좀더 의도적인 만남이 이루어질 가능성이 많다. 짧은 대화 횟수를 크게 줄이는 또 다른 전략은 긴 만남의 횟수를 높이는 일이다. 감염 위험이 높은 기간에 회사는 '회의하는 날'을 정해 다음 몇 주 동안에 있을 모든 회의를 불과 며칠 안에 배정하는 것이다. 이렇게 하면 아주 긴 만남이 많아지고, 짧은 대화는 거의 없어질 것이다. 여러 가지 물리적인 이유로 완전히 실행하기가 어려운 경우에는 감염 위험이 높은 기간으로 회의 시간을 일부 옮기기만 해도 상당한 효과를 볼 수 있을 것이다.

아주 긴 만남을 줄이려고 작은 변화를 시도하는 일은 상대적으로 어렵다. 긴 만남은 짧은 만남보다 좀더 계획적이고 중요성이 높은 탓이다. 따라서 환경을 살짝 바꿔서 직원들이 특정 행동을 하도록 유도하는 것에 그치지 않고, 의사소통의 목적과 공식적인 절차에 변화를 줄 필요가 있다. 정해진 시간을 초과하는 회의를 하지 못하도록 하는 것이다. 또한 대면 회의를 화상회의로 대체하는 방법도 있다. 그렇게 하면 십중팔구 회의 질은 떨어질 것이다. 그러나 생산성에 미치는 효과를 감안하면, 장시간 대면을 줄이는 것은 상당히 과감한 조치이며, 극단적인 상황에서만 가능할 것이다. 일반적으로 긴 만남을 제거하는 최고의 방법은 직원을 집에 머물게 하는 것이다. 그렇게 해서 공기 감염의 주된 메커니즘에 영향을 주는 것도 가능하다. 일본에서 사람들은 몸이 아프면 수술용 마스크를 착용하기 때문에 타인에게 세균을 잘 옮기지 않는다. 이렇게 하면 효과적으로 감염을 막을 수 있다. 마스크가 방출된 공기의 속도를 늦추고, 대부분의 감염이 타인과의 대화에서 발생하기 때문이다.

표 6-5는 기업이 생산성에 미치는 영향을 적절히 조절하면서 질병을 퇴치할 때 활용 가능한 다양한 전략을 요약한 것이다. 상황에 따라 기업은 건강에 좀더 중점을 두고 싶은 경우도 있을 것이고, 전후 사정이 더 중요한 경우도 있을 것이다. 여기에 나와 있는 전략들은 유행병이 돌 때마다 실행해야 할 목록이 아니라 회사가 구체적인 필요에 따라 조정할 수 있는 수단이라고 보아야 한다. 수술용 마스크 착용과 같이 문화적 변화는 반드시 필요하다. 그렇게 해야 우리의 건강과 경제를 동시에 심각하게 손상시키는 전 세계적 유행병을 막을 수 있다. 이런 문화적 변화는 단지 기분 좋으라고 하는 것이

243

우선순위 상호작용의 유형	생산성 향상	건강 보호
짧은 만남 줄이기	자리 배치 변화, 사무실 문 닫기, '회의하는 날' 정하기	자리 배치 변화, 사무실 문 닫기
긴 만남 줄이기		회의 취소나 날짜 재조정, 화상회의, 아픈 직원 조퇴 시키기
문화 바꾸기	수술용 마스크 착용	수술용 마스크 착용

6-5

아니라 객관적인 데이터를 바탕으로 해야 한다. 시뮬레이션은 이런 변화를 지원하는 데 도움을 주지만, 실제 유행병 데이터도 우리가 좀더 나은 대응을 하는 데 도움을 준다. 지금까지 질병을 퇴치하는 효과적인 전략들에 대해 알아보았지만, 기침을 할 때 입을 막는 단순한 행동도 그렇게 나쁜 전략은 아니다.

CHAPTER 7

구글은 어떻게
최고의 기업이 되었는가

기업의
인수합병 딜레마

자신의 힘으로 오롯이 거대 기업으로 성장하는 경우는 없다. 전 세계에서 직원 수가 1만 명 이상인 대기업뿐만 아니라 그보다 작은 많은 기업이 거의 예외 없이 한 회사 또는 많은 회사를 인수하거나 합병해서 규모를 키워왔다. 흔히 인수합병M&A으로 불리는 이런 전략은 사업을 할 때 가장 중요하고도 실행하기 어려운 절차다.

매년 시장에서는 약 2조 달러 규모의 인수합병이 이루어진다. 그중에는 규모가 어마어마한 경우도 있는데, 이때 천문학적인 금액이 왔다 갔다 하기도 한다. 아메리카온라인AOL은 2000년 초에 1,647억 달러라는 거액에 타임워너Time Warner를 인수했다. 이 두 기업의 인수합병이 인상적이었던 것은 무시무시할 정도로 컸던 인수합병의 규모만큼이나 처절하게 실패를 맛보았기 때문이다. 하지만 업계에서는 인수합병의 실패율을 통상 60퍼센트 이상으로 추정한다. 따라서 인수합병 실패를 이례적인 일이라기보다는 흔한 일로 여

247

긴다. 실제로 역대 최대 규모로 진행된 세 차례의 인수합병은 관련 기업들이 결국 다시 분리되거나 총 손실액이 4,660억 달러에 이를 정도로 큰 금전적 손실을 보고 끝이 났다.[24]

이렇듯 인수합병 실패 때문에 전 세계 경제는 매년 1조 2,000억 달러의 손해를 본다. 이 정도 규모의 금액이면 미국 내 대학생 전체 등록금을 지원하고도 충분히 남는다. 남는 돈으로 그리스의 재정 위기를 해결하는 데 써도 될 정도다. 그런 천문학적인 금액을 낭비한다는 것은 일종의 범죄나 다름없다. 따라서 뭔가 해결책이 필요하다. 기업들이 자진해서 미심쩍은 거래에 수십 억 달러를 탕진하지는 않는다. 기업들은 인수합병을 하기 전에 대상 기업을 두고 막대한 비용을 들여 조사한 다음 협상에 들어간다. 이런 업무는 인수합병 전문가가 맡는데, 그들은 수백만 달러를 가지고 기업의 실적과 인수합병으로 생길 수 있는 시너지 효과를 조사하는 업무를 맡는다. 인수합병 체결까지는 몇 년씩 걸리는 경우가 많다. 따라서 기업들은 인수합병이 순조롭게 이루어지도록 많은 시간을 들여 세심하게 계획을 세우고 공식적인 절차를 밟는다.

그러나 현실에서 그런 계획들은 실패로 돌아가고, 기업들은 계속해서 불행한 인수합병 실패의 전철을 밟는다. 그럴 때 경영자들은 대부분 어쩔 수 없었다는 듯 어깨를 으쓱이며, "인수합병은 정말 어렵다"는 똑같은 불평을 쏟아낸다. 세상에는 정말 어렵지 않은 일이 없기에 경영자들이 그런 불평을 할 만하다. 초음속 제트기를 제조하는 일도 어렵고, 수억 개의 부품이 들어가는 컴퓨터 프로세서를 설계하는 일도 어렵다. 다만 문제는 초음속 제트기나 컴퓨터 프로세서

248

나 여전히 물 흐르듯 잘 생산되고 있다는 사실이다. 그것도 인수합병보다 훨씬 높은 성공률로 말이다.

이 문제를 바라보는 내 시각은 약간 다르다. 인수합병이 처한 현실을 한 번 살펴보자. 전 세계에서 가장 똑똑하다고 평가받는 수천 명의 인재가 정확히 똑같은 문제에 뛰어들어 끊임없이 실패한다. 사실이 이렇다면 그 원인은 두 가지 중에 하나가 아닐까? 기업들이 인수합병은 성공 불가능한 일이라고 그 실패를 아예 운명처럼 받아들이며 매년 1조 2,000억 달러의 손해를 보고 있거나, 그게 아니라면 엉뚱한 곳에 집중하고 있기 때문이다. 유명한 인수합병 사례인 이베이eBay의 스카이프Skype 인수합병을 살펴보자.

왜 이베이는 스카이프를 인수했는가

스카이프라는 기업을 한 번쯤 들어보았을 것이다. 스카이프는 유비쿼터스 인터넷 기반 음성 통신voice-over-IP 프로그램인 스카이프를 이용해 전 세계 어느 지역이나 연결이 가능한 무료 화상 채팅과 아주 저렴한 인터넷 전화 서비스를 제공하는 업체다. 2003년에 유럽 출신의 프로그래머 몇 명이 모여 스카이프를 설립했는데, 창업자들은 스카이프를 금세 정보통신업계의 골리앗으로 키워냈다. 오늘날 스카이프는 전 세계적으로 성공한 커뮤니케이션 소프트웨어로 자리 잡았고, 국제통화의 13퍼센트 이상이 스카이

249

프를 통해 이루어지고 있다.

2005년에 이베이라는 잠재적인 인수자가 스카이프 인수에 적극적으로 나섰다. 이베이는 사람들이 치약이나 텔레비전 같은 제품뿐만 아니라 심지어 마을 전체를 온라인에서 거래하는 미국 인터넷 경매 사이트 바로 그 이베이다(2012년 6월 28일 영국의 『가디언』은 이탈리아 토스카나 지방의 방치된 마을이 200만 5,000파운드에 이베이 경매에 올라왔다고 보도했다). 온라인 통신과 전자상거래가 도대체 무슨 관련이 있다는 것일까? 당시 이베이의 최고경영자 마거릿 휘트먼Margaret Whitman은 두 회사의 합병으로 이베이에서 복잡한 상거래를 하는 판매자와 구매자가 스카이프를 활용해서 더 많은 가치를 창출할 수 있을 것이라고 말했다.

"중고 불도저를 거래하는 경우 단가가 비싸고 제품 자체가 복잡하기 때문에 판매자와 구매자 간의 긴밀한 의사소통이 필요하다. 따라서 이런 과정을 이메일이나 인스턴트 메시지로 하기는 어려울 것이다. 스카이프를 이용하면 훨씬 더 쉽고 빠르게, 아주 저렴한 비용으로 의사소통이 가능하다."[25]

누구나 이베이에서 불도저 구매가 쉽지 않을 것이라고 추정할 수밖에 없다. 물론 이베이가 아주 특이한 거래에 가담하고 있는 것은 사실이지만, 얼핏 봐서도 이베이와 스카이프가 통합되어 큰 시너지 효과가 자연스럽게 일어날 것 같지는 않다. 그런데 이상하게도 당시 시장 분석가들은 대체로 이베이의 스카이프 인수를 두고 아주 긍정적인 평가를 내렸다. J. P. 모건Morgan(미국의 종합금융 투자은행)의 분석가 임란 칸Imran Khan은 이렇게 말했다.

250

"이베이는 앞으로 스카이프 소프트웨어를 활용해서 고객 서비스, 구매자와 판매자 간 의사소통을 끌어올릴 것이라고 우리는 믿는다. 또한 스카이프는 다양한 소프트웨어를 보유하고 있기 때문에 이베이 플랫폼의 효율성이 증가할 것이다(예를 들어 비디오를 제품 영상에 사용할 수 있다)."

시장조사업체 아이디시IDC의 분석가 윌 스토페가Will Stofega도 그런 분위기에 동조했다.

"이베이 고객들이 스카이프라는 새로운 소프트웨어를 활용할 수 있게 된다는 사실을 뛰어넘어, 스카이프는 이베이에 새로운 수익 창출원이 되어 기존의 포털사이트를 뛰어넘는 또 다른 길을 제시하고 있다. 스카이프는 좀더 완전한 서비스 포털사이트 업체가 되기 위해 게임에 뛰어들기를 원했다."

이런 반응들을 지켜본 나는 머리를 긁적일 수밖에 없었다. 전문가들이 말하는 인수가 일반인들이 생각하는 그 인수가 맞는 것일까? 제품을 통합하는 일, 특히 인터넷전화와 온라인 쇼핑몰처럼 그 특징이 천양지차인 제품을 통합하는 일은 극히 어렵다. 약간의 메시지 기능이 있다는 공통점 외에는 스카이프는 이베이와 그 성격이 완전히 다른 기업이다.

그 밖에도 큰 차이점이 있다. 스카이프 본사는 독일 룩셈부르크에 있는 반면 이베이 본사는 미국 캘리포니아주 산호세에 있다. 비록 이베이가 거리를 뛰어넘어 의사소통을 하는 데 탁월한 기술을 가진 기업을 인수하는 것이지만, 스카이프로서도 9시간의 시차를 극복할 도리는 없었다. 달리 말해 직원들이 아침 8시에 출근한다손

251

치더라도 두 회사의 업무 시간이 겹치는 일이 전무하다. 어찌 되었든 대부분 늦은 밤이나 이른 아침에 업무를 해야 할 것이고, 출장도 그만큼 많이 가야 할 것이다. 이것은 두 회사 앞에 길고도 험난한 길이 놓여 있다는 것을 의미한다. 그러나 전문가들은 그 당시에 이런 사실들을 제대로 파악하지 못했다. 그들은 오로지 인수합병에 따르는 재정적 문제와 장기 전략 실행에만 관심을 가졌다. 따라서 이베이가 31억 달러에 스카이프에 인수 제의를 했을 때에도 전문가들은 대부분 눈도 깜짝하지 않았다.

2009년 가을로 되돌아가보자. 결국 이베이의 스카이프 인수합병은 순조롭게 진행되지 않았다. 인수합병 후 이렇다 할 큰 합작품을 시장에 내놓지 못했고, 스카이프의 수익은 이베이가 쏟아부은 막대한 자금을 상쇄할 정도로 급격하게 떨어졌다. 이베이는 손실을 줄이려고 스카이프 지분 70퍼센트를 민간 투자 전문회사인 실버레이크 파트너스Silver Lake Partners에 매각했다. 매각으로 인한 이베이의 손실액은 약 12억 달러에 달했다. 이런 손실까지 감안하면, 스카이프를 인수한 이베이는 기본적으로 매년 3억 달러를 사무실 서류 절단기에 집어넣은 셈이다.

이베이와 스카이프 인수합병의 여러 가지 문제점을 감안하면, 이런 결과는 그렇게 놀랄 일도 아니다. 근무 시간대 차이 문제를 떠나 이베이와 스카이프는 근본적으로 성격이 완전히 다른 기업이다. 이렇게 말하면 놀라는 사람이 많이 있을지도 모른다. 두 회사 모두 비교적 비슷한 교육 환경에서 자란 직원들로 구성된 기술 벤처기업이기 때문이다. 그러나 그 이면에는 의사소통과 정보 교환 방식처럼

252

서로 다른 규범의 차이가 자리 잡고 있었다.

당연한 말일 수도 있겠지만, 스카이프 직원들은 스카이프를 쓰는 것을 좋아한다. 직원들은 자신의 스카이프 프로필에 나타나는 상태 메시지(여행, 출장, 휴가 등)를 꾸준히 업데이트하고, 나중에 쓸 용도로 채팅 기록을 저장하고, 보통 빠른 장거리 통화를 즐긴다. 게다가 스카이프는 직원들이 격식 없이 만나서 지나칠 정도로 자유롭게 속어를 쓰는 분위기가 강한 회사다. 여느 기업처럼 한 분야만 잘하는 정말 괴짜 같은 직원들을 자랑으로 삼기보다는 직원들의 자유로운 의사소통을 돕는 일을 자랑스러워하는 기업이 바로 스카이프다.[26]

이베이는 스카이프와는 기업 문화가 완전히 다르다. 스카이프는 불과 프로그래머 150명이 일하고 있었던 반면, 이베이는 1만 명 이상의 직원이 영업과 마케팅 업무를 하고 있었으며, 프로그래밍 업무도 하고 있었다. 이렇게 규모가 큰 기업들은 보통 권위적인 성격을 띠게 마련인데, 이베이도 예외가 아니었다. 실제로 이베이 임원들은 자기 파트너인 한 벤처회사에서 진행된 이사진 회의를 두고 '아마추어 같다'고 조롱을 할 정도였다. 이런 사실은 이베이가 크레이그리스트Craigslist(미국의 온라인 벼룩시장)와 쓰라린 결별을 하고 나서야 세상에 밝혀졌다.[27]

실제 기술 제공 면에서 전략적 시너지 효과가 없었던 것이 이베이의 스카이프 인수 실패의 결정적 원인이었다. 하지만 두 회사의 이런 문화적 차이도 결코 간과할 수 없는 실패 원인 중 하나였다. 일반적으로 기업 내에서 의사소통이 효과적으로 이루어지지 않으면, 여러 문제가 반드시 발생하기 마련이다. 얄궂게도 최근에 스카이프

253

는 또 다른 IT 대기업의 인수합병 대상으로 물망에 올랐다. 그 대기업은 바로 마이크로소프트Microsoft다. 2011년에 마이크로소프트는 스카이프 인수 조건으로 85억 달러라는 거금을 제시했고, 스카이프는 그 제안을 받아들였다. 전문가들은 두 기업의 합병을 두고 전반적으로 혹평을 내놓았다(아마도 같은 실수를 두 번 하고 싶지는 않은 듯했다).

그러나 기업 문화 측면에서, 마이크로소프트와 스카이프의 조합이 성공할 가능성은 여전히 남아 있다. 마이크로소프트는 진정한 글로벌 기업으로 유럽을 비롯한 전 세계에 지점을 두고 있다. 이 때문에 마이크로소프트는 신설된 스카이프 사업부의 통합과 거기에 필요한 의사소통을 이베이보다 훨씬 쉽게 이루어낼 수 있을 것이다. 물론 마이크로소프트 직원들의 형식적·비형식적 역학 관계는 이베이와 유사하다. 따라서 이번 인수가 인수합병으로 계속해서 쌓여가는 손실액을 또 한 번 늘릴지는 시간이 말해줄 것이다.

루브 골드버그 장치
만들기

인수합병이 성공하려면 인수합병에 필요한 모든 공식적인 확인 절차와 재무상의 준비와는 별개로, 애초에 오래 지속될 수 있는 관계를 공고히 다질 필요가 있다. 먼저 인수합병을 생각하기 전에, 대상 기업의 문화를 파악한 다음 두 기업의 문화가

254

얼마나 딱 맞아떨어질지 이해하는 일이 중요하다. 두 회사 직원들이 친목을 도모하는 분위기가 비슷한지, 직원들이 비슷한 방식으로 의사소통을 하는지, 어떻게 상호협력하는지를 이해하는 일이 중요하다. 이런 부분들에서 차이가 있다면 특별히 관심을 기울일 필요가 있다. 그 차이가 아주 크다면 기업은 인수합병에 따른 장기적인 전망을 재고해보아야 한다.

어떤 기업이 인수합병을 추진한다고 가정해보자. 그러면 여러 개의 팀을 묶어서 실제 두 조직을 하나로 통합해야 한다. 이런 경우 보통 기업은 조직도를 새로 설계하고, 새로운 사무실을 열고, 모든 것을 통째로 바꾸어서 공식적으로 두 회사를 하나로 통합한다. 이때 두 기업이 이런 통합 과정에서 실제로 협력을 했는지 확인할 필요가 있다.

두 회사가 합병한 지 얼마 되지 않아서 아직도 두 회사처럼 운영되고 있다면, 문제가 생긴다. 실제로 이런 문제는 MIT의 시난 아랄Sinan Aral이 수행한 연구 주제였다.[28] 재미있는 점은 그 연구의 목적이 전혀 인수합병에 관한 것이 아니었다는 사실이다. 시난 아랄과 그의 공동 연구자들은 당시 직원들 사이의 이메일 의사소통이 직원들의 생산성과 어떤 관련이 있는지를 조사하고 있었다. 연구진이 의사소통 데이터를 네트워크 형태로 자세히 관찰해보니, 아주 흥미로운 사실을 발견할 수 있었다. 그 회사 직원들은 두 그룹으로 나뉘어 있는 것 같았고, 두 그룹 사이에는 의사소통이 거의 이루어지지 않았다.

다시 한 번 강조하지만, 두 기업은 직원들끼리 서로 융화하는 **255**

지 눈을 크게 뜨고 지켜보아야 한다. 직원들끼리의 역학 관계를 시간을 두고 관찰하면서, 처음에 두 회사 직원들이 효율적으로 상호작용을 하지 않는다고 판단되면 거기에 재빨리 개입할 수 있다. 예컨대 팀별로 물리적 거리가 너무 떨어져 있다면, 인수합병 후에 팀원들이 서로 얼굴을 마주 보고 업무를 볼 수 있도록 조정하는 것이다. 이렇게 하면 직원들의 신뢰도를 쌓을 수 있다. 이것보다 좋은 방법이 있다. 두 회사 직원들의 자리를 섞어 놓는 것이다. 이때 두 회사 직원들은 자신의 팀을 벗어나서 서로 우연히 만나게 될 확률이 높아진다.

두 회사의 역학 관계 사이에 통합이 일어나도록 만드는 첫 번째 요소는 무엇일까? 물론 물리적인 사무실 공간 배치와 공식적인 기업 조직 구조처럼 두 회사의 기업 문화도 통합에 영향을 줄 것이다. 그러나 두 회사의 인수합병 업무를 책임지는 팀은 각각의 통합 수단을 어떻게 활용할지 신중하게 결정해야 하고, 그 부분을 두고 엄청난 책임감을 느껴야 한다. 인수합병 팀은 두 회사를 결합하는 데 필요한 여러 절차와 계획을 마련하는 업무를 하게 된다. 어느 팀들과 마찬가지로 인수합병 팀도 의사소통 패턴 측면에서 많은 문제가 생길 수 있다. 한 사람이 대화를 독점하거나 중간에 끼어들거나 하는 등의 문제가 일어날 소지가 있다. 특히 인수합병 과정에서 이런 문제들이 증폭되는데, 두 회사의 기업 문화가 근본적으로 다를 수 있기 때문이다.

예를 들어, 어떤 회사는 팀별 토론을 할 때 철저한 원칙이 있어서 어떤 의견에 찬성하지 않을 때 공개적으로 반대 의사를 표현하는

256

것이 상식이다. 반면 팀별 토론에서는 오직 일반적인 견해만 나누고, 의견이 불일치할 때에는 사적으로 대화를 나누는 회사도 있다. 이 두 회사가 인수합병을 한다면, 이런 문화적 차이 때문에 처음부터 관계가 꼬이게 될 가능성이 높다. 다시 말해 인수합병 팀은 기업의 문화 차이에 극도로 예민해야만 한다는 뜻이다. 따라서 두 회사는 앞으로 각 회사의 운영 방향을 두고 실질적인 토론을 벌이기 전에 숨김없고 솔직한 대화를 반드시 해야 한다. 사실 이렇게 허심탄회한 토론을 벌이는 것이 상식인 것 같지만, 기업 문화의 차이 때문에 직원들의 사이가 틀어지는 경우가 놀라울 정도로 비일비재하게 일어난다.

이런 의사소통 문제는 우리가 진행한 한 연구 결과에서 극명하게 드러났다. 우리는 서로 다른 국적을 지닌 학생들이 힘을 모아 공학 작품을 만드는 한 과학 경연 대회에서 참가자들에게 소시오메트릭 배지를 나누어주었다. 이 과학 경연 대회에서는 학생 8~10명이 한 조를 짜서 '창의적인 루브 골드버그 장치Rube Goldberg Machine(미국의 풍자만화가 루브 골드버그Rube-Goldberg의 이름에서 유래한 것으로, 루브 골드버그 장치는 엉뚱하고 복잡한 기계장치를 뜻한다)' 만들기 경연을 벌이고, 그 작품을 전문 평가단이 순위를 매겼다. 이 과학 경연 대회에서 우승을 하면 그 작품은 일본 도쿄의 유명한 과학박물관에 전시될 예정이었다.

참가자들은 과학 경연 대회 기간인 일주일 동안 소시오메트릭 배지를 착용하고, 각 조에 속한 학생들은 배지에 기록된 자신들의 의사소통 방식을 두고 매일 피드백을 받았다. 여기서 중요한 점은,

257

각 조에는 미국 학생과 일본 학생이 같이 섞여 있었는데 그중에는 영어 구사력이 크게 높지 않은 학생도 있었다는 사실이다. 이렇게 되면 조원들 사이에 의사소통이 어려워지기 마련이다. 물론 각 조에는 일본어와 영어를 동시에 유창하게 구사할 줄 아는 보조 교사가 배치되어 있었지만, 그런 어려움을 해소해주지는 못할 터였다.

그러나 시간이 지나면서 조원들끼리의 관계가 조금씩 개선되었다. 피드백을 받고 나서 미국 학생들은 자기들은 말을 조금 더 천천히 하고, 일본 학생들에게 말할 기회를 더 주어야 할 필요성을 느꼈다. 반면 일본 학생들은 더 크게 소리 내서 말할 필요성을 느꼈다. 한 주가 끝날 무렵, 조원들의 협동심은 놀라울 정도로 높아졌다.

그림 7-1은 과학 경연 대회에 참가한 한 조의 의사소통 패턴 변화를 보여준다. 각각의 원은 참가 학생을 나타내고, 원의 크기는 총 대화 시간을 의미한다. 또한 색깔은 각 조원의 상호작용 수준을 나타낸다(검은색: 서로 간의 대화, 흰색: 일방통행식 대화). 여기서 상호작용 수준은 다른 사람이 말하기 전에 한 사람이 말한 시간으로 정의했다. 그림 7-1에서 보이는 선들은 화자話者 전환, 즉 대화 순서를 나타낸다.

그림 7-1에서 볼 수 있듯이, 첫째 날에는 일본 학생 2명이 거의 대화에 참여하지 않았고(좌측 하단에 있는 원 2개), 미국 학생 4명은 결속력이 강했다(상단의 원 4개). 이런 관계 역학이 하루이틀 정도 지속되었지만, 시간이 지나면서 서서히 바뀌기 시작했다. 결국 과학 경연 대회가 끝날 무렵에 가면, 이 조에 속한 모든 학생이 매우 적극적으로 상호작용을 하고, 빈번하게 대화에 참여하며, 초기에 집단 내

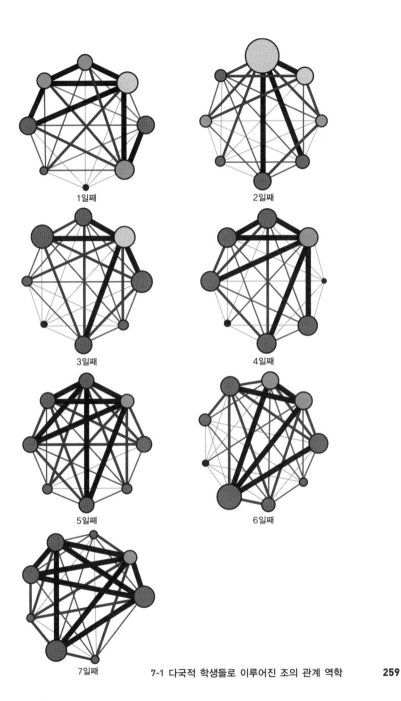

1일째

2일째

3일째

4일째

5일째

6일째

7일째

7-1 다국적 학생들로 이루어진 조의 관계 역학

에서 나타났던 배타적인 행동도 더는 나타나지 않았다.

그림 7-1을 보면 이런 사실을 분명히 알 수 있다. 보조 교사 2명(우측 하단에 있는 원 2개)도 거의 대화에 참여하고 있지 않는데, 이 또한 아주 긍정적인 영향을 끼치고 있다. 그 이후로 우리는 실험실에서 연구를 계속 이어갔다. 실험실에서는 과학 경연 대회 때와는 달리 실시간으로 피드백을 주어 배지 데이터가 대화 중의 역학 관계에 지속적으로 영향을 주는 것을 확인했다(실시간 피드백real-time feedback은 대화하는 내내 조금씩 변하는 역학 관계를 계속해서 보여주어 역학 관계에 지속적으로 영향을 끼칠 수 있었다는 것을 강조한다는 뜻이다).

구글의
빅데이터 전략

기업 인수합병 팀 안에서는 공통어가 없기 때문에 통역사를 고용해 서로 의사소통을 한다. 하지만 이번 연구 결과에서 나타났듯이, 통역사를 통해서는 충분히 의사소통을 하기가 힘들다. 심지어 두 회사의 인수합병 팀이 공통어를 쓰는 경우에도, 회사마다 자기 고유의 의사소통 방식이 있어서 본래부터 까다롭고 복잡한 인수합병 과정이 더욱 큰 혼란에 빠질 수 있다.

그러나 이런 의사소통의 문제점에 관심을 기울여서 인수합병을 제대로 추진하는 기업도 있다. 구글이 대표적이다. 구글은 매년 수십 건의 인수합병을 추진하고 있고, 인수합병 성공률이 60퍼센트

260

를 넘을 정도로 뛰어난 수완을 발휘한다.[29] 이렇게 구글의 인수합병 능력이 뛰어난 것은 기업 문화와 통합 과정에 엄청난 관심을 기울이기 때문이다. 또한 데이터를 기반으로 사내 직원들의 행동 역학을 원하는 방향으로 이끄는 구글의 탁월한 경영 전략 덕분이기도 하다.

구글은 데이터를 직원들의 행동 역학 분야에 활용하는 면에서 선두주자다. 이런 사실이 별로 놀랍지 않은 것은 구글은 다른 어느 기업에서도 찾아볼 수 없는 특별한 인재 경영 팀을 보유하고 있기 때문이다. '피플 애널리틱스People Analytics'로 불리는 구글의 인재 경영 팀은 최고 명문 경영대학원 출신의 박사, 컨설턴트, 프로그래머들도 구성되어 있다. 인재 경영 팀은 직원들의 연봉이나 식사의 종류를 바꾸면 회사에 어떤 혜택이 있는지 연구한다. 이들은 한 해 동안 수십 차례 설문조사를 실시해 이런 변화들이 직업 만족도와 생산성에 어떤 영향을 끼치는지 관찰한다. 그에 그치지 않고 매년 모든 직원을 대상으로 '구글가이스트Googlegeist'라 불리는 설문조사를 실시해 직원들의 친밀도와 행복감을 파악해서 회사 운영 방침에 반영되도록 한다.

이런 노력의 결과는 분명하게 나타나고 있다. 구글은 최고로 똑똑한 인재들을 채용할 수 있게 되었고, 2012년에 『포천』이 선정하는 최고의 직장에 선정되었다(2007년과 2008년에도 선정된 바 있다).[30] 오늘날 구글은 코카콜라Coca Cola보다도 시가총액이 클 정도로 거대한 인터넷 기업으로 성장했다.

구글의 성공 사례를 다른 기업에 적용하는 것은 말처럼 그렇게 쉬운 일이 아니다. 구글에는 박사급 일류 경영 전문가로 구성된 인

261

재 경영 팀과 인재 경영 팀의 데이터 수집을 위해 시간과 노력을 아끼지 않고 기꺼이 헌신적인 직원들이 있기 때문이다. 또한 구글은 전혀 거리낌 없이 신속하게 변화하는데, 요컨대 거대 금융 기관도 구글처럼 빠른 혁신을 실행하기가 어려울 것이다.

기업들이 소시오메트릭 배지 같은 데이터 수집 장치를 이용해 더 많은 데이터 흐름을 분석할 수 있다면, 구글의 성공 방식을 다른 업계에도 적용할 수 있을 뿐만 아니라 오히려 더 개선할 수도 있을 것이다. 지금까지 구글은 기업 문화를 엄청나게 혁신하고 데이터를 활용해 평균 인수합병 실패율을 50퍼센트까지 낮출 수 있었다. 이제 그 공식에 소시오메트릭 배지까지 추가된다고 한 번 상상해보자. 그렇게 되면 구글은 인수합병 실패율을 더 낮출 수 있는 뜻밖의 좋은 기회를 얻게 될 것이다. 그뿐만 아니라 빅데이터를 활용해서 인수합병 과정을 이전과는 완전히 다른 모습으로 탈바꿈시킬 수 있을 것이다.

인수합병의 셈법은 아주 단순하다. 현재 인수합병으로 매년 1조 2,000억 달러가 낭비되고 있다. 이메일 분석은 공짜인데다, 매년 기업들이 인수합병과 관련된 모든 직원을 위해 센서를 하나씩 구매한다고 해도, 현재의 처참한 인수합병 성공률을 감안하면 99.9퍼센트 정도의 비용 절감 효과를 볼 수 있을 것이다. 시간이 갈수록 절차가 복잡해져가는 인수합병에 제대로 대처하려면, 전 세계 기업들은 고민할 필요도 없이 빅데이터 수집용 센서를 활용해야 한다.

CHAPTER 8

기업은 어떻게
네트워크를 만드는가

보잉 787 드림라이너의
복잡한 시스템

        이제는 과거보다 복잡해졌다. 모든 것이 그저 끊임없이 커지고, 좋아지고, 복잡해져간다. 이런 추세는 거의 하나의 자연법칙처럼 느껴진다. 이런 복잡성 때문·에 세상의 흐름을 따라가기가 쉽지 않다. 오늘날에는 한 가지 업무에 통달한다고 하더라도, 새로운 지식이나 신제품이 계속해서 등장해 우리는 금방 뒤처지게 된다. 그리고 어쩔 수 없이 변화를 강요당한다. 따라서 우리는 올바른 방향으로 나아가고 있다는 확신을 얻으려고 무언가를 배우고, 환경에 적응하고, 조율해나간다.

    이처럼 문제를 더욱 복잡하게 만드는 것은 인간이 얻는 지식이 제품에 녹아들기 때문이다. 예를 들어, 두 컴퓨터 간의 무선통신 방법이 세상에 밝혀지면 기업들은 그 기능을 모든 컴퓨터에 적용한다. 이제 컴퓨터와 무선통신 기술은 불가분의 관계여서 사람들은 그것을 바탕으로 모든 일을 처리할 수밖에 없다. 안타깝게도, 아직도 사람들은 그런 기본적인 부품이 어떻게 작동하는지 그 원리를 파악해야 한다. 누군가는 그 부품을 만드는 법을 이해하고, 제대로 만들어 내고, 더 잘 만들기 위해 노력해야 한다. 컴퓨터를 한 번 떠올려보자. 컴퓨터를 구성하는 주요 부품에는 모니터, 키보드, 하드드라이브, 머더보드(컴퓨터 시스템의 주요 구성 부품을 넣은 주 회로 기판), 운영체제가 있다. 델Dell이나 휼렛패커드HP에서 컴퓨터 1대를 구입할 때, 우리는 모든 부품을 한꺼번에 구매하는 것이나 마찬가지다. 사실 델은 컴퓨터 부품 대부분을 직접 만들지 않는다. 델은 그저 이런 부품들을 조립하는 재주가 뛰어날 뿐이고, 각각의 부품은 다른 여러 제조사가 만든다. 즉, 하드드라이브 제조사, 운영체제 제조사, 프로세서 제조사 등이 따로 있다.

하드드라이브를 예로 들어보자. 하드드라이브 역시 자세히 관찰해보면 그 안에 또다시 많은 하위 컴포넌트subcomponent(부품의 일부이면서 부품의 특성을 지닌 부분)가 들어 있다. 하드디스크 드라이브는 자기 원판magnetic platter으로 구성되어 있는데, 이 자기 원판 위에 자성磁性 물질의 '쓰기 헤드write head'가 우리가 저장하는 데이터를 기록한다. 헤드는 레코드판 바늘처럼 생겼다. 하드디스크는 최대 1만 4,400알피엠RPM까지 엄청난 속도로 회전하고, 쓰기 헤드는 그와 똑같은 속도로 데이터를 읽는다. 이 모든 과정이 제대로 작동하려면 쓰기 헤드와 자기 원판을 작동시키는 프로세서가 있어야 한다. 프로세서는 모터의 일종으로 자기 원판을 특정한 속도로 회전시킨다. 하드드라이브 제조사는 이 모든 부품을 직접 만들 필요가 없고, 그 대신 개별 부품에 대해 외주 업체와 계약을 맺는다.

266　　이런 공급 사슬을 쓰기 헤드 제어기까지 따라가다 보면, 결국

프로세서를 만드는 컴퓨터 칩 제조업체까지 이르게 된다. 이렇게 작은 컴퓨터 칩은 메모리와 계산 능력을 지닌 다양한 회로로 구성되어 있다. 컴퓨터 칩은 모두 제조업체 내에서 설계하므로, 이제 공급 사슬 하나가 끝났다고 볼 수 있을까? 아니다, 아직 더 남았다! 컴퓨터 칩 제조회사는 실제로 원재료를 구매해야 한다. 즉, 칩 제조에 필요한 실리콘과 구리를 비롯한 다양한 원재료를 다른 곳에서 구입해야 한다. 원재료 구매를 위해 제조사는 원자재 도매업자와 계약을 맺고, 원자재 도매업자는 땅을 파거나 화학적으로 원재료를 만드는 광산업체와 계약을 맺는다.

이런 복잡한 제조 과정은 일반적인 제품의 공급 사슬 중에 한 경로만을 보여줄 뿐이다. 세상에는 이런 공급 사슬이 수백만 개가 있고, 이처럼 방대한 공급 사슬망은 헤아릴 수 없을 만큼 많은 사람에게 영향을 끼친다. 따라서 오늘날의 프로젝트는 정말 '어마어마하게' 규모가 크다. 물론 기초적인 재료로 가구나 수공예품을 만드는 소규모 회사도 아직 있지만, 이런 종류의 제품들은 몇 년 혹은 몇 개월 만에 생산이 가능하고, 생산 규모도 비교적 작은 편이다. 하지만 방대한 규모의 공급 사슬망은 전 세계 각계각층의 사람들에게 영향을 주고, 확실히 세계 경제를 움직이는 동력은 이런 대형 프로젝트들이다.

오늘날 전 세계에서 추진하고 있는 대형 프로젝트에 비하면 컴퓨터 제조는 비교적 단순하다고 볼 수 있다. 대형 프로젝트는 컴퓨터 제조보다 훨씬 큰 규모로 진행되고, 경제에 미치는 파급 효과 또한 그만큼 크다. 하지만 대형 프로젝트도 흔히 다양한 문제점을 드

267

러낸다.

　예컨대 2011년에 출시된 보잉 787 드림라이너를 한 번 살펴보자. 드림라이너 제조에는 부품 수십만 개가 들어간다. 이런 부품들은 하나하나 따로따로 설계하고 시험하고 제조해야만 한다. 이런 부품들을 한데 모아 개별 항공기 시스템을 만들 때도 전체적으로 설계하고 시험하는 과정을 거쳐야 한다. 최종적으로 항공기 1대를 조립하더라도, 모든 부분을 다시 한 번 점검해야만 한다. 보잉이 787 드림라이너를 하늘로 띄우기까지, 전 세계 10개국 44개 회사 총 50개 팀의 노력이 필요했다. 이런 성과를 올리기 위해서는 엄청난 협력이 필요했고, 787 드림라이너는 불과 40년 전 보잉의 항공기 제조를 초라해 보이게 만들었다. 1969년에 보잉이 최초로 747 기종을 생산하는 데는 16개월이 걸렸다. 반면 787 드림라이너는 제작 기간이 무려 6년이 넘었고(원래 계획보다 2년이 길어졌다), 제작 비용도 32억 달러에 달했다.

　787 드림라이너는 두말할 나위 없이 747 기종보다 구조가 훨씬 복잡하다. 드림라이너 동체는 최첨단 소재로 만들어졌고, 연료 효율은 767 기종에 비해 20퍼센트 더 높으며, 기존 기종들에 비해 기내를 좀더 조용하고 쾌적하게 만들기 위해 여러 최신 기술을 적용했다.[31] 그러나 출시된 지 불과 몇 년 만에 드림라이너에서 여러 문제점이 드러났다. 그토록 복잡한 구조를 감안하면 결코 우연이 아니었다. 2013년 1월 787 드림라이너에 다른 여러 결함과 함께 심각한 배터리 화재가 발생했고, 787 드림라이너의 운항은 전 세계적으로 전면 중단되었다. 배터리 화재의 정확한 원인은 아직까지 밝혀지지 않

았지만, 근본적으로 기체에 결함이 많아 항공기 기술 시스템 간의 복잡한 의존성을 지적할 수 있다.

왜 협업과 균형이
필요한가

시간이 흐르고 인간의 기술이 급속도로 발전하면서, 프로젝트는 복잡해졌다. 인터넷과 컴퓨터가 일반화되고, 자유로운 해외여행이 가능해지면서 인간이 수행할 수 있는 프로젝트 규모가 엄청나게 커졌다. 그렇다고 해서 역사적으로 과거에 아주 복잡한 프로젝트가 없었다는 뜻은 아니다. 대표적인 프로젝트로는 이집트 기자Giza(이집트 수도인 카이로 교외에 있는 도시)에 세워진 피라미드가 있다. 이런 대형 프로젝트는 수만 명의 인력이 동원되어 공동으로 협력해서 만든 기념비적 작품이다.

그러나 과거에 프로젝트를 진행할 때는 두 재료의 인터페이스interface(두 시스템이 서로 만나 영향을 주고받는 영역)를 정의하기가 지금보다 훨씬 수월했다. 예컨대 피라미드를 짓는 경우, 벽돌 위에 벽돌 하나를 더 쌓는다. 그것으로 끝이다. 일을 해나갈 때 수정하라는 요구도 없고, 협상을 할 제3자도 없다. 그저 벽돌 2번 위에 벽돌 1번을 올리면 된다. 그러나 신기술이 발전하면서 좀더 획기적인 혁신이 더 많이 일어났고 프로젝트는 서서히 복잡해져갔다.

산업혁명기부터 제품의 복잡성이 폭발적으로 증가하기 시작

269

했다. 당시 기업들은 증기기관, 기관차, 소총 등을 대량생산했다. 이런 기계들은 그 이전까지 존재하던 제품들보다 그 구조가 몇십 배나 복잡했고, 그런 제품들을 제대로 생산하려면 복잡한 제조 과정이 필요했다. 그에 따라 조립라인이라는 개념이 탄생했고, 조립라인 덕분에 제조 기업들은 복잡한 기계와 부품을 빠르게 생산할 수 있었다.

현대에 접어들면서 제품의 복잡성은 또 한 번 수십 배로 증가했다. 이제 아무리 재주가 뛰어난 사람이라도 기계의 힘을 빌리지 않으면 복잡한 장치를 혼자서 만들 수 없다. 사실상 아무도 타인의 손을 거치지 않고서는 그런 복잡한 장치들을 만들어낼 수가 없다. 타인에 대한 의존성은 협업을 극도로 어렵게 만들고 있다. 또한 기존의 경영 기법은 이런 문제를 해결하는 데 쩔쩔매고 있다.

우리는 모든 사람이 따라할 수 있는 종합적인 계획을 세워서 복잡성 문제를 해결하고 싶어 한다. 이 때문에 기업은 전체 업무 방식을 결정하고 업무를 진행하는 데 많은 시간을 소비한다. 물론 이때 다른 직원들과 대화할 필요성은 느끼지 못한다. 이런 의사 결정 방식은 과거에 직원들이 대부분 캐비닛을 만들거나 심지어 시계를 제조할 때만 해도 괜찮은 업무 진행 방식이었다. 외부 환경 변화를 두고 별로 고민할 필요가 없었고, 프로젝트를 진행하는 동안 요구사항도 별로 바뀌지 않았기 때문이다.

오늘날에는 모든 일이 지속적으로 변화하고, 때때로 복잡한 시스템이 본래 의도대로 갑자기 작동하지 않는 경우가 발생한다. 이럴 경우 시스템 변수뿐만 아니라 접근 방식도 변화시켜야 한다. 서로 의존하는 관계에 있는 팀과 의사소통이 제대로 되지 않으면, 예외

없이 여러 오류가 불쑥불쑥 나타난다. 대표적으로 컴퓨터 오류가 있다. 또한 이런 현상은 오늘날 기업의 많은 프로젝트에서 일어나는 일이다. 결국 협업과 균형 감각이 문제다.

이 모든 복잡성 때문에 기업이 프로젝트를 진행할 때 예상치 못한 문제들이 잇따라 튀어나온다. 이런 종류의 문제들은 엄청난 파급 효과를 미치는데, 제품 개발과 생산이 약간만 지연되더라도 한 기업에 수십 억 달러의 매출 손실과 추가 비용을 떠안겨줄 수 있기 때문이다. 인시아드INSEAD 경영대학원 교수 마누엘 소사Manuel Sosa 는 제트 엔진 제조를 두고 이런 복잡성 문제를 연구했다.[32] 그와 연구진이 연구한 제트 엔진 프로젝트는 제조 과정이 상당히 복잡했다. 제트 엔진 자체만 해도 8개의 하부 시스템으로 구성되어 있고, 총 54개의 엔진 구성 부품이 들어가 있었다. 2개 팀은 각각의 엔진 구성 부품을 담당했고, 그 밖의 다른 6개 팀이 이런 부품들을 전체 엔진에 통합하는 역할을 맡았다. 이런 팀들은 모두 이 프로젝트를 추진할 때 필요한 공식적인 절차를 갖고 있었지만, 서로 다른 구성 부품들 간에 존재하는 인터페이스를 명쾌하게 관리하지는 못했다. 연구진은 어떤 종류의 협업이 필요한지 이해하려고 팀원들에게 그런 인터페이스들을 모두 찾아서 확인해달라고 요청했다.

연구진은 팀원들에게 프로젝트를 하는 동안 누구와 의사소통할 것인지 물었다. 물론 이것은 설문조사 기반의 방법이지만, 연구진은 미래에 있을 상호작용을 염두에 두고 질문한 것이다. 이때 배지 데이터 수집이 가능했더라면, 개발자들끼리의 평소 대화 패턴을 분석해서 어느 부분에서 오류가 발생할지 예측할 수 있었을 것이다.

271

행동 데이터 수집 방법으로 이런 설문조사 방식을 개선할 수 있는 기회가 충분히 있다.

연구진은 그다음에 업무의 의존성 패턴과 의사소통 패턴의 불일치가 어디에서 발생했는지 자세하게 조사했다. 특히, 팀원들 사이에 의존성이 많이 필요한 분야를 확인했지만, 미리 계획된 의사소통이 전혀 없었다. 이런 불일치는 잠재적인 문제를 안고 있는 분야를 나타냈고, 소프트웨어 개발상의 어떤 문제도 발생하지 않도록 개선할 필요가 있었다. 하지만 그런 문제가 일어나는 원인은 복잡했다.

조직의 경계는 프로그램 개발들끼리의 협력 부재와 의사소통의 불일치를 낳는 주요한 원인이다. 당연한 말이지만, 프로젝트를 추진하는 개발자들 간에 보고 체계가 없다면 의사소통이 일어나지 않는다. 개발자가 다른 개발자와 소프트웨어 의존성에 관해 대화를 하려고 특별히 노력하지 않는 이상 의사소통의 불일치는 필연적으로 일어나게 마련이다. 기업 내 공식적인 조직 구조가 개발자들끼리 경계를 넘어 협력을 강화하는 데 양날의 칼로 작용하기는 하지만, 사내에 공식적인 보고 체계가 있다면 상사와 커뮤니케이션이 잘 되어야 덩달아 자신의 연봉도 올라가기 때문에 개발자들은 틀림없이 상사와 대화를 나누려고 애쓸 것이다.

물론, 물리적으로 같은 공간에 있지 않다면 누군가와 대화를 나누기는 어렵다. 이런 현상은 복잡한 프로젝트를 수행하는 팀에서 흔히 나타난다. 한 팀에 직원이 100명 있다면, 보통 그들을 모두 같은 장소에 배치하기란 어렵기 때문이다. 심지어 여러 팀이 사내에서 근무한다고 하더라도, 팀들은 각자 다른 건물이나 다른 층에서 근무

272

하는 경우가 다반사다. 이런 환경에서 서로 다른 팀원들끼리 대화를 나눌 가능성은 거의 없다.

경계 문제는 몇 가지 방법으로 해결할 수 있다. 새로운 보고 체계를 만드는 것도 확실히 한 방법인데, 많은 기업이 이런 방법을 선호한다. 팀 간의 인터페이스를 찾는 전담팀을 만드는 것도 효과적인 방법이 될 수 있다. 전담팀을 구성하는 것은 느슨한 형태의 '매트릭스 조직matrix organization'을 만드는 것과 같다. 이렇게 하면 다른 팀들은 전담팀에 보고하는 공식 절차가 생기기 때문이다. 그러나 이런 전담팀을 이용하는 것이 조직도를 변경하는 것보다는 나을 수 있다. 전담팀은 이것저것 지시를 내리기보다는 팀들을 조율하고 의사소통을 촉진하려고 공개적으로 만들어진 팀이기 때문이다.

이런 업무 조정팀이 효과적으로 활동하려면, 전담팀이 관련된 모든 팀과 편안하게 의사소통할 수 있어야 한다. 다시 말해 얼굴을 맞대고 대화를 나눌 필요가 있다. 제트 엔진 제조와 같은 복잡한 프로젝트를 수행하려면, 모든 직원이 같은 주제를 토론할 수 있는 다양한 의사소통 채널이 있어야 한다. 기업이 업무 조정팀을 활용하든 활용하지 않든, 적어도 회사가 일정 시간을 할애해서 업무와 관련된 직원들을 한자리에 모이게 하는 것이 중요하다.

팀원들끼리 개인적으로 만나서 시간을 많이 보낼수록 생산성이 더 높아진다. 그러나 모든 직원의 만남을 합리적으로 조율하는 것이 중요하다. 서로 다른 팀들이 자주 만나면서 단순히 회사 수익만 떨어질 우려가 있기 때문이다. 만남이 잦아지다 보면 팀원들이 출장만 다니면서 대부분의 시간을 보낼 것이다. 그렇게 되면 실제로

273

업무를 볼 시간이 없어진다. 그래도 직원 수십 명이 비행기를 타려고 2만 5,000달러를 낭비하거나 더 많은 시간과 인력이 들지도 모르는 수백만 달러의 손실을 막을 수 있다면, 기업이 어떤 결정을 해야 할지는 자명하다.

이것은 금전적인 면뿐만 아니라 의사소통 시간의 분배 방식에서도 중요하다. 직원들은 대부분의 시간을 어려운 문제들에 집중하면서도, 팀 간에 많은 협력이 필요한 공동 업무를 두고서는 하찮게 여기는 일이 비일비재하다. 마누엘 소사를 비롯한 연구진이 직원들이 어떻게 시간을 보내길 원하는지 조사했을 때, 직원들은 중요하지 않은 인터페이스를 두고 일을 진행하는 팀들과의 의사소통은 무시했다. 정작 문제는 직원들이 이렇게 우선순위가 높은 업무에만 집중할 때 발생한다. 일상적인 업무를 수행하는 직원들과 의사소통을 하는 데 거의 시간을 보내지 않는다면, 어떤 문제가 생겼을 때 그런 일상적인 업무는 곧 일상적인 업무가 아니게 된다.

왜 매사추세츠 교통국은 빚더미에 앉게 되었는가

미국 매사추세츠 교통국의 사례가 훌륭한 비유가 될 것이다. 매사추세츠 교통국이 어떻게 붕괴 직전의 지하철 시스템 문제를 다루었는지 한 번 살펴보자. 매사추세츠 지하철은 1800년대 후반에 처음 개통되었는데, 당시 사람들은 매사추세츠 지

274

하철 시스템을 미국 최초의 실질적인 지하철로 인식하며 그 기술을 경이로운 눈으로 바라보았다. 매사추세츠 지하철은 시간이 흐르면서 확장되어 지금은 보스턴 대도시권 대부분을 담당하고 있고, 보스턴 통근자의 약 30퍼센트가 주로 이용하는 교통수단이다.

매사추세츠 지하철 시스템은 시간이 지나면서 급속히 황폐해졌다. 주 정부에 막대한 빚을 진 매사추세츠 교통국은 팍팍한 예산 압박에 직면했다. 매사추세츠 교통국은 두 가지 선택을 할 수 있었다. 첫 번째 방안은 중요한 문제들을 먼저 처리하고 별로 시급하지 않은 문제들은 나중에 처리하는 것이었고, 두 번째 방안은 추가로 약간의 부채를 떠안더라도 당장 중요하지 않은 문제들도 함께 처리하는 것이었다. 결국 매사추세츠 교통국은 중요한 문제들을 최우선적으로 처리하기로 결정했다. 하지만 그 결과는 재정 파탄으로 돌아왔다. 매사추세츠 교통국은 매년 유지비를 감당하려고 어쩔 수 없이 미래 수익을 담보로 대출을 받아서 지하철을 운영하고 있는 처지다. 상황은 갈수록 심각해서 매사추세츠 교통국은 실제로 대장장이를 고용해 생산되지 않는 열차 부품을 가공할 지경에 이르렀다.[33]

매사추세츠 교통국의 문제 해결 방식은 작은 문제점들을 몇 년 동안 방치하면서 그것이 갑자기 눈덩이처럼 불어나 큰 문제로 닥쳐왔다는 것이 문제였다. 이렇게 문제가 커졌을 때 이를 바로잡으려면 더 많은 비용이 들어간다. 하지만 매사추세츠 교통국은 이 문제를 처리할 만한 충분한 자금이 없어서 부채만 산더미처럼 늘어나고 있다. 매사추세츠 교통국이 미리 예산을 들여 그런 사소한 문제점들을 처리했더라면 어땠을까? 그렇게 했다면 물론 빚은 여러 차례 발생했

275

을 것이다. 하지만 오직 발등에 불이 떨어진 문제에만 집중하느라 지금처럼 앞날을 걱정하는 처지에 빠지지는 않았을 것이다.

대형 프로젝트를 추진할 때 직원들은 흔히 큰 문제에만 집중하고 작은 문제는 방치하다가 나중에 문제가 커지는 사태를 맞는 경우가 많다. 형식에 얽매이지 않는 의사소통이 중요한 이유가 바로 여기에 있다. 이런 작은 문제는 공식적인 회의에서는 잘 드러나지 않는다. 그것은 모든 사람이 시간을 들여 귀 기울일 만큼 중요하지 않기 때문이다. 하지만 그런 사소한 문제는 직원들이 정수기 앞에서 잡담하기에 안성맞춤인 주제다. 직원들이 이렇게 사소한 문제를 두고 의사소통할 때, 앞으로 일어날 문제를 미연에 방지할 수 있다.

이런 사실은 팀 간에 허물없는 대화가 중요하다는 것을 다시한 번 보여준다. 기업 문화나 회사의 적극적인 개입 혹은 의사소통 도구를 활용해서 팀원들끼리 거리낌 없이 의견을 주고받는 분위기를 만들 수 있다. 그 수단은 그렇게 중요하지 않다. 그러나 오늘날 이용 가능한 의사소통 수단은 직원들이 격식 없는 대화를 하는 데 뛰어난 효과를 발휘하지 못한다. 사내 트위터로 불리는 야머Yammer 같은 기업용 소셜네트워크서비스SNS도 있고, 사내에서 쓸 만한 메신저도 많다. 하지만 이런 의사소통 도구들이 효과를 발휘하려면, 직원들이 대화에 많이 참여해야 하고, 평소에 데면데면한 직원과도 소통하려는 의지가 있어야 한다. 그러나 현실적으로 직원들의 활발한 대화 참여를 이끌어내기는 어렵고, 바로 이것이 최근에 개발된 대부분의 의사소통 도구들의 한계다.

276

형식에 얽매이지 않는 대화는 팀원들끼리 가정을 확인하게 해준다는 점에서 중요하다. 기업은 직원들끼리 협력할 때 서로 생각하는 가정이 달라서 애를 먹는 경우가 많다. 직원들은 다른 모든 사람이 알고 있을 것이라고 가정하고, 과거에 해오던 방식대로 프로젝트를 추진하면 된다고 흔히 생각한다. 하지만 이런 가정은 부정확한 경우가 훨씬 더 많다. 프로젝트에서는 다양한 배경을 가진 수백만 명의 직원이 수백 가지의 프로젝트를 동시에 추진하기 때문이다.

팀원들이 제품 표준에 너무 목을 맬 때에도 이런 가정이 드러날 수 있다. 프로젝트를 시작할 때, 팀장은 최종 제품의 전체 구조를 설계하고 계획을 세우는 데 시간을 들일 것이다. 각 부품에 대한 설명서가 점점 정교하게 작성되면서, 한 부품이 다른 부품과 같이 작동해야 할 때 각각의 부품이 어떠한 형태를 보여야 할지에 대한 규칙들이 자세히 정리되어갈 것이다. 문제는 구성 부품이 예상대로 작동하지 않을 때 발생한다. 예상치 못한 문제점 때문에 특정 팀은 어쩔 수 없이 구성 부품 설명서를 수정하고, 경영진의 전략 변화로 제품에 수정안을 반영하느라 애를 먹게 되는 것이다. 이런 변화가 발생할 때마다 제품에 오류가 생길 확률이 높아진다. 한쪽에서는 구식 설명서가 여전히 유효하다며 가정하고 업무를 계속 진행하고, 한쪽에서는 설명서를 완전히 바꾸어서 이전과 다른 방식으로 제품을 만드는 일이 벌어진다.

모든 직원이 끈끈한 네트워크를 형성하면 여러 장점이 나타나는데, 그중 하나가 직원들끼리 공통어를 사용하고 같은 기대를 할 수 있다는 점이다. 하지만 대형 프로젝트를 진행하는 경우 그 규모 때문에 끈끈한 네트워크를 형성하기가 힘들다. 100만 명은 고사하

277

고 직원 300명을 끈끈한 네트워크로 묶기도 거의 불가능하다. 그러나 이런 상황은 배지 데이터를 더 큰 조직적 절차에 통합할 수 있는 절호의 기회라는 점을 암시한다. 특히 기업들은 소프트웨어와 엔지니어링 시스템 내에 있는 의존성에 관한 데이터베이스에서 얻은 정보를 배지 데이터 정보와 통합할 수 있다.

왜 의사소통이 중요한가

소프트웨어 개발에서는 의존성이 가장 중요하다. 소프트웨어는 항공기처럼 물리적인 시스템이 아니기 때문에 거의 무한정 복잡해질 수 있다. 항공기는 기체에 얼마나 많은 부품을 장착할 수 있느냐에 따라 제약을 받지만, 소프트웨어는 사용자 컴퓨터 용량에 의해서만 제약을 받을 뿐이다. 보통 소프트웨어를 개발하려면 일련의 명령어 수십억 개를 계속해서 만들어내야 하는데, 이런 명령어는 소프트웨어 개발자들도 직접 통제할 수 없는 컴퓨터의 다른 소프트웨어와 상호작용을 한다. 소프트웨어 개발의 이런 속성 때문에 문제가 발생할 소지가 있는 것은 어쩌면 당연하다.

순전히 이런 방대한 프로그램의 크기 문제를 떠나서도, 복잡한 프로그램의 개발 방식 때문에 시스템 사이의 조화 문제가 발생할 소지가 매우 높다. 아주 단순하게 생각해볼 때, 컴퓨터 프로그램은 기본적으로 서로 상호작용하는 모듈의 집합이다. 이런 모듈들은 더 큰

278

프로그램으로 발전되거나 가장 기초적인 임무를 수행하는 작은 루틴routine(특정한 작업을 실행하기 위한 일련의 명령으로 프로그램의 일부 혹은 전부를 말한다)이 될 수도 있다.

모듈 2개를 가진 단순한 프로그램을 생각해보자. 첫 번째 모듈은 거듭제곱 함수를 연산하고(이것을 POW라고 부르자), 두 번째 모듈은 사용자가 숫자 2개를 입력하도록 요청하는(이것을 INPUT이라고 부르자) 역할을 한다(프로그램 내에서 함수의 예를 든 것으로, 특정 숫자의 거듭제곱 값을 계산하는 함수다. 예를 들면 $POW(2,3)=2^3=8$과 같이 나타낼 수 있다). POW는 X와 Y라는 숫자 2개를 받아서 X^Y를 내놓기를 기대한다. 그러나 INPUT이 POW가 실제로 Y^X를 내놓을 것이라고 생각한다고 가정해보자. 이럴 경우, INPUT이 POW를 사용할 때 INPUT은 완전히 작동하지 않거나 중대한 오류를 일으킬 가능성이 매우 높다. 이것은 순전히 어떻게 상호작용하는지 모르는 모듈 2개가 서로 의존하기 때문이다. 이것은 아주 단순한 사례이므로, 이처럼 명백한 오류는 빨리 해결할 수 있을 것이다. 그러나 실제 소프트웨어에서 오류는 컴퓨터나 소프트웨어의 전반적인 상태에 따라 더 미묘하게 일어난다.

의존성의 중요성을 감안할 때, 소프트웨어 개발자가 의존성에 주목하는 것은 당연하다. 의존성 추적 도구는 거의 모든 주요 소프트웨어 개발 환경으로 통합되었고, 의존성 문제를 자동으로 검출하기 위한 수십 가지 방법(프로그래머들이 소프트웨어를 만드는 데 사용한 방법)은 지난 수십 년 동안 컴퓨터 공학계의 화제가 되었다. 최근에는 의사소통의 중요성이 이런 단계까지 이르렀다. 연구자와 산업계 **279**

종사자들은 공식적인 보고 도구만으로는 의존성 문제를 해결할 수 없다는 사실을 깨달았다. 개발자들 사이의 상호작용(의사소통)이 있어야 의존성 문제를 적절히 해소할 수 있다고 판단한 것이다. 연구자와 개발자들은 심지어 상호작용의 문제점을 지칭하는 전문용어까지 만들어냈다.

소프트웨어 개발 과정에서 의존성 문제는 의사소통으로 제대로 해결되거나 그렇지 않으면 도중에 실패한다. 소프트웨어 모듈 간의 의존 관계와 각 모듈 개발자 간의 의사소통이 일치하는 경우 '일치'한다고 말한다. 각각의 코드 모듈에 책임을 맡은 프로그래머들끼리 의사소통을 하고 있다는 말이다. 반면, '불일치'는 프로그래머들끼리 전혀 의사소통이 없을 때를 나타난다. 이런 관계를 그림으로 나타내면 그림 8-1처럼 나타낼 수 있다.

그림 8-1에서 P1과 P2는 프로그래머를 나타내고, 회색 원들은

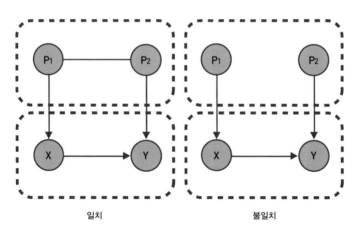

일치   불일치

8-1

서로 다른 코드 모듈을 나타낸다. 실선은 모듈에 대한 의존성이나 책임 소재를 나타낸다. 이 그림에서는 모듈 X가 모듈 Y에 의존하고 있고, 프로그래머 P1은 종속dependent 개발자이고 P2는 부모parent 개발자다. 불일치는 소프트웨어 오류와 깊은 관련이 있다. 카네기멜런 대학 소프트웨어연구소 교수인 마르셀로 카탈도Marcelo Cataldo가 쓴 의존성에 관한 획기적인 연구 논문에 따르면, 소프트웨어 개발 과정에서 일치가 있을 때 그렇지 않을 때보다 소프트웨어 개발 완료 시간이 무려 32퍼센트나 단축되었다고 한다.[34] 소프트웨어 개발 주기가 수년씩 늘어나는 상황에서 이는 개발자들끼리 제대로 된 의사소통을 할 때 기업에 엄청난 이익을 줄 수 있음을 시사한다.

누가 더 일을
잘할까

10년 전만 해도 일치와 불일치를 판단하는 데 필요한 데이터는 입수하기가 어려웠다. 그러나 오늘날 이런 의존성은 개발자들에 의해 철저하게 명시되고 있다. 특히 대형 프로젝트에서 의존성이 많이 필요한데, 대형 프로젝트에서는 생면부지의 개발자와도 협력할 수도 있다. 개발자는 다른 개발자도 접속할 수 있는 표준 인터페이스를 제공해서 자기가 맡은 모듈이 다른 모듈에 어떻게 반응하는지 다른 개발자들에게 알려줄 수 있다.

그러나 소프트웨어 개발 과정에서 원활하게 의사소통이 이루 **281**

어지는 일이 일반적이지는 않다. 지금까지의 소프트웨어 개발 방식
에서는 프로젝트를 계획하는 초기 단계에서 의존성과 모듈을 정해
개발자들에게 맡기면 그들이 성실하게 임무를 다할 것이라고 가정
한다. 이런 가정은 현실과 동떨어져 있다. 개발자가 소프트웨어 개
발 과정에 일어날 수 있는 문제를 족집게처럼 미리 알아맞힐 수 없
기 때문이다. 고객의 비현실적인 응답시간response time(소프트웨어가
사용자가 내린 1개의 명령을 실행하는 데 걸리는 시간) 요구 때문이든, 개
발 중간 단계에서 나타난 디자인 변화 요청 때문이든, 아니면 그 밖
의 다른 변경 사항 때문이든 이 모든 변화에 대처하려면 개발자 사
이의 협업과 의사소통이 필수적이다.

　　최근 소프트웨어 개발 환경에서 의사소통 기능은 전체 프로그
램에 통합되는 추세다. 이는 흔히 개발자들이 댓글이나 메신저로 특
정 코드를 공동 작업하는 형태를 띠게 된다. 이런 의사소통 도구들
은 개발자들이 물리적으로 거리가 점점 더 멀어지는 상황에서 중요
성이 날로 높아지고 있다. 기업들은 선진국과 비교했을 때 값싼 노
동력과 소프트웨어 개발 과정의 형식적 성격 때문에 소프트웨어 개
발자들은 아마도 전 세계에서 가장 많이 흩어져서 일하는 화이트칼
라 직종일 것이다.

　　현실은 안타깝다. 여러 지역에서 소프트웨어 개발을 하다 보니
프로젝트는 지연되고, 개발자들은 업무 부담이 늘어나는 경우가 많
다. 이는 대부분 개발자들끼리 얼굴을 맞대고 대화를 나눌 기회가
없고, 서로 시차가 다르기 때문에 나타나는 문제다. 이런 상황에서
같은 팀 내에서 일하는 다른 개발자와 충분한 의사소통을 기대하기

282

란 쉽지 않다. 짐작건대, 이런 의사소통 문제의 영향이 소프트웨어 개발 과정에 일치와 불일치가 널리 퍼지는 데 일조했을 것이다.

동일한 장소에서 일하는 팀과 공간적으로 분산된 팀의 협력 방식과 의사소통 방식이 불일치와 어떻게 관련이 있는지 정밀하게 조사하기 위해 IBM의 케이트 에를리히Kate Ehrlich와 메리 헬란더Mary Helander와 함께 공동 연구에 들어갔다.[35] 우리는 이 연구에서 개발자들의 의사소통뿐만 아니라 서로 다른 코드 모듈 간의 의존성에 대한 풍부한 데이터를 수집했다. 그 결과 공동 배치 팀과 분산 배치 팀이 어떻게 하면 개발자들 간의 협력을 강화할 수 있을지 여러 방법을 발견할 수 있었다.

이 연구에서 우리는 20개 팀 아래 프로그래머 161명이 있는 중간 규모의 소프트웨어 개발팀을 조사했다. 여러 개의 팀에 소속된 개발자들도 있었고, 몇몇 팀은 공동 배치되어 있었던 반면 다른 팀들은 여러 지역에 분산 배치되었다. 중요한 것은 모든 팀원이 주로 영어로 소통했다는 사실이다. 이 팀들은 소프트웨어 개발 지원 시스템을 적극적으로 활용했다. 소프트웨어 개발 지원 시스템은 코드 의존성에 대한 데이터를 기록하는 것뿐만 아니라, 직원들이 코드에 대한 댓글을 달거나 직접 대화할 수 있는 의사소통 도구를 제공했다. 우리는 소프트웨어 개발 지원 시스템에서 총 수천 건에 이르는 의존성에 대한 기록과 수만 건에 이르는 댓글을 수집했다.

보통 프로그래머들이 프로그램을 짤 때, 하나의 모듈은 평균 32.5개의 다른 모듈과 의존관계를 맺고, 최대 177개까지 의존관계를 맺고 있었다. 이런 의존성은 평균 수치조차 파악하기가 쉽지 않

283

은데, 특히 모듈 간의 의존성이 시시각각 변할 수 있기 때문이다. 이런 모듈 간의 의존성이 모두 결정적인 것은 아니지만, 주 모듈에 변화가 있을 때 주 모듈과 종속 모듈 간의 관계가 계속해서 올바로 작동하게 하는 책임은 보통 종속 모듈 개발자에게 있다. 이는 일리가 있는데, 결정적으로 중요한 모듈을 작업하고 있는 개발자가 자기 모듈에 의존하고 있는 100개 남짓한 다른 모듈의 요구사항을 충족시키느라 애를 먹을 수 있기 때문이다. 그러나 이 말은 종속 모듈 개발자가 프로그램을 만들 때 바짝 긴장해야 한다는 뜻이다.

의존성에 관한 데이터를 자세히 들여다보자, 우리가 기대한 대로 일치와 불일치의 실체가 드러났다. 불일치는 서로 다른 지역에서 근무하는 팀원들끼리 상호 의존을 할 때 훨씬 더 빈번하게 나타났다. 일반적으로 이 팀에서는 많은 업무가 원격으로 진행되었고, 따라서 실제로 원격으로 일하는 팀들에서 의존성이 22퍼센트 더 높게 나타났다. 표 8-2는 그 결과를 나타낸 것이다.

동일한 장소에서 근무한 팀들은 모든 의존성의 55퍼센트가 일치를 나타냈고, 의존성의 45퍼센트가 불일치를 보였다. 원격으로 일하는 팀들은 기본적으로 수치가 그 반대로 나타났다. 의존성의 47퍼센트가 일치, 53퍼센트가 불일치를 나타냈다. 엄청나게 큰 차이였다. 이런 결과는 원거리에서 프로그램을 하는 개발자들은 동일 장소에서 근무하는 개발자들보다 생산성이 8퍼센트나 떨어진다는 것을 암시하기 때문이다. 우리가 여기서 또 한 가지 유념해야 할 사항은 이 사례에서 모든 개발자의 모국어가 영어였다는 사실이다. 개발자들이 다른 팀 개발자들과 공통어로 의사소통하는 데 어려움을 겪었

284

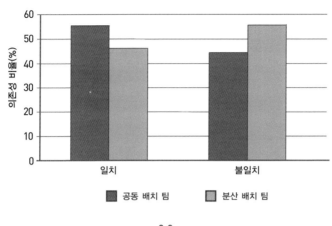

8-2

다면 무슨 일이 벌어졌을까?

　우리는 불일치가 있는지 없는지만 계산하려고 상호 의존하는 두 개발자 사이에 의사소통이 '눈곱만큼'이라도 일어나는지만 확인했다. 당연한 말이겠지만, 댓글이 딱 하나만 달렸다면 아마도 협력 수준이 낮음을 나타낼 것이다. 반대로 댓글이 많으면 그만큼 개발자들이 예상되는 문제를 발언하는 일에 적극적으로 참여하고 있다는 뜻이다. 이런 의사소통은 모두 전자통신으로 이루어지기 때문에 개발자들의 상호작용을 방해하는 물리적 요인은 하나도 없다. 그 의사소통 수치들은 굉장히 중요한 의미가 있다.

　원거리에서 프로그램을 하는 개발자들은 평균 댓글 8.4개를 받았다. 반면 동일 장소에서 일하는 개발자들은 평균 댓글 38.1개를 받았다. 동일 장소에서 근무하는 팀에서 개발자들은 서로 얼굴을 마주 보고 프로그램을 개발한 덕분에 전체 협력 수준이 높게 올라간

285

것이 분명하다. 따라서 이 팀에 있는 개발자들은 원거리에서 프로그램을 하는 개발자들에 비해 좀더 정기적이고 효과적으로 의존성을 두고 토론을 벌일 수 있는 것이다.

세렌디피티의
힘

소프트웨어 개발 과정에서 일어나는 일치와 불일치는 우리가 간과할 수 없는 중요한 문제다. 불일치는 생산성에 엄청난 부정적 영향을 끼쳐 30퍼센트 이상 오류가 증가하고 개발 시간도 지연된다. 이런 심각한 문제가 전 세계에서 가장 빨리 성장하는 분야 예컨대 자동차 개발, 프로그래밍, 복잡한 엔지니어링 프로젝트 전반에서 나타나고 있다. 프로젝트와 관련한 팀들이 자신의 의존성 문제를 언급할 수 있는 분위기를 조성하는 것이 프로젝트 성공의 관건이다.

프로젝트 규모가 커지면, 관련된 모든 개발자를 동일 장소에 배치하는 일은 불가능할 수도 있다. 여러 연구 결과가 보여주듯이, 개발자들의 위치는 앞으로 중요한 이슈가 될 가능성이 있다. 원거리에서 근무하는 팀들은 의사소통이 일치하도록 하는 데 훨씬 많은 힘을 써야 할 필요가 있다. 피상적인 디지털 의사소통만으로는 충분하지 않을지 모른다. 공동 개발자들은 적극적으로 화상회의와 전화 통화와 채팅을 활용해서 서로 의존성 문제를 언급할 수 있도록 해야 한다. 물론 이런 의사소통이 추가되면 업무 시간이 더 늘어나겠지만, 개발자들끼리 대화하는 데 추가로 시간을 5퍼센트 더 쓸 것인지 아니면 오류를 수정하는 데 시간을 30퍼센트 더 쓸 것인지, 둘 중에 어떤 선택을 해야 할지는 분명해 보인다.

기업은 분산된 팀원들을 연결하려고 적극적으로 노력하는 '중계자'를 선정할 수도 있다. 이런 중계자는 각지로 출장을 자주 다니는 직원이 이상적이다. 그게 아니라면 적어도 이해 당사자들과 가까운 직원이 좋다. 누가 누구와 소통하면 좋은지, 평상시에 개발자들을 연결할 줄 아는 중계자의 감각은 중장기적인 관점에서 기업에 막대한 이득을 가져다줄 것이다. 중계자의 소개로 의사소통이 일치하고, 그 덕분에 특정한 프로젝트의 개발 속도는 빨라지고, 개발자들끼리 거리 차이를 뛰어넘는 관계가 형성된다. 그런 끈끈한 네트워크는 회사를 하나로 묶어줄 것이다.

의존성은 사무실의 물리적 공간 배치와 조화를 이루어야 한다. 거리 메커니즘은 이번 프로젝트에서도 다양한 수준으로 나타났는데, 이런 결과는 거리가 개발자들 간의 의존성에도 커다란 영향을 끼친다는 점을 뚜렷이 보여주었다. 이와 같은 두 가지 사실을 기업이 잘 활용하면 자로 잰 듯 정확하게 이상적인 사무실 공간 배치를 할 수 있을 것이다.

기업들이 팀원들의 자리 배치는 물론이고 근무지까지 결정할 때, 의존성 문제를 심각하게 고민해보아야 한다. 비록 프로젝트를 시작할 때 어떤 상호 의존이 일어날지, 누가 어떤 모듈을 담당할지 정하는 일은 어려울지 모른다. 하지만 전체적인 소프트웨어 개발 구

287

조는 상당히 분명해야 할 것이다. 이렇게 하면 기업은 전략적으로 팀을 배치할 수 있고, 세렌디피티의 힘을 이용해서 개발자들의 의사소통 불일치를 크게 줄일 수 있다. 이 경우에 복도나 사내 카페에서 다른 개발자들을 만나는 일은 생산성에 즉각적인 영향을 준다. 서로 협력할 수 있기 때문이다. 이런 만남이 기업에 장기적인 이득을 가져다주는 것은 두말할 나위가 없다.

그렇다고 해서 짧은 시간 내에 상호 의존 관계가 변하는데도 팀을 자주 옮기라거나 다른 도시로 이동하라는 뜻은 아니다. 그렇게 하면 기업이 한꺼번에 이사를 해야 하기 때문에 비용을 감당할 수 없게 될 뿐만 아니라 개발자들이 과도한 정신과 시간을 쏟게 될 것이다. 기업들은 반드시 개발자들끼리 얼굴을 맞대고 의사소통을 많이 할 수 있는 분위기를 만들어야 한다. 우리 연구 결과가 분명히 보여주듯이, 의사소통의 불이치를 좁히는 데 디지털 의사소통 수단에만 의존할 수 없기 때문이다.

기업 내에서 개발자들의 협력 방식이 변하지 않는 이상, 기업들이 보잉의 드림라이너와 같은 대형 프로젝트를 추진하려면 더 많은 시간과 비용이 들 것이다. 약 40년 만에 보잉의 신형 항공기 제작 기간은 16개월에서 최근에 120개월까지 크게 늘어났다. 변화의 속도를 아무리 늦추어 잡더라도 앞으로 40년 후에는 보잉과 같은 기업이 새로운 항공기를 개발하는 데는 적어도 10년 이상이 걸릴 것이고, 수천억 달러에 이르는 비용이 들어갈 것이다.

이제는 변화가 필요하다. 이런 대형 프로젝트에 쏟아붓는 어마어마한 시간을 줄이려면 업무와 의사소통 방식의 일치가 필요하다.

기업들이 우리가 제안한 방법과 같은 변화를 시도한다면, 대형 프로젝트의 장기화를 효과적으로 바꿀 수 있을 것이다. 그렇다고 해서 보잉의 차세대 항공기가 앞으로 16개월 만에 생산될 거라는 뜻은 아니다. 그럴 수 있다는 것이다.

CHAPTER 9

빅데이터가
기업의 미래를 결정한다

빅데이터의
혁신적인 힘

현대의 조직은 정말 놀랍다. 지난 수천 년 전에 인류는 단순히 몇 가지 간단한 범선, 가장 기초적인 무기, 진기한 공예품을 만들 수 있었을 뿐이다. 그러나 수백 혹은 수천 명의 사람으로 이런 도구들을 생산하는 몇몇 국가도 있었다. 인류는 경영이라고 하는 공식적인 분야를 만들어냈다. 경영은 좀더 과학적인 방법으로 제품과 서비스를 개발하는 데 길잡이를 해주는 수단이었다. 기업들은 그 이후로 지금까지 기술 개발 절차와 규모를 확대하는 데 끊임없이 박차를 가해왔다. 역사와 진화와 우연이라는 거대한 파도에서 시작된 물결은 마침내 현대의 조직에 다다랐다.

지난 수십 년 동안, 정보 기술은 조직 설계에 막대한 영향을 끼쳤다. IT 기술 덕분에 기업은 직원들의 의사소통 방식을 변화시킬 수 있었고, 직장 내에서 새로운 협력 방식을 모색하기에 이르렀다. 인터넷이 개발되기 전에는 다른 도시에 있는 사람과 문서를 주고받으며 협력하는 일은 상상할 수도 없었다. 그러나 전 세계 어느 지역이나 전문가들은 있기 마련이므로, 이메일로 협력하는 일이 매력적인 대안으로 떠올랐다. 또한 휴대전화와 실시간 화상 채팅의 등장으로 기업들은 전 세계에 콩알만 한 사무실을 여는 것도 가능해졌다. 한편 서로 다른 팀 간에 일어나는 빠르고 풍부한 의사소통과 해외의 전문 지식에 그만큼 더 의존하게 되었다.

앞으로도 IT 기술은 진일보할 것이 확실하고, 지금껏 그래왔듯이 직원들을 조직하는 방법에도 막대한 영향을 끼칠 것이다. 그러나 IT 도구들이 일터의 모습을 정확하게 보여주지는 못한다. 즉, IT 도구가 있다고 해서 조직에 자발적으로 피드백을 제공하지는 않는다는 뜻이다. 기업을 하나의 상수도 시스템이라고 생각해보자. 조직의 공식적 · 비공식적 절차는 물이 지나가는 배관과 같다. 조직 내에는 커피 자판기 앞에서 아는 직원을 우연히 만나는 일처럼 비공식적 의사소통이 이루어지는 배관이 있고, 보고 절차처럼 공식적인 의사소통이 이루어지는 배관이 있다. 배관을 제대로 설계하면, 적당한 양의 물이 결국 원하는 목적지를 향해 흘러갈 것이다. 반면 배관을 잘못 설계하면 무슨 일이 벌어질까? 뉴욕으로 가는 좁은 배관에 모든 물줄기를 돌려버리면 켄터키에 있는 어느 주택에서는 갑자기 물이 콸콸 흘러넘칠 것이고, 다른 도시들에서는 이미 물을 다른 곳에 써버렸기 때문에 가뭄이 일어날 것이다.

IT는 펌프와 같다. IT라는 펌프가 작동을 잘하면 잘할수록, 배관 주변의 물을 더 빨리 퍼올리고 마지막에 상수도 시스템에 어떤 변화가 일어나더라도 신속하게 대응할 수 있다. 성능이 뛰어난 새 펌프를 구입하면 옛 배관을 뜯어내고 새로운 배관을 놓을지도 모른

294

다. 새 펌프의 추가적인 압력과 속도를 활용할 수 있기 때문이다. 그러나 새 펌프가 있다고 해서 맨 처음에 배관의 위치 선정 문제가 저절로 풀리는 것은 결코 아니다. 오늘날 기업들은 펌프를 아주 잘 이해하고 있고, 서로 다른 배관에서 어떤 결과물이 나올지도 잘 알고 있다. 하지만 정작 배관 안에서 무슨 일이 벌어지고 있는지는 모르고 있다. 바로 이 지점에서 미래의 경영 기법이 필요하다. 다시 말해, 센서 기술을 활용해서 조직을 변화시키는 일이다.

지금까지 기업 전반에 관한 센서 기술과 빅데이터가 기업의 조직화 방식에 어떻게 엄청난 영향을 줄 수 있는지를 다루었다. 조직 구조를 바꾸는 일에서부터 사내 카페 공간을 바꾸는 변화에 이르기까지, 빅데이터를 광범위하게 활용한다면 조직에서 빅데이터로 다루지 못할 분야가 없을 것이다. 빅데이터는 아주 최근에 등장한 기술이기 때문에 이 책에서는 연구 범위를 단일 기업으로 제한했다. 그리고 우리는 다양한 프로젝트에서 얻은 교훈을 자세하게 설명했다. 이 과정에서 독자들에게 빅데이터의 혁신적인 힘, 특히 의사소통 데이터의 힘을 확신시켜줄 수 있었다. 이 작업은 앞으로도 계속될 것이다. 이미 전 세계 수십 개의 연구 단체가 센서 기술을 이용해 연구를 진행한다.

그러나 소시오메트릭 배지와 그 밖의 빅데이터 기술이 몇몇 기업과 학술 프로젝트의 전유물이 아닌 날이 온다고 한 번 상상해보자. 그런 날이 온다면 과연 기업에서 소시오메트릭 배지가 모든 직원의 회사 신분증 역할을 할까? 수천 명이 아니라 수백만 명의 직원이 수십 년 동안 계속해서 배지를 착용한다면 어떻게 될까? 그렇게

295

될 때 과연 기업 경영은 어떻게 달라질까? 빅데이터 기술로 어떤 새로운 기회들이 나타날까?

프라이버시를 어떻게
보호할 것인가

먼저 몇 가지 짚고 넘어갈 의문점이 있다. 그토록 오랜 기간 광범위하게 배지가 실제로 사용될까? 직원들은 자신의 행동을 항상 추적할 수 있는 배지를 실제로 착용하려고 할까? 그런 일이 현실화하려면 두 가지 전제 조건이 필요하다. 그 전제 조건은 다름 아닌 사용의 편리함과 개인 프라이버시 보호다. 사용의 편리함은 상대적으로 풀기 쉬운 문제다. 전자 기기는 점점 더 가격은 낮아지고, 크기는 작아지고, 속도는 빨라지는 속성이 있기 때문이다. 이미 대부분의 기업들이 제공하는 회사 신분증에는 무선 인식 전자태그 칩이 내장되어 있으며, 이런 칩은 기본적으로 아주 저렴하다. 최근에 나온 소시오메트릭 배지는 회사 신분증처럼 작고 가벼워지고 있다. 하지만 소시오메트릭 배지의 크기를 줄이는 데 배터리는 가장 큰 장애물이다.

배지가 센서를 이용하고 사람의 음성적 특징을 파악하려고 할 때 전력 소모가 많다. 휴대전화에서 블루투스나 위성항법장치GPS를 켜면 배터리가 빨리 닳는 것도 그런 이유 때문이다. 사람이 공기 중에 음성 신호를 보낼 때, 사실상 모든 방향에 광파光波가 폭발하듯 방

296

출된다. 이것이 바로 대화를 감지하는 데 도움을 주는 배지의 역할이다. 그 밖에도 사람이 말하는 동안 그 음성적 특징들을 실시간으로 분석하려면, 신호 처리 알고리즘이 배지 프로세서에서 작동해야 한다. 사람이 말을 하지 않을 때, 배지 프로세서의 많은 부분이 작동하지 않아도 되는데, 이때는 전원을 절약할 수 있다. 요점은 이 모든 활동이 많은 전기를 소모한다는 점이다. 최근에 나온 배지는 꽤 뛰어난 전력 효율을 보이고 있다. 배터리는 충전할 필요 없이도 근무시간 기준으로 일주일 정도 지속된다.

최근의 배터리 기술, 예컨대 무선 충전 기술이나 무선 전력 전송 기술을 보면 몇 년 안에 배지는 직접 충전할 필요도 없게 될 것이다. 탁자에 몇 분간 올려놓거나 아니면 아예 사무실 충전소의 무선 적외선 빔 장치에 갖다대기만 해도 충전이 가능해질 것이다. 공학적으로 재치 있게 배지를 만들면, 빅데이터 센서의 전력 소모는 앞으로 직원들이 일반적인 신분증처럼 배지를 사용할 수 있을 정도까지 줄일 수 있을 것이다.

프라이버시는 다루기가 조금 더 복잡하다. 앞으로 센서 기술이 흔해지면, 소시오메트릭 배지만 유일한 대안은 아닐 것이다. 여타 기업들이 소시오메트릭 배지와 비슷한 성능을 지닌 유사한 제품을 만들 수 있다. 하지만 기업은 프라이버시를 보호하기 위해 적극적으로 나서지 않을 것이다. 결국 배지가 신분증이 되는 날이 온다면, 직원들은 여전히 데이터 통제에 동참해야 하는 것일까 아니면 기업들이 자연스럽게 그 통제권을 쥐게 되는 것일까?

이런 질문에 답하기는 쉽지 않다. 따라서 기업들의 개인 데이

297

터 접근을 차단할 수 있는 엄격한 법적 장치가 마련되어야 할 것이다. 물론 법조계에서도 사생활 침해를 규제하는 법적 기준을 마련하는 데 동참하는 소수 집단이 있다. 하버드 법대의 '인터넷과 사회를 위한 버크만 연구소The Berkman Center for Internet & Society'가 대표적이다. 하지만 이런 움직임은 아주 더디게 대중의 관심을 끌고 있을 뿐이다. 개인 정보를 보호하는 법적 안정 장치가 없다면, 센서 기술은 아주 불쾌한 근무 환경을 만드는 데 일조할 가능성이 있다. 직원들이 아주 조금만 움직여도 추적당하고 감시당하는 것은 아닌가 하고 끊임없이 걱정할 것이기 때문이다.

이런 암울한 근무 환경이 만들어진다면, 애초 배지와 센서의 목적은 완전히 무의미해질 것이다. 배지는 원래 직원들이 일터에서 좀더 행복하고 생산적으로 일하는 데 도움을 주기 위해 고안된 장치다. 이것은 모든 기업이 추구해야 하는 가치이기도 하다. 직원이 화요일 오후 2시 30분에 무슨 일을 했는지 꼬치꼬치 확인하는 일은 업무와 무관하다. 이런 활동은 개인 정보를 노출시켜 사생활을 크게 침해할 뿐만 아니라 회사의 시간만 낭비할 뿐이다.

따라서 모든 기업이 반드시 유념해야 할 사항은 '무엇이 직원들을 행복하고 생산적으로 일하게 만드는가?', '직원들을 더 행복하고 생산적으로 일하게 만들려면 회사가 어떻게 변해야 할까?' 다. 여기서 개인 직원에 관한 항목은 하나도 없다는 사실을 알아챘을 것이다. 개인 데이터는 너무 구체적이어서 조직 전반의 광범위한 변화에 영향을 주지 못하기 때문이다. 프라이버시 문제만 자세하게 살펴보려고 해도 책 한 권 분량의 설명이 필요할 것이다(프라이버시 문제에 관해서는 2011년 다보스포럼에서 발표된 『개인 데이터: 새로운 자산의 등장』은 개인 데이터와 관련해서 우리가 직면한 문제점들을 개괄하고, 혁신을 지속시키려면 어떤 체계가 필요한지 자세하게 서술한다).[36] 정부나 기업이 이 문제에 엄청난 관심을 보이고 있고, 기본적인 '데이터에 관한 새로운 협약' 원칙에 동의하고 있는 것은 고무적이다.

　　앞으로 소시오메트릭 배지와 같은 센서 기술이 널리 확산될 것이라는 확신을 좀더 갖게 될 것이다. 하지만 센서 기술은 개인 정보를 보호하는 수단으로도 채택할 수 있다. 그렇다면 수백만 개의 센서 장치가 전 세계로 전파된다면 무슨 일이 벌어질까? 이제 그런 미래 기업의 모습이 어떠할지 한 번 살펴보도록 하자. 신입 사원을 기업에 융화시키는 일에서부터 기업 경영의 기초를 세우는 일까지 말이다.

인간 행동
분석 시스템

　　　　『포천』이 선정한 500대 기업에 소시오메트릭 배지를 배포하면 어떤 효과가 있을지 상상하는 일은 어렵지 않다. 여기에서 언급한 모든 프로젝트에서, 연구자들은 좀더 효율적이고 행복하게 일할 수 있는 방법을 찾으려고 직원들이 일하고 의사소통하는 방식에 약간의 변화를 주었다. 이렇게 해서 기업이 얻은 긍정적인 효과는 차치하더라도, 조직 리더들은 기업 내 다른 부서에 '인 　**299**

간 행동 분석 시스템'을 도입해서 그런 효과를 확산할 수 있다. 동일 그룹 내에서 일하는 직원 수십 만 명에게 수년 간 계속해서 배지를 착용하게 하면 이런 효과를 몇 배로 증폭시킬 수 있다. 인간 행동 분석 시스템을 도입하면, 조직의 모든 면을 분석하고 좀더 효율적으로 바꿀 수 있다. 여기에서는 기업 내에서 혁신이 가능한 부분을 많이 다루었지만, 그것보다 훨씬 큰 규모로 혁신을 이루어낼 수 있다.

먼저 어느 기업이나 신경 써야 하는 부분, 즉 직원 채용부터 시작해보자. 신입 사원 채용은 기업이 반드시 해야만 하는 일들 중에서도 가장 어려운 일이다. 통계에 따르면, 일반적으로 직원 연봉의 약 25퍼센트가 신입 사원 채용에 들어간다고 한다. 그러나 배지를 활용하면 채용 과정의 기초 단계부터 영향을 줄 수 있다. 예를 들어, 소매점에서 직원 교육을 시킨다고 가정해보자. 신입 사원은 조직 문화에 적응해야 하는 것은 물론이고 재고 보충 방법, 계산대 사용법, 고객 응대법 등 다양한 업무를 배워야만 한다. 이런 모든 업무 영역에 센서를 활용할 수 있을 것이다. 예컨대 옷에 내장된 무선 인식 전자태그를 스캔하는 방식으로 직원들은 재고 보충 속도를 높일 수 있다(이런 기술은 이미 재고 창고에서 많이 활용하고 있다). 한편 업무 처리 시간을 기록해서 직원들의 오류 횟수와 업무 처리 속도에 관한 피드백을 얻을 수도 있을 것이다.

그러나 배지 데이터 덕분에 기업이 가장 효과를 크게 보는 분야는 바로 기업 문화 통합과 고객 관리일 것이다. 직원들은 자신이 조직 속에 얼마나 녹아들었는지 배지 데이터로 확인할 수 있다. 배지 데이터는 이 그룹이 얼마나 응집력이 있는지 보여줄 것이고, 인

300

간 행동 분석 시스템은 어떻게 직원들이 상호작용 방식을 변화시켜야 할지 자동으로 제안할 것이다. 예를 들어, 직원들이 점심을 혼자 먹는다고 하자. 그럴 때 밖에 나가서 동료와 점심을 함께 먹으면 직원들 간의 응집력을 높이는 데 도움이 될 것이다. 배지 데이터는 직원 업무 시간을 조율하는 데도 활용될 수 있다. 직원들이 재고를 파악하거나 계산대에서 일하거나 선반에 제품을 채울 때 적당한 직원끼리 짝을 이루어 근무하도록 할 수 있다.

많은 매장에서 직원들은 부분적으로 위탁 판매를 한다. 이들이 고객과의 상호작용 방식을 개선하면 판매 실적을 향상시킬 수 있다. 배지 데이터로 가장 실적이 뛰어난 영업 사원의 목소리 톤과 음량, 대화 속도 등을 파악해서 익히는 일은 신입·경력 직원에게 엄청난 도움이 될 것이다. 판매 직원들은 대화 방식을 실시간으로 분석해주는 시스템 덕분에 목소리의 높낮이를 그 자리에서 조절한다. 혹은 나중에 목소리가 얼마나 나아졌는지 살펴보려고 시스템에서 피드백 자료를 받아볼 수도 있다.

인간 행동 분석 시스템의 핵심은 직원들에게 업무 진척 상황을 보여주고, 우수 사례를 자동으로 전파하는 일일 것이다. 오늘날 우수 사례가 경영진에 전달되려면 꼬리에 꼬리를 무는 보고 과정이 있어야 한다. 한 가게에서 일하는 직원이 고객과 상호작용하는 효과적인 방법을 찾아냈다면, 이 방법은 그의 상사가 가장 먼저 알아챌 것이고, 그런 뒤에 그 상사는 또 다른 상사에게 보고할 것이고, 보고에 보고를 거쳐서 결국 그 우수 사례는 직원 교육 프로그램에 적용될 것이다.

301

그러나 이런 우수 사례를 회사가 한 번 명시하면, 직원이 과연 일터에서 제대로 그것을 적용하는지에 대한 피드백은 주관적이거나 아예 존재하지조차 않는다. 기업들은 대부분 직원 연수 프로그램을 끝낸 신입 사원들을 노련한 직원인양 생각하지만, 당연히 직원들은 보통 수년간 업무를 배워야 실력이 향상된다. 우수 사례가 밥 먹듯 변하는 경우에는 두말할 필요도 없다. 한 매장에서 신상품을 판매하려고 한다면, 새로운 우수 사례가 경영진에 전달되기까지 오랜 시간이 걸릴 수 있다.

기업이 의사소통 데이터를 활용하면 직원들끼리 어떻게 협력해서 일하는지 자세히 관찰할 수 있을 뿐만 아니라 직원들이 효과적으로 협력할 수 있는 방법을 찾는 데 도움을 받을 수 있다. 심지어 팀을 꾸리기 전에도 직원들이 얼마나 협력해서 일을 할지, 거기서 어떤 문제들이 발생할지 시뮬레이션해볼 수 있다. 의사소통은 팀의 성공을 이끄는 생명선이나 다름없다. 기업이 프로젝트를 추진하다 보면, 새로운 정보를 빨리 수집하려는 목적으로 폭넓은 유대 관계를 가진 팀이 필요할 때도 있고, 업무의 효율성을 극대화할 목적으로 긴밀한 유대감을 가진 팀이 필요할 때도 있다.

기업은 인간 행동 분석 시스템으로 다양한 팀 배치를 사전에 시험하면서 서로 다른 팀의 특성을 극대화하고 좀더 확실하게 성공을 이룰 수 있을 것이다. 센서와 디지털 의사소통 기록에서 얻은 데이터는 어떤 팀이 어떤 업무를 잘하는지 파악하는 데 도움을 준다. 따라서 특정한 유형의 업무와 직원들을 짝지을 수 있는 일종의 '지문'이 만들어지게 된다.

302

기업을 성공으로 이끄는
원동력

    팀을 만들면 생기는 또 다른 중요한 이점은 팀이 사내에 장기적인 사회적 자본을 만들어낸다는 점이다. 즉, 당신이 누군가와 한 팀에서 일한다면 자연스럽게 그 직원과 깊은 인간관계가 생긴다. 당신이 전문성이 필요한 프로젝트를 맡게 될 경우, 그 동료에게 전화를 걸 수 있다. 동료는 당신의 업무와 관련 있는 정보를 쉽게 넘겨줄 것이다. 당신의 관심 사항을 정확히 꿰뚫고 있기 때문이다. 따라서 팀 지문을 구축하는 일은 단지 팀이 특정 프로젝트를 추진하는 방식을 정하는 일인 동시에 프로젝트를 진행하면서 기업이 얻게 될 이득까지 전부 아우르는 일이다. 센서 데이터를 활용해서 이런 문제들을 더 정확하게 예측한다면 팀 지문은 조직을 성공으로 이끄는 큰 원동력이 될 것이다.

    기업이 팀을 만들고 나면, 팀원들에게 그들의 역학관계가 시간에 따라 바뀔 수 있다는 것을 이해시키는 일도 중요하다. 특히 프로젝트 기간이 서로 다를 때 그렇다. 팀원들의 역학관계는 회의 시간에 잘 드러난다. 실시간 피드백 시스템을 이용하면 오랜 시간 지속적으로 팀원들의 역학관계를 조율할 수 있다. 회의에 잘 참가하지 않는 성향의 팀원은 회의에 좀더 적극적으로 참여할 수 있을 것이고, 반면 토론을 주도적으로 이끌어가는 직원은 그 수위를 약간 낮출 수 있을 것이다.

    실제로, MIT의 김태미는 '미팅 미디에이터Meeting Mediator'라고   **303**

불리는 토론 시스템의 초기 모델을 개발했다. 이 시스템은 소시오메트릭 배지에서 얻은 데이터를 이용해 토론에 참여한 팀원들에게 자신의 토론 참여도와 의사소통 패턴을 보여주었다. 그리고 토론을 압도하는 팀원은 한 걸음 뒤로 물러나게 하고, 말이 별로 없는 팀원은 목소리를 더 높이도록 북돋우는 기능을 했다. 김태미는 이 시스템을 신뢰 게임에서부터 브레인스토밍, 의사 결정 시나리오에 이르기까지 다양한 분야에서 적용해보았다. 그 결과, 미팅 미디에이터를 사용한 팀원들이 서로 더 신뢰하고, 더 효과적으로 협력한다는 사실을 밝혀냈다. 이런 인간 행동 분석 시스템의 탁월한 효과가 단지 한 번의 사례가 아니라 앞으로 팀 문화의 일부라고 상상해보자.

좀더 일반적인 의사소통 차원에서, 인간 행동 분석 시스템은 모험 지향(다양한 직원들과의 의사소통)과 실행 지향(서로 밀접하게 조율하는 협력 패턴) 사이에 있는 팀의 의사소통 균형점을 찾아줄 것이다. 언제든지 팀이 원할 때, 팀의 균형점을 어떻게 이동해야 할지 혹은 업무 환경에 약간의 변화를 주어야 할지 제안할 것이다. 예를 들어, 인간 행동 분석 시스템은 새로운 정보를 수집하려고 적극적으로 노력하는 팀에 새로운 사람을 소개받을 것을 권장한다. 인간 행동 분석 시스템은 관련된 모든 직원에게 유리하다고 판단될 때, 심지어 다른 팀의 사교 모임에 초청장을 보낼 수도 있다. 여기서 핵심은 초대받지 않은 직원이 뜬금없이 나타나는 어색한 만남을 만드는 것이 아니라 동료들을 새로운 방식으로 만날 기회가 있다는 것을 직원들에게 인식시킬 필요가 있다는 것이다.

이렇듯 변화를 주도하고 직관력 있는 조직이 늘어나면, 조직도

304

는 금새 중요하지 않게 될 것이다. 물론 조직도는 과거에 부서 간의 의사소통과 협업을 연결하는 유용한 매개 수단이었지만, 기업에 센서 기술과 의사소통 데이터마이닝이 광범위하게 보급되면 직원들 간의 유대를 강화하는 환경을 만드는 일이 중요해질 것이다. 이런 상황을 좀더 구체적으로 살펴보자. 예를 들어 새로운 사업 부서를 만들고 싶어 하는 기업이 있다고 상상해보자. 과거에 새 사업부를 만들려면 기업은 몇 개월을 들여 그 부서에 적합한 인재를 찾고, 새 사업부를 이끌 전략을 세우느라 애를 썼을 것이다.

앞으로도 기업은 계속해서 사업 전략을 세울 것이다. 하지만 센서 기술에 기반을 둔, 기업 상황을 한눈에 알아볼 수 있는 종합상황판이 사내에 설치된다고 상상해보자. 오랜 기간 새로 신설되는 많은 부서를 관찰한 인간 행동 분석 시스템은 직원들의 협력을 이끌어내는 데 성공 요소가 무엇인지를 보여줄 것이다. 이 인간 행동 분석 시스템은 프로젝트를 진행하기 위한 기본적인 팀 기능을 파악한 후에, 프로젝트 진행 과정에서 어떻게 서로 다른 팀들이 관계를 맺어야 하고, 내부적으로 팀들이 어떻게 협업해야 할지, 어떤 요소들이 있어야 팀 간에 효과적인 의사소통 패턴이 물 흐르듯 흘러갈지 파악해줄 것이다. 더 중요한 사실은 이런 역학관계가 시간이 지남에 따라 변할 수 있다는 점이다. 정해진 조직도 내에서는 불가능하지만, 이런 협업 패턴은 프로젝트에서 일어나는 문제에 따라 빠르게 변화할 수 있을 것이다.

기업은 어떻게 직원들의 협력을 이끌어내는가

지금까지 직원들의 의사소통 방식에 영향을 줄 수 있는 몇 가지 방법을 이야기했다. 이제 이런 방법들이 어떻게 인간 행동 분석 시스템과 연관이 있는지 살펴보도록 하자. 직원들의 의사소통을 촉진하는 한 가지 방법은 사무실의 공간 배치다. 사내에서 원하는 의사소통 방식이 변할 때, 이런 인간 행동 분석 시스템은 그런 목표를 가장 잘 충족시킬 수 있는 공간 배치를 파악할 것이다. 즉, 새로운 의사소통 목표에 부합하는 사교 공간이나 가구 배치, 자리 위치 등을 인식하는 것이다. 커피 마시는 공간과 사내 카페 공간은 직원들 간의 협력을 이끌어내는 중요한 원동력이다.

자리 배치는 물론이고 심지어 칸막이의 형태 역시 그 어떤 공식적인 절차보다 직원들 사이의 대화에 큰 영향을 끼친다. 하지만 구식 칸막이를 뜯어내고 새로운 칸막이를 설치하는 작업은 매주는 고사하고 몇 달에 한 번이라도 하기 어려울 것이다. 하지만 커피 자판기는 비교적 옮기기 쉽다. 책상, 특히 바퀴가 달린 책상은 큰 어려움 없이 몇 달에 한 번씩 그 위치를 바꿀 수 있다.

예를 들어, 월요일에 인간 행동 분석 시스템이 한 팀원에게 이메일을 보내 커피 자판기 위치를 새로운 곳으로 옮길 것을 제안했다고 상상해보자. 직원들이 아침에 사무실을 걸어다니면서 이동식 커피 자판기가 다른 곳으로 옮겨진 것을 보는 것은 일상이 될 수 있다. 사무실 전체 직원들이 날짜를 정해 몇 시간 동안 와자지껄하게 자리를 이리저리 바꾸는 장면을 상상해보는 일도 그리 어렵지 않다. 이런 모습은 오늘날 사무실에서 벌어지고 있는 상황과도 실제로 그렇게 많이 다르지 않다. 요즘에도 기업에서는 상황 변화에 따라 사무실 구조를 자주 바꾼다. 다만 차이가 있다면 인간 행동 분석 시스템을 사용할 때에는 데이터가 그런 변화를 유도하면서 직원들의 사내 이동을 기업 문화의 일부로 만든다는 점이다.

개방형 좌석 제도를 운영하는 기업에서는 사내 이동을 굳이 북돋울 필요가 없다. 물론 사람의 직관에 따른 판단이기는 하지만, 직원들은 이미 자신의 자리를 매일 선택하고 있기 때문이다. 앞으로 인간 행동 분석 시스템은 개방형 좌석 제도를 진두지휘하면서 직원들의 협력 방식이 최적화되도록 매일 아침마다 모든 직원에게 자리 배치를 제안할 수 있을 것이다. 그래도 직원들은 여전히 자신이 앉고 싶은 자리를 선택하겠지만, 이제 객관적인 데이터를 기초로 자신의 자리를 결정할 수 있을 것이다.

우리는 센서 기술을 사무실 환경에 통합시킬 수도 있다. MIT에서 진행한 한 프로젝트에서, 알렉스 스펠츠Alex Speltz와 나는 이른바 '업그레이드된 사무실 칸막이'를 개발했다. 우리가 만든 이 칸막이는 일반적인 칸막이와 그 크기는 비슷했다. 하지만 이 칸막이는 보통 베이지색 직물로 덮여 있는 칸막이와는 달리 투명한 플라스틱 유리 사이에 차양이 달려 있다. 이 차양에는 작은 모터를 달아 차양과 전선으로 연결했고, 그 덕분에 모터를 작은 컴퓨터에 연결해 와이파이 접속으로 차양을 조종하게 만들었다.

우리가 칸막이를 개발한 목적은 직원들이 다른 직원과의 만남

307

의 목적에 따라 융통성 있게 자신의 자리를 더 많이 공개할 수도 조금 더 적게 공개할 수 있도록 만들기 위해서였다. 따라서 프로젝트 상호 의존도나 장기적인 상호 협력 차원에서 사무실의 한 팀이 다른 팀과 대화가 더 필요하다고 판단될 때, 밤에 프로그램을 작동시켜 두 팀 사이에 있는 모든 칸막이벽에 신호를 보내 차양을 올린다. 다음 날, 팀원들이 모두 출근하면 누구나 다른 팀원의 책상으로 가서 손쉽게 그들이 무엇을 하고 있는지 알 수 있을 것이고, 방해 받지 않고 그들과 대화를 시작할 수 있을 것이다. 물론 팀원이 원하지 않으면 수동으로 차양을 올렸다 내렸다 할 수도 있다. 하지만 보통 팀원들은 이런 기능을 쓰지 않을 것이다.

차양은 일주일에 한두 번 이상 바뀌지 않고, 밤에만 움직인다. 이렇게 하면, 자연스러운 사무실 분위기를 유지하는 동시에 인간 행동 분석 시스템과 차양만으로 사무실 분위기를 빠르게 바꾸는 것도 가능하다. 물론 이런 개념을 현실화하려면 아직도 시간이 많이 걸리겠지만, '똑똑한' 사무실이 직원들에게 반응할 수 있다는 아이디어는 어쨌든 강력한 힘을 갖는다. 필시 가까운 미래에 이런 식의 접근법이 우리 생활의 모든 부분에 확산되기 시작할 것이다.

직원들의 의사소통을 원활하게 하는 또 다른 방법으로 의사소통 수단을 고려해볼 수 있다. 지금까지 직원들이 의사소통을 하는 몇 가지 방법을 살펴보았지만, 새로운 의사소통 수단이 쉴 새 없이 새롭게 등장하고 있다. 사내 트위터인 야머가 인기를 얻기 시작했고, 고객들이 이용하는 구글 행아웃hangout은 업무용으로 빠르게 그 영역을 넓히고 있다. 하지만 이미 의사소통 수단은 차고 넘친다. 예컨대 직접 대화, 휴대전화, 인스턴트 메시지, 채팅방, 인터넷 토론 게시판, 화상회의, 위키피디아 등이 있다. 이런 상황에서 또다시 새로운 대화 채널이 등장하기 시작했다.

이렇게 선택의 폭이 넓은 것이 꼭 좋은 것만은 아니다. 팀별로 의사소통 수단이 모두 제각각인 회사에서 근무한다면, 다른 직원과 서로 대화를 나누는 일조차 불가능할지도 모른다. 예컨대 마케팅팀은 특별히 인스턴트 메시지를 많이 사용하고, 재무팀은 위키피디아 열성 팬일 수 있다. 이렇게 사내에서 의사소통 수단이 매우 다양할 경우, 의사소통이 잘 흘러가기는커녕 오히려 더 꽉 막힐 수 있다.

그렇다고 해서 선택의 폭이 넓은 것이 항상 나쁘다는 뜻은 아니며, 한 팀이 특화된 의사소통 수단을 사용한다는 것이 좋지 않다는 뜻은 더더욱 아니다. 예를 들어, 소프트웨어 개발자들에게 소프트웨어 개발 시스템을 이용해서 의사소통을 하게 하면 생산성이 크게 향상된다. 소프트웨어 개발 시스템은 프로젝트에서 발생하는 문제점을 자동으로 포착하는 것은 물론이고 동료 개발자들끼리 협업을 하는 데 도움을 준다.

기업들이 어떤 의사소통 수단을 이용해서 어떻게 직원들의 서로 다른 상호작용을 최대한 지원할지 파악하는 데 데이터 기반 접근법이 도움이 된다. 이런 의사소통 수단에 인간 행동 분석 시스템을 탑재함으로써 기업은 필요에 따라 조직 전반에 새로운 의사소통 수단을 도입할 수도 있고, 다른 의사소통 수단들을 통합해서 직원들이 좀더 효율적인 의사소통을 할 수 있도록 북돋을 수도 있다.

인간 행동 분석 시스템은 의사소통 수단이 실제로 운용되는 방

309

식 그 자체를 변형하는 데 활용할 수도 있다. 일본에서 진행한 한 프로젝트에서, 나는 이메일을 보낸 사람과 받는 사람의 관계에 따라 이메일이 달리 표시되도록 시스템을 설계했다. 예를 들어, 다양한 직원들과 교류하는 것이 나에게 도움이 된다고 판단했다고 하자. 그러면 인간 행동 분석 시스템은 사내의 다른 사교 집단에서 보낸 이메일의 크기를 증가시켜 이메일 수신함에 있는 다른 이메일보다 그런 이메일이 훨씬 돋보이게 만들 것이다. 이렇게 이메일을 시각적으로 살짝만 돋보이게 하는 것만으로도 직원들에게 다른 사교 그룹에 다가가는 일이 괜찮은 생각이라는 인상을 심어줄 수 있다.

이메일에만 이런 속성을 적용할 수 있는 것은 아니다. 대화창이나 인터넷 토론 게시판에서도 직원들을 다르게 표시할 수 있다. 화상회의 또한 마찬가지다. 인간 행동 분석 시스템을 활용하면 회의에 참여하지 않는 직원에게는 수화기 소리는 키우고, 다른 참가자들의 수화기 소리를 낮춰서 직원들이 적극적으로 회의에 참여하는 분위기를 만들 수 있다. 이런 방법은 직원들의 행동을 억지로 바꾸는 것이 아니라 개인이나 팀이 의사소통 방식을 바꾸도록 자극해서 긍정적인 결과를 얻는 것이다.

인간 행동 분석 시스템은 이런 의사소통 수단에 메시지를 보내 사교 네트워크를 구축할 수도 있다. 직원들이 관계를 맺는 방식에는 어떤 일반적인 한계가 존재할 것이다. 즉, 사교 네트워크 내에서 한 팀에서 다른 팀으로 이동하려면 몇 번의 사다리를 건너가야 하는지 정해져 있을 것이다. 그렇다면 직원들이 인간 행동 분석 시스템을 이용해서 그런 인간관계를 맺는다면 어떻게 될까?

빅데이터가
기업을 경영하다

새로운 사람을 사귀는 비교적 간단한 방법은 링크드인LinkedIn처럼 사람을 소개해달라고 아는 사람에게 부탁하는 것이다. 다만 앞으로는 사내에서 인간 행동 분석 시스템이 이 사람 저 사람 소개시켜주는 것이 아니라 당신에게 필요한 대화 상대를 콕 집어서 지목해준다는 차이가 있을 뿐이다. 그러나 상대방이 당신이 누구인지 알고 있어야 한다. 새로운 관점이나 아이디어를 얻으려면, 누구나 자신의 네트워크 밖에 있는 완전히 모르는 사람과도 대화를 나눌 필요가 있다. 자신이 직접 낯선 사람에게 뜬금없이 전화를 거는 대신 인간 행동 분석 시스템이 알아서 소개시켜준다면 정말 그만일 것이다.

여기에서 사용하는 기본 개념은 꽤 간단하다. 내가 두 사람을 소개시켜주고 싶다고 하자. 그리고 두 사람에게는 서로 아는 친구가 있다. 두 사람을 연결시켜주는 가장 확실한 방법은 그 친구에게 연락을 해서 이렇게 말하는 것이다. "두 사람 소개 좀 시켜주는 게 어때? 내 생각에 서로 좋을 것 같거든." 이렇게 아는 친구를 통한 소개 방법은 두 사람을 직접 소개시켜주는 것에 비해 몇 가지 장점이 있다. 인간 행동 분석 시스템은 두 사람이 실제로 서로 마음이 잘 맞을지 안 맞을지 계산하느라 애를 먹을 것이다(여기에는 수많은 변수가 존재한다). 그러나 중간에 아는 친구가 있으면 그 친구는 두 사람을 이미 잘 알고 있으므로 두 사람이 서로 잘 통할지를 알고 있을 것이

311

다. 모르는 두 사람이 서로 소개를 받을 때, 중간에 아는 친구가 있으면 자연스럽다. 친구들끼리는 늘 서로를 소개한다. 다만 인간 행동 분석 시스템은 이 과정에 약간의 데이터를 활용할 뿐이다.

이 개념을 이른바 '증강 소셜 네트워크Augmented Social Reality'라고 부른다. '증강현실Augmented Reality'은 휴대전화나 특수 안경 같은 착용식 컴퓨터로 사용자가 보고 있는 실사 영상에 3차원 가상영상을 겹쳐 보여주는 기술을 말한다. 증강현실 기술을 적용한 애플리케이션으로는 '레이어Layar'가 가장 유명하다. 레이어를 이용하면 사용자 주변에 있는 트위터 이용자들의 목록이나 옐프Yelp.com(음식점, 미용실, 병원 등 지역 상점을 이용한 고객들의 후기를 모아 제공하는 사이트) 음식점 순위가 휴대전화에서 죽 나열되는 것은 물론이고 그것을 실시간 영상으로도 볼 수 있다. 그러나 증강 '소셜' 네트워크는 센서 데이터를 이용해서 모든 사람을 소셜네트워크 '정보통'으로 만드는 것을 말한다. 센서 데이터가 매일 일어나는 모든 사람의 만남뿐만 아니라 만남의 맥락을 줄줄이 나열하기 때문이다.

사람 소개하는 일이 처음부터 타고난 사람도 있지만, 사람 소개하는 일은 정말 익히기 어려운 기술이다. 하지만 증강 소셜 네트워크를 도입하면, 직장 생활에서 우리가 누구를 소개시켜야 하고 어떻게 다른 직원을 만나야 하는지 목록을 얻을 수 있다. 그뿐만 아니라 모든 일이 좀더 물 흐르듯 흘러간다. 이런 시스템은 사내에서 멀리 떨어져 있는 부서를 서서히 결합시키는데, 다시 말해 사교 네트워크를 통해 그런 직원들을 촘촘하게 묶는 데 활용할 수 있을 것이다.

312   이 시스템은 소개에 소개를 거치는 과정을 만들어낸다. 예컨대

한 팀을 조금 더 거리가 가까운 팀에서부터 먼 팀에 이르기까지 다양하게 소개하면, 서로를 좀더 가깝게 묶을 수 있는 또 다른 소개가 일어나고, 결국 당사자끼리 직접 소개가 이루어질 때까지 반복된다. 물론 이런 과정이 하룻밤에 이루어지지는 않을 것이다. 그런 과정을 조직 문화의 일부로, 즉 직원들이 의존하는 평상시의 도구로 만들면 사내 네트워크 전체의 효율성을 근본적으로 극대화할 수 있을 것이다.

인간 행동 분석 시스템은 조직의 다른 의사 결정 과정에도 활용될 공산이 크다. 이제는 성과 측정지표에 따라 공식적인 팀에 보너스를 지급하는 것이 아니라 비공식적으로 프로젝트에 참여한 다른 팀 직원에게도 보상할 수 있게 되는 것이다. 인사 평가도 마찬가지다. 지금까지 인사 평가는 흔히 설문조사나 부서장의 주관적인 보고에 의존해왔다. 하지만 인간 행동 분석 시스템을 활용하면 행동 데이터가 투입되기 때문에 자연스럽게 인사 평가에 큰 도움이 될 것이다.

앞으로 조직의 전략적 선택은 서로 다른 팀원들이 제공하는 정보의 유사성에 비중이 실릴 것이므로, 울림방처럼 같은 팀 안에서만 머무는 직원보다는 사내에서 좀더 다양한 사회적 네트워크를 구축한 직원이 좀더 큰 목소리를 내게 될 가능성이 높다. 이처럼 인간 행동 분석 시스템의 응용 사례를 나열하자면 끝이 없다. 어떤 경우이든 한 가지 사실만은 분명하다. 앞으로 인간 행동 분석 시스템이 기업의 비즈니스 방식을 완전히 탈바꿈시키는 것은 물론 모든 사람에게도 친숙하고 흔한 일상으로 자리 잡을 것이다.

지금까지 인간 행동 분석 시스템이 단일 기업 내에서 활용될

313

가능성만을 염두에 두고 이야기해왔다. 우리가 설명한 여러 프로젝트에서 인간 행동 분석 시스템의 활용은 꽤 명쾌했지만, 그것 또한 규모 면에서 제약이 있다. 기업마다 고유의 업무 방식이 있고, 기업 문화의 차이는 직원들의 행동에 그대로 반영된다. IBM을 방문한다면, 그곳이 구글이 아님을 누구나 쉽게 깨달을 것이다. 이와 마찬가지로, 기업마다 직원들의 생산성도 천차만별이다. 인간 행동 분석 시스템은 이처럼 직원들마다 다른 생산성에 관계된 행동 데이터를 수집할 수 있다. 인간 행동 분석 시스템은 직원들의 고유한 행동과 협력 방식의 근본적인 차이를 활용해서 인력을 관리할 수 있는 가장 효율적인 동시에 가장 비효율적인 방법을 찾아낸다.

그렇다면 기업 간의 차이는 어떨까? 예컨대 IBM이 구글의 인재 관리법에 근거해서 조직을 변화시키려고 시도할 수 있다. 오늘날 기업은 직원들이 뉴스 기사나 사례 연구를 참고할 때 일어날 가능성이 있다. 이런 방법들은 모두 다른 기업들에 권장할 만한 굉장히 훌륭한 사례지만, 사내에서 이런 변화는 믿기 힘들 만큼 느릿느릿 일어난다. 다른 회사의 새로운 경영 기법을 제대로 파악하기까지는 몇 년씩 걸리고, 이런 새로운 경영 기업을 직원들에게 확산시키려면 또다시 몇 년을 투자해야 한다. 이처럼 거북이걸음을 하는 혁신의 속도를 높이는 한 가지 방법은 전 세계 기업들에서 수집한 데이터를 이용해 다른 기업을 벤치마킹하는 일이다. 이 분야에서 가장 유명한 참고자료는 갤럽Gallup의 참여도 설문조사다. 이 설문조사는 갤럽이 전 세계 수천 개 회사 직원 수백만 명을 대상으로 질문한 항목 12개로 구성되어 있다. 기업들이 설문조사에 참여하는 것은 경쟁 업체에

314

견주어 자사의 경쟁력을 확인하고, 경쟁 업체들에서 경영상의 교훈을 얻어 약점은 보완하고 강점은 더욱 강화하기 위해서다.

이제 이런 벤치마킹 기법을 센서 데이터에 적용한다고 상상해보자. 센서 데이터를 활용하면, 우수 경영 사례들이 단순히 기업 내에만 머무르지 않고 한 회사에서 성격이 완전히 다른 기업으로 눈깜박할 사이에 전수될 수 있다. 예를 들어, 각각 그 성공도가 다른 제약 회사들의 약품 개발 프로젝트 100개를 센서 데이터로 수집했다고 해보자. 이 데이터를 참고한 어느 제약 회사 경영자는 프로젝트 진행 과정에서 팀이 상호작용해야 결국 성공할 수 있다는 것을 직원들에게 보여주면서 직원들의 협력 방식에 변화를 이끌어낼 수 있을 것이다. 이렇게 되면 새로운 프로젝트를 시작하는 제약 회사마다 사내 정보 없이도 직원들의 상호작용을 어떻게 촉진해야 할지 정확하게 알 수 있다.

이런 정보 공유는 정말 흥미롭다. 인도 기업은 재빠르게 브라질 기업에서 배우고, 브라질 기업은 미국 기업에서 배울 것이기 때문이다. 산업 분야와 비즈니스 모델이 완전히 다르더라도 기업들은 객관적인 데이터에서 추출한 비즈니스 분야의 유사성을 십분 활용해 우수 경영 사례를 교환할 수 있을 것이다. 인간 행동 분석 시스템은 전 세계 기업의 학습 네트워크가 되어 경영 '전문가'가 기업을 경영하는 것이 아니라 빅데이터가 기업을 경영하게 될 것이다. 인간 행동 분석 시스템을 두려워하는 경영자도 있을지 모른다. 인간 행동 분석 시스템도 누구나 흔히 접하는 자동화된 하드웨어나 소프트웨어 솔루션을 똑같이 경영에 적용하기 때문이다. 지금까지 경영을 제

315

대로 하려면 항상 소프트 스킬soft skill(기업 내에서 커뮤니케이션, 협상, 팀워크, 리더십 등을 활성화할 수 있는 능력)이 필요했다. 그러나 인간 행동 분석 시스템 덕분에 누구나 경영에 참여할 수 있게 될 것이다.

경영의 민주화는 특히 중소기업에 중요하다. 12명 이하의 중소기업은 보통 회사를 경영할 때 도움을 받을 수 있는 시스템이 거의 없다. 이런 현실은 중소기업을 창업하는 기업가들에게 경영 노하우가 거의 없다는 점을 감안하면 심각해진다. 더욱이 중소기업은 이제 국가 경제의 들러리가 아니다. 미국에서 비농업 분야의 국내총생산의 50퍼센트를 이런 중소기업들이 창출해내고 있다.

인간 행동 분석 시스템은 궁극적으로 중소기업에 일종의 '경영진료센터' 역할을 할 것이다. 인간 행동 분석 시스템으로 다른 기업에서 얻은 노하우를 자신의 회사에 적용할 수 있기 때문이다. 몇 개의 센서와 기본적인 프로그램만 있으면, 중소기업도 회사의 경영 구조를 설계하고 직원들의 효과적인 협력 방식을 창출하는 데 맞춤식 정보를 얻을 수 있다. 그뿐만 아니라 진행 과정에서 피드백을 받는 일도 가능하다. 많은 중소기업이 인간 행동 분석 시스템을 사용한다면, 조직 구조와 직원 보상 시스템, 그 밖에 회사에 필요한 정보들을 자동으로 확보할 수 있을 것이다.

앞으로 모든 빅데이터 기술이 일상생활에 자리 잡을 것이다. 직원의 업무는 지금과 별반 달라지지 않을 것이다. 다만 달라지는 것이 있다면, 그것은 업무 환경과 기업 문화다. 빅데이터를 광범위하게 활용하면 직원들은 자연스럽게 자신의 역량을 최대한 발휘할 것이고, 즐겁게 일할 수 있을 것이다. 또한 인간 행동 분석 시스템으

316

로 신문 기사나 책을 통해서가 아닌 데이터를 교환함으로써 전 세계 기업의 학습 커뮤니티가 형성될 것이다. 빅데이터 활용 기술은 세계적인 기업인 월마트에서부터 골목의 구멍가게에 이르기까지 광범위하게 확산될 것이다. 또한 업그레이드된 칸막이를 사무실 수백 곳에 설치하는 기업에서부터 그저 몇 가지 간단한 충고만 원하는 기업에 이르기까지, 인간 행동 분석 시스템이 제공하는 피드백은 기업의 미래를 좌지우지할 것이다.

직원들이 친밀하게
의사소통하는 법

지금까지 직장에서 직원들의 업무 능률을 높이고 그들이 행복하게 일할 수 있도록 만드는 공통분모가 무엇인지 살펴보았다. 그 핵심은 직원들끼리 얼굴을 맞대고 하는 의사소통이다. 특히, 응집력을 높이는 의사소통이 중요하다. 다시 말해, 직장에서 직원들이 서로 많은 시간을 들여 대화를 나누는 일이 원활한 의사소통의 하이라이트다. 이런 끈끈한 의사소통 덕분에 IT 기업에서 일하던 직원들은 복잡한 정보를 서로 효과적으로 전달할 수 있었고, 콜센터에서는 상담원들의 스트레스가 줄어들었다. 직원들끼리 이렇게 친밀하게 얼굴을 맞대고 강한 유대 관계를 맺으면, 직원들 간에 신뢰가 쌓이고 공통어가 생긴다. 신뢰 구축과 공통어의 사용은 오늘날 기업의 성공에 결정적인 요소다.

317

다양한 유대 관계는 직원들의 전문성과 창의성을 높이는 데 도움이 된다. 다른 사교 네트워크에 있는 직원들과 유대 관계를 맺으면 다양한 정보에 대한 접근성이 높아진다. 따라서 친밀한 사람들끼리 모여서 똑같은 이야기만 반복할 때에는 전혀 생각하지도 못하던 기발한 아이디어를 떠올릴 수도 있다. 기업은 다양한 방식으로 직원들의 유대를 강화할 수 있다. 물리적으로 사무실 공간에 변화를 주거나 휴식 시간을 조절하거나 그 밖의 다른 방법으로 작은 변화를 주는 것이다. 이렇게 하면 직원들을 원하는 방향으로 이끌어갈 수 있다. 이런 사소한 자극이 직원들 사이의 관계에 아주 강력한 효과를 발휘한다.

우리는 스카이프를 이용해서 원거리에 있는 직원과 화상 채팅을 하고, 화상회의로 같은 주제를 함께 토론하고, 메신저로 별로 중요하지 않은 업무를 처리한다. 그러나 데이터를 분석해보면, 이런 의사소통 수단만으로는 직원들이 업무를 제대로 볼 수 없다는 사실이 드러났다. 그것은 인간이 수백만 년 동안 바로 눈앞에 있는 사람과 관계를 맺어왔기 때문이다. 인간이 전화를 사용한 기간은 불과 150년 밖에 되지 않았다. 진화의 관점에서 보면 150년은 눈 깜박할 시간도 안 된다. 생물학적으로 따져보자. 아주 최근에 나타난 도구라고 할 수 있는 인터넷과 인스턴트 메시지에 인간이 적응하려면 얼마나 더 많은 시간이 필요하겠는가?

오늘날 우리가 당면하고 있는 중요한 문제는 원거리 의사소통의 딜레마다. 사람들은 원거리 의사소통이 필요하다고 생각하고 그것을 원하지만, 여전히 서로 거리가 멀리 떨어져 있으면 끔찍할 정

318

도로 협력을 못한다. 원거리 의사소통 문제를 해결하려면 새로운 해결책이 절실히 필요하다. 원거리 의사소통의 몇 가지 문제는 멀리 떨어져 있는 사업장의 낯선 환경에 사회적 맥락을 부여해서 해결할 수 있다. 예컨대 미팅 미디에이터 같은 토론 시스템을 이용해 실시간으로 피드백을 받는 것도 한 방법이다. 이런 시스템을 이용하면 직원들이 깜빡이는 컴퓨터 모니터나 전화 수화기에 집중하느라 놓친 많은 정보를 다시 파악하는 데 큰 도움이 된다.

미래에는 가상현실과 홀로그래피 같은 기술이 활용되어 고대부터 진화해온 인간의 뇌에 직접 작용하는 날이 머지않아 다가올 것이라고 예상할 수 있다. 그런 기술이 우리가 실제로 사무실에서 많은 직원에게 하는 것처럼, 보고 듣고 심지어 맛보기까지 한다면, 나중에는 인간의 의도와 목적까지 파악하는 날도 올 것이다. 물론 이런 기술이 광범위하게 확산되려면 아직도 가야 할 길이 멀다. 그런 기술이 성공을 거두려면 기초적인 몇 가지 기능이 개선되어야 할 것이다.

사람들이 원거리 의사소통을 꺼리는 가장 단순한 이유는 시선 전달이다. 스카이프를 한 번이라도 사용해본 사람이라면 무슨 뜻인지 이해할 것이다. 최신 기술로는 사용자가 컴퓨터 화면과 카메라를 동시에 볼 수 없기 때문에 이런 문제가 발생한다. 하지만 시중에 나와 있는 몇몇 프로그램은 이 문제를 해결하는 데 성공했다. 시스코 시스템스에서 개발한 텔레프레즌스Telepresence가 대표적이다. 이 시스템은 특별히 제작된 방에서 정교하게 조정된 카메라와 모니터를 배치해 원거리에 있는 직원들이 내 옆에 앉아 있는 것 같은 착각을 **319**

불러일으키게 만든다. 이렇듯 이 시스템의 효과는 상당하다. 특히 텔레프레즌스는 고화질HD 카메라와 전용 회선으로 영상을 최대한 빨리 전송한다. 그러나 30만 달러에 이르는 엄청난 가격 때문에 모든 상황에서 이런 기술을 사용하기란 거의 불가능하다.

다른 솔루션들은 좀더 세련된 접근 방식을 구현한다. MIT의 맷 허쉬Matt Hirsch가 개발한 바이다이 스크린BiDi Screen이 대표적이다. 맷 허쉬는 카메라와 컴퓨터 화면을 결합한 기술을 개발했는데, 이 기술을 이용하면 화상으로 연결된 상대방을 똑바로 쳐다보면서 대화할 수 있다. 이 기술이 상용화된다면, 시스코시스템스의 텔레프레즌스보다 저렴한 가격에 출시할 수 있을 것이다. 하지만 아직까지도 이 기술은 연구 프로젝트 단계로, 바로 상용화할 계획은 없는 상태다.

그것이 바이다이 스크린이든 텔레프레즌스든 혹은 그와 비슷한 시스템이든, 우선은 이런 기술적인 문제들이 시간이 지나면서 해결된다고 가정해보자. 앞으로 20년 내에 지금 당면한 문제는 옛날이야기가 될 것이다. 하지만 안타깝게도 아직 넘어야 할 산이 있다. 이런 시스템들이 가지고 있는 가장 큰 문제는 현대의 모든 의사소통 수단이 채택하고 있는 근본적인 제품 설계와 관련이 있다. 이런 시스템들의 면면을 아주 기초적인 수준에서 바라보았을 때, 미리 계획된 회의 상황에 초점을 맞추어 설계되었다는 점이다.

이 문제가 꼭 누군가의 잘못이라고 할 수 없다. 그저 제조사마다 중요하다고 판단되는 부분에 중점을 두고 시스템을 만들었을 뿐이다. 상황이 이렇게 된 배경에는 지난 수백 년 동안 기업에서 공식 절차를 너무나 강조해왔던 탓이 크다. 회의는 중요하고, 커피 자판기 앞에서 하는 대화는 그렇지 않다. 이것이 지금까지의 통념이었다. 이런 통념에 따라 이미 여러 회의 시스템이 개발되었고, 앞으로도 더 나은 회의 시스템이 개발될 것이다. 궁극적으로는 거리의 차이를 뛰어넘는 기가 막힌 회의 시스템이 개발되어, 우리가 기꺼이 새벽 2시에 일어나서 인도에 있는 동료 직원과 회의를 해도 괜찮은 날이 올 것이다(물론, 올빼미형인 사람은 별로 신경을 안 쓸 것이다).

그러나 곰곰이 한 번 생각해보자. 직원의 생산성을 높이는 요소가 무엇인지, 직원들이 정말 업무를 잘하는 장소가 어디인지 말이다. 공식 회의석상에서 과연 업무 효율이 높아질까? 스스로 한 번 돌이켜 생각해보자. 회의 때 자신이 생산적이라고 느끼는 시간은 얼마나 되는가? 회의 때 정말로 자신의 업무를 보는가? 아마 그 대답은 '아니오'일 것이다.

불행하게도, 최신 기술로는 사내에서 회의 후 직원들끼리 어울리도록 하기가 어렵다. 이렇게 직원들이 어울릴 때 세렌디피티도 일어나고 서로 친밀한 의사소통도 나누게 되는 법인데도 말이다. 이 문제를 해결하려는 몇몇 시도는 있었지만, 모두 제한적으로 성공했을 뿐이다. 구글 행아웃이 최근 이 분야에 진출을 시도하고 있다. 직원들이 컴퓨터용 비디오카메라를 켜놓고 다른 직원을 초대하면 그 직원은 필요에 따라 대화방에 들어갔다 나왔다 할 수 있다. 이런 시스템은 예전부터 존재했다. 흔히 직원들이 공동으로 사용하는 공간에 항상 켜진 비디오카메라를 이용해서 다른 나라에 있는 사업장을 연결하는 것이다.

321

우리 직원들은 구글 행아웃을 자주 이용한다. 따라서 이 시스템이 절대 장점이 없다고 말하는 것이 아니다. 현재 우리 회사는 미국 캘리포니아와 매사추세츠, 핀란드에 직원을 두고 있어 모든 직원이 개인적으로 만나는 일은 드물다. 모든 직원이 근무하는 동안에는 같이 회의할 시간마저 거의 없다. 하지만 구글 행아웃을 이용하면, 훨씬 더 쉽게 화상으로 개인적인 대화를 나눌 수 있다.

기업의 문화를
어떻게 바꿀 것인가

정보통신 기술이 아무리 발달하더라도 시차 문제를 극복할 수 없을 것이다. 현재 시스템들은 그 부분에서 제약이 많다. 이 시스템들은 다른 장소를 작은 화면으로 비출 수 있을 뿐이고, 장소를 비추는 화면도 상당히 부자연스럽다. 아마도 이런 문제를 해결하려면, 고화질의 카메라를 이용해서 벽 전체가 화면이 될 만큼 화면을 아주 크게 만들고, 사무실 구석구석을 모니터로 만들면 우리가 원거리에 있는 동료들과 접속하는 데 도움이 될 것이다.

하지만 그 이상의 조치가 필요하다. 우리가 사교적 맥락에 관한 데이터를 이용한다면, 이전 시스템보다 의사전달 능력이 떨어지지 않으면서도 대화의 아주 미묘한 차이를 감지하는 시스템을 개발할 수 있을 것이다. 이런 시스템은 직관적으로 만남의 맥락을 시각적으로 보여주기 때문에 우리가 다른 장소를 인식하는 데 미묘하게

322

영향을 끼칠 것이다. 결국 이런 시스템의 출현 여부는 시간이 지나야만 알 수 있을 것이다.

현재로서는 얼굴을 맞대고 하는 의사소통이 기업의 복잡하고 극도로 협력적인 업무를 하는 데 중요하다는 사실을 먼저 인정할 필요가 있다. 비싼 항공 요금을 감수하고 중요한 지역으로 몇 천 달러를 들여 직원을 출장 보내는 한이 있더라도, 그렇게 하는 게 수억 달러를 써가며 수천 대의 고화질 모니터를 구입하고, 또 그런 시스템을 지속적으로 유지ㆍ보수하느라 어마어마한 IT 기술 지원팀을 만드는 일보다는 훨씬 낫다.

기업들은 이제 공식적인 의사소통보다 비공식적인 의사소통으로 무게 중심을 옮길 필요가 있다. 실제로 생산성과 직업 만족도 측면에서도 비공식적인 의사소통의 중요성이 훨씬 크다. 앞으로 업무의 복잡성이 더 증가할 것을 감안한다면, 이런 인식의 변화가 업무의 모든 영역으로 확대되어야 한다. 엄청난 규모로 인수합병이 일어나고, 직원 수백만 명이 참가하는 프로젝트가 일상화한 현실에서 기업의 사내 의사소통 방식이 붕괴된 상태라는 것은 명백하다.

사무실 공간을 배치할 때 일어나는 문제점 중 하나는 그 과정이 흔히 사내의 정치 역학에 따라 결정된다는 점이다. 사내에서 유대감을 잘 쌓은 상사는 흔히 자기 팀을 위해 책상도 넓고 전망이 좋은 사무실, 다시 말해 '명당'이라고 할 만한 공간을 선점할 수 있다. 반면 사내에서 별로 힘을 발휘하지 못하는 팀은 지하층으로 내려가 옴짝달싹 못하게 된다. 기업들은 이런 관행을 바꿔서 사무실을 설계할 때 전략적인 접근을 할 필요가 있다. 즉, 사내의 정치적 문제는 뒷

323

전으로 두고, 팀끼리 서로 협력해서(이때 A팀은 B팀과 대화가 필요하다) 사무실 배치를 결정하는 것이 좋다.

사무실 배치를 괴롭히는 문제들은 얼핏 시시해 보이는 가구 구입 결정에서 드러난다. 그러나 책상 길이나 칸막이 높이, 커피 자판기 종류와 같은 표면적으로 하찮은 요소들이 직원들의 협력에 엄청난 영향을 끼치고 있다. 물론, 경영진이 이런 문제를 결정하는 데 몇 주일씩 시간을 쏟을 수 없다. 하지만 기업 문화 창조라는 원대한 목표를 감안해서 사무실 가구 결정을 두고 일반적인 지침을 전달해줄 필요는 있다. 경영진의 의사가 아래로 천천히 내려가 직원들에게 전달되면, 직원들은 기업 문화의 가치와 조화를 이루면서도 서로 업무 협력 방식에 따라 사무실 공간을 적절하게 배치할 수 있다.

사내 분위기는 직원들의 행동을 결정짓는 핵심이다. 사내 분위기에 따라 흔히 직원들이 휴식 시간에 어떻게 행동하는지가 저절로 드러난다. 미국 기업 문화에서는 직원이 책상머리에 앉아 있지 않으면 시간을 허비하는 일이라는 통념이 퍼져 있다. 따라서 직원들이 커피 자판기 앞에서 수다를 떨거나 동료들과 식탁에서 같이 점심을 먹는 행동을 하찮게 생각한다. 이런 기업 문화에서라면 직원들은 다른 직원들에게 일하는 것처럼 보이려고 애를 쓰기에 급급할 것이다.

직원들도 마음가짐을 바꿔야 한다. 다른 직원과 소통하고 협력할 때 직원들은 가장 생산성이 높았다. 즉, 자리에서 일어나 사무실을 이리저리 돌아다니거나 커피 자판기 앞에서 시간을 보내고, 동료들과 점심을 같이 먹고, 동료들이 하는 대화에 끼어들고, 직장 내에서 사교 활동에 적극적으로 참여하라는 뜻이다. 이처럼 사내 문화가

324

변하려면 직원들부터 변해야 하는 것이 맞다. 하지만 관리자들도 직원들에게 관심을 가지고 있다는 사실을 보여주어야 한다.

윗물이 맑아야 아랫물이 맑은 것처럼, 사내 문화가 변하려면 윗사람들부터 솔선수범을 보여야 한다. 최고경영자부터 책상이 아닌 사내 식당에서 점심을 먹지 않으면, 먼저 나서서 위험을 감수하려는 직원은 아무도 없을 것이다. 사실 직원들은 이런 사내 문화의 변화가 그토록 가치 있는 일인지, 자기가 승진하는 데 도움이 될지 전혀 알지 못한다. 따라서 고위층부터 사내 문화 변화에 앞장서면서 그 압력이 적극적으로 동참하지 않는 직원들에게 미치도록 해야 한다. 그렇다고 "지시를 안 따르면 잘라버리겠다"는 식의 협박이 아니라 "이것이 우리가 일하는 방식이다"라고 정기적으로 직원들에게 언질을 주면 된다.

기업은 어떻게
강해지는가

애초부터 다른 사람과 잘 어울리는 성격을 가진 직원이 있다. 그렇게 붙임성이 있는 직원은 본래 동료에게 말도 잘 걸고 업무를 하면서 사람 사귀는 일도 즐긴다. 이런 직원은 아마도 다른 직원과 협력하면서 업무를 보는 일에 훨씬 쉽게 적응할 것이다. 반면 좀더 내성적인 직원은 어려움을 많이 겪을 것이다. 이 지점에서 많은 기업은 내성적인 직원들에게 성격과 맞지 않는 행동을 **325**

강요할까봐 멈칫한다. 그러나 내가 추구하는 목표는 그런 기업들과는 다르다. 어쨌든 내성적인 사람도 다른 직원과 대화를 나눈다. 결국 기업이란 기본적으로 개인이 혼자서는 성취할 수 없는 일을 여러 사람이 모여 해내는 곳이다. 누구든 자기 일을 제대로 해내려면 다른 사람과의 소통이 필요하다. 이 말은 직원들이 소통을 지금보다 훨씬 많이 해야 한다거나 자신의 성격을 완전히 뜯어고쳐야 한다는 뜻이 아니다. 오히려 직원들이 적당한 때에 '적당한' 사람과 소통해야 한다는 의미에 더 가깝다.

매일 책상 앞에서 점심을 먹는 대신 일주일에 한 번 동료들과 식사하는 시간을 가져보자. 그것은 작은 변화이지만, 이런 방법이 본래부터 내성적인 직원에게 부담이 덜하다는 것에는 누구나 수긍할 것이다. 그러나 협력의 관점에서 보면, 한 번의 만남이 중요한 영향을 끼칠 수 있다. 전문 지식이 있는 다른 직원의 멘탈 모델mental model을 접할 수 있기 때문이다. 따라서 미래에 문제가 불거지면, 직원들은 전문성이 있는 다른 직원에게 부탁할 수 있을 것이다. 그러면 스트레스 받는 일이나 업무와 관련된 문제를 풀 때 서로 신뢰할 수 있어 직원들은 직장에서 좀더 유대감을 느낄 것이다. 직원들의 이런 유대 관계를 강화하는 일은 미래의 훨씬 복잡한 기업을 구축하는 데 필수적이다.

이렇게 생산성을 직원 개인의 관점에서 바라보는 것을 없애는 일 이외에도 외로운 천재라는 개념도 없앨 필요가 있다. 자신의 창조적 역량과 자기가 동료들에게 미치는 영향력을 파악할 수 있는 쉬운 방법은 실제로 자기 혼자서 얼마나 일을 하는지 따져보면 된다.

326

예컨대, 당신의 생산성을 10퍼센트 향상시킬 수 있는 새로운 방법을 찾았다고 해보자. 한 주에 40시간을 일한다고 할 때, 당신이 발견한 방법을 사용하면 결국 매주 4시간을 절약할 수 있다. 그것을 계속 유지한다면, 1년 동안 약 200시간을 절약하게 될 것이다.

하지만 가장 친한 동료 5명과 당신이 찾은 방법을 공유한다면 어떻게 될까? 아마도 이 방식을 동료들에게 가르치는 데 약간의 시간, 예컨대 20시간이 걸린다고 하자. 이 경우, 개인적으로는 180시간밖에 시간을 절약하지 못하지만, 전체적으로는 1년에 약 1,200시간을 절약할 수 있을 것이다. 그러나 그 밖에도 당신은 이제 서로 조언을 구할 수 있는 팀을 얻었다. 모든 팀원이 서로 다른 시간 절약법을 찾는다면, 한 사람당 갑자기 한 주에 10~15시간을 절약하게 되는 셈이다. 팀 전체로 따지자면 수천 시간이 절약되는 것이다. 다시 말해, 절약한 시간으로 더 많은 직원이 다른 프로젝트에 도움을 줄 수 있고, 더 많이 유대를 쌓을 수 있으며, 자기가 맡은 프로젝트에서 혁신적인 아이디어를 내놓는 데 기여할 수 있다는 뜻이다. 이것이 바로 인간이 조직을 만드는 이유다. 인간이 수십 만 년 전에 더 복잡한 조직을 만들기 시작했던 것처럼 말이다. 인간은 서로서로 배울 때, 그리고 흩어지는 것보다 뭉칠 때 강해지는 법이다.

사회가 점점 더 복잡해지면서, 인간의 기본적인 본성이 복잡성을 따라가기가 어려워졌다. 로마는 시민들이 둘로 쪼개진 황제의 리더십에 의존하면서 붕괴된 측면이 컸다. 반면 인류 전체의 역사를 살펴볼 때, 심지어 초기 도시국가에서조차 인간은 동료와 맺는 끈끈한 관계에 의존하며 생활했다. 그때는 목수가 되고 싶은 사람은 도

327

목수와 그 가족과 함께 말 그대로 20년 남짓한 세월을 같이 살아야만 했다. 왕이 되려는 이는 앞서 재위한 모든 왕이나 귀족이 그랬던 것처럼, 수십 년 동안 엄격한 교육을 되풀이해서 받아야만 했다. 또한 같은 계급끼리 뭉쳐서 살고, 똑같이 난해한 언어를 쓰며, 같이 술을 마셔야만 했다.

그러다가 이 모든 것이 한꺼번에 확 바뀌었다. 1800년대 중반 몇십 년 사이에, 조직의 모습은 끈끈한 인간관계에 기반을 둔 조직에서 이름 없는 벌떼 같이 많은 노동자가 생산라인에서 끊임없이 일하는 모습으로 바뀌었다. 공장과 공식 절차의 중요성은 날로 높아져서 불과 100년 만에 인간은 자신의 본성을 완전히 망각해버렸다. 생물학적 시각에서 100년은 정말 아무것도 아니다. 생물학적 변화가 나타나려면 수천 년이 걸리는 법이고, 게다가 인간은 본래 끈끈한 유대 속에서 일을 하도록 가장 특화된 동물이다.

오늘날, 우리는 복잡한 프로젝트를 수행하는 능력과 창의성이 필요한 시대에 살고 있다. 특히 이런 복잡한 프로젝트는 인류가 지금까지 성취하려고 했던 그 어떤 것보다 복잡하다. 지금은 직원 수십만 명이 하나의 목표를 두고 같이 협력하는 시대다. 이런 상황에서 공장 모델은 더는 맞지 않다. 인류가 눈부신 발전을 거듭하도록 만들었던 바로 그런 요소들이 지금은 빠르게 변화하는 세상을 만드는 데 걸림돌이 된다.

이제 과거의 역사를 전체적으로 잠시만 되돌아보자. 먼저 몇백 년 전을 한 번 떠올려보자. 그 당시 사람들은 대부분 주민 몇백 명이 거주하는, 그래서 서로가 서로의 이름을 너무도 잘 아는 그런 작은

328

마을에서 살았다. 사람들은 서로를 신뢰했고, 서로 대화하는 법을 알았으며, 시간을 들여 유대감을 쌓았다. 오늘을 사는 우리도 옛 사람들의 그런 지혜를 많이 배워야 한다. 우리의 몸과 마음은 아직까지도 그 시대에 뿌리를 두고 있다. 인간은 아직도 서로 깊은 유대를 형성할 수 있는 능력을 가지고 있고, 너무나 규모가 커서 얼핏 이해하기 힘들 것 같은 큰 조직 내에서도 공동체를 만들어낸다. 그러면 역설적이게도, 이런 과거 인간의 사회적 능력이 우리의 미래가 된다.

　미래는 유대와 협동과 데이터로 구성된다. 따라서 미래에는 개개인의 행위만 판단의 대상이 되는 것이 아니라 공동체 전체가 판단의 대상이 될 것이다. 또한 태곳적부터 전해 내려온 인간관계 구축과 신뢰 형성이라는 인간 특유의 사회성이 데이터 수집의 새 시대와 결합될 것이다. 전 세계에 퍼져 있는 센서 장치와 디지털 데이터 흐름이 생산해내는 정보 덕분에 데이터 수집의 새 시대가 열릴 것이다.

　미래는 흥미로울 것이다. 근본적으로 새로운 수량화 도구로 기업 경영을 완전히 새로운 시각에서 바라볼 수 있을 것이기 때문이다. 그렇다 하더라도 200년 전에 이런 새로운 기업이 있었다면 전혀 혁신적이지 않았을 것이다. 정말로 역설적인 것은 미래 기업의 모습이 점점 더 과거 일터의 모습을 닮아갈 것이라는 사실이다. 이런 변화는 천천히 진행될 것이다. 앞으로 몇 년 안에 우리 주변을 둘러싸고 있던 한계들이 한꺼번에 사라질 것이다. 먼저, 미래 기업의 모습은 고대 일터의 모습처럼 구식으로 보일 것이다. 사람들이 이리저리 사무실을 돌아다니고, 삼삼오오 모인 직원들은 지나가는 직원과 잡담을 나누느라 북적이게 될 것이다. 과거의 마을 광장을 연상시키는

329

그런 모습이다. 사실상, 그 둘의 모습은 거의 일치한다. 다만, 미래의 기업과 과거의 일터의 차이는 오직 빅데이터 활용 여부에 달려 있다.

1 Randy Bartlett, 「A Practioner's Guide to Business Analytics: Using Data Analysis Tools to Improve Your Organization's Decision Making and Strategy」(New York: McGraw-Hill, 2013).

2 Charles Duhigg, 「How Companies Learn Your Secrets」, 「New York Times Magazine」, February 16, 2012. http://www.nytimes.com/2012/02/19/magazine/shopping-habits.html?pagewanted=1&_r=2&hp&.

3 D. P. Watts, 「Comparative socio-ecology of gorillas」, In W. C. McGrew, L. F. Marchant, & T. Nishida, 「Great Ape Societies」(New York, USA: Cambridge University Press, 1996). pp.16~28.

4 F. J. White, 「Comparative socio-ecology of Pan paniscus」, In W. C. McGrew, L. F. Marchant, & T. Nishida, 「Great Ape Societies」(New York, USA: Cambridge University Press, 1996), pp.29~41.

5 Peter Heather, 「The Fall of the Roman Empire: A New History of Rome and the Barbarians」 (Oxford University Press, 2007); 피터 히더, 이순호 옮김, 「로마제국 최후의 100년: 문명은 왜 야만에 압도당하였는가」(뿌리와이파리, 2008).

6 「Email」, n.d. http://en.wikipedia.org/wiki/Email(accessed February 19, 2013).

7 United States Census Bureau, 「Geographic Mobility/Migration」, n.d. http://www.census.gov/hhes/migration/(accessed December 10, 2012).

8 U.S. Department of Labor, Bureau of Labor Statistics, 「Employment and Earnings」, January, 2010 Annual Averages. http://www.bls.gov/opub/ee/empearn201101.pdf.

9 Read more in Coontz, Stephanie, 「Marriage, A History: How Love Conquered Marriage」 (New York: Penguin Books, 2006).

10 Jeff Zillgitt, 「Analysis: Is there a remedy for what's ailing the Miami Heat?」, 「USA Today」, November 24, 2010. http://usatoday30.com/sports/basketball/nba/heat/2010-11-23-miami-heat-early-troubles_N.htm(accessed October 8, 2012).

11 Timothy R. Hinkin and J. Bruce Tracey, 「The cost of turnover」, 「Cornell Hotel and Restaurant Administration Quarterly 41」, no.3(2000): pp.14~21.

12 Awwad J. Dababneh, Naomi Swanson, and Richard L. Shell, 「Impact of added rest breaks

331

on the productivity and well being of workers」, 「Ergonomics 44」, no.2(2001): pp.164~174.

13 Donald F. Roy, 「'Banana Time' : Job Satisfaction and Informal Interaction」, 「Human Organization」 18.4(1959): pp.158~168.

14 Catriona M. Wallace, Geoff Eagleson, and Robert Waldersee, 「The sacrificial HR strategy in call centers」, 「International Journal of Service Industry Management 11」, no. 2(2000): pp.174~184.

15 John R. P. French, 「Field Experiments: Changing Group Productivity」, in James G. Miller (Ed.), 「Experiments in Social Process: A Symposium on Social Psychology」(New York: McGraw-Hill, 1950), p.82.

16 Elena Rocco, 「Trust breaks down in electronic contexts but can be repaired by some initial face-to-face contact」, In Proceedings of the SIGCHI conference on Human factors in computing systems, pp.496~502. ACM Press/Addison-Wesley Publishing Co., 1998.

17 O'Leary, Michael Boyer, and Mark Mortensen, 「Go (con) figure: Subgroups, imbalance, and isolates in geographically dispersed teams」, 「Organization Science 21」, no.1(2010): pp.115~131.

18 Del Jones, 「Some firms' fertile soil grows crop of future CEOs」, 「USA Today」, January 9, 2008. http://usatoday30.usatoday.com/money/companies/management/2008-01-08-ceo-companies_N.htm(accessed November 15, 2012).

19 Kate Linebaugh, 「The New GE Way: Go Deep, Not Wide」, 「Wall Street Journal」, March 7, 2012. http://online.wsj.com/article/SB10001424052970204571404577257533620536076.html(accessed August 23, 2012).

20 Joe Rhodes, 「The Making of 'The Simpsons' 」, 「Entertainment Weekly」 , May 18, 1990.

21 「List of The Simpsons Episodes」, n.d. http://en.wikipedia.org/wiki/List_of_The_ Simpsons_episodes#Ratings(accessed February 19, 2013); 「List of South Park Episodes」, n.d. http://en.wikipedia.org/wiki/List_of_South_Park_episodes(accessed March 6, 2012).

22 Priyamvada Tripathi and Winslow Burleson, 「Predicting Creativity in the Wild: Experience Sample and Sociometric Modeling of Teams」, In 「Proceedings of the ACM conference on Computer Supported Cooperative Work」, Seattle, WA. February 11~15, 2012.

23 Jitendra K. Gupta, Chao-Hsin Lin, and Qingyan Chen, 「Characterizing exhaled airflow from breathing and talking」, 「Indoor Air 20」, no.1(2010): pp.31~39.

24 Katie Holliday, 「The 10 largest M&A deals of all time」, 「Investment Week」, February 8, 2012. http://www.investmentweek.co.uk/investmentweek/news/2144492/the10-largest-deals.

25 Larry Abramson, 「eBay Buys Net Phone Provider Skype」, 「NPR」, September 13, 2005. http://www.npr.org/templates/story/story.php?storyId=4844220.

26 「Communicating the Skype way」, 「The Economist」, August 17, 2006.

27 「Craigslist Founder Newmark Blasts eBay Culture」, 「InternetNews.com」, December 11, 2009. http://www.internetnews.com/breakingnews/article.php/3852711/Craigslist +Founder+Newmark+Blasts+eBay+Culture.htm.

28 S. Aral, & M. Van Alstyne, 「Network Structure & Information Advantage」, Sunbelt XXVII Social Networks Conference, May 1~6, 2007, Corfu, Greece.

29 Sean Ludwig, 「Google VP: Two-thirds of our acquisitions have been successful」, 「VentureBeat」, May 23, 2012. http://venturebeat.com/2012/05/23/google-acquisitions-

successful/.

30 「100 Best Companies to Work For」: http://money.cnn.com/magazines/fortune/best-companies/2013/snapshots/1.html?iid=bc_fl_list.

31 「747 Fun Facts」, 「Boeing」, n.d. http://www.boeing.com/commercial/747family/pf/pf_facts.html(accessed October 12, 2012).

32 Manuel E. Sosa, Steven D. Eppinger, and Craig M. Rowles. 「Are Your Engineers Talking to one Another When They Should?」, 「Harvard Business Review」, November 2007, http://hbr.org/2007/11/are-your-engineers-talking-to-one-another-when-they-should.

33 Mac Daniel, 「Blacksmiths keep commuters on the move」, 「Boston Globe」, January 24, 2007.

34 James D. Herbsleb, Kathleen M. Carley, 「Socio-technical congruence: a framework for assessing the impact of technical and work dependencies on software development productivity」, ESEM 2008 Proceedings of the Second ACM-IEEE international symposium on Empirical software engineering and measurement, pp.2~11.

35 Benjamin N. Waber, Kate Ehrlich, and Mary Helander, 「Communication Patterns in Distributed and Collocated Software Teams」, 29th International Sunbelt Social Network Conference, San Diego, USA, March 2009.

36 World Economic Forum, 「Personal Data: The Emergence of a New Asset Class」(World Economic Forum, 2011).

구글은 **빅데이터**를
어떻게 활용했는가

ⓒ 벤 웨이버, 2015

초판 1쇄 2015년 3월 30일 펴냄
초판 8쇄 2020년 3월 30일 펴냄

지은이 | 벤 웨이버
옮긴이 | 배충효
펴낸이 | 이태준

기획·편집 | 박상문, 김소현, 박효주, 김환표
디자인 | 최진영, 홍성권
관리 | 최수향
인쇄·제본 | (주)삼신문화

펴낸곳 | 북카라반
출판등록 | 제17-332호 2002년 10월 18일

주소 | (04037) 서울시 마포구 양화로 7길 4(서교동) 삼양E&R빌딩 2층
전화 | 02-325-6364
팩스 | 02-474-1413
www.inmul.co.kr | cntbooks@gmail.com

ISBN 978-89-91945-75-3 03320
값 15,000원

이 도서의 국립중앙도서관 출판시도서목록(CIP)은 서지정보유통지원시스템 홈페이지
(http://seoji.nl.go.kr)와 국가자료공동목록시스템(http://www.nl.go.kr/kolisnet)에서
이용하실 수 있습니다. (CIP제어번호: CIP2015007898)